学术近知丛书·区域发展系列

国家自然科学基金资助项目（编号：42071213）

我国中西部地区人口空间演变、回流与就业增长

The Spatial Evolution, Return Migration and Employment Growth of Population in Central and Western China

殷江滨 著

人民出版社

目　　录

前　言

人口与就业问题是关乎国家和地区发展全局的根本问题。改革开放后，中国经济的快速非均衡发展导致大量中西部地区及农村人口向沿海地区及大城市转移，人口空间格局发生深刻变化。近年来，随着区域均衡发展战略的推进和国家经济空间结构的调整，中西部地区经济增长步伐明显加快，人口跨省流动和省内流动呈现此消彼长的趋势，越来越多的曾经流向东部沿海地区的人口回流家乡所在的省份、城市、县城或农村，成为中西部地区经济社会发展的重要力量。与人口格局和人口结构变化相伴随的是人口的就业问题。如何促进和扩大就业，实现"安居"与"乐业"的有机统一，无疑是保障中西部地区持续健康发展的重要前提，也是各级政府、社会与学术界共同关注的时代命题。

一、中西部地区正经历人口空间的急剧变化

作为人口发展在空间上的表现，人口的空间分布受自然条件、经济发展水平、人口政策等多种因素的影响和制约。自改革开放以来，中国经济在快速发展的同时，表现出空间非均衡特点，东部沿海地区及大城市的经济增长速度明显快于其他地区，从而吸引了大量中西部地区及农村地区人口。进入21世纪特别是近10年来，随着西部大开发、中部崛起等区域均衡发展战略的推进，中西部地区经济增长明显提速，工业化与城市化发展水平稳步提高，从而促进了人口的稳步增长及在地区内、城乡间的重新分布，人口空间经历着急剧变化。

从区域人口增长趋势来看，第五、六次人口普查数据显示，2000—2010年间，东部地区人口年均增长率的均值为1.7%，西部地区为0.44%，中部地区

仅为 0.31%,东北地区最低,为 0.25%。从省域层面来看,不同于东部沿海省份人口的普遍增长,中西部省份人口增长呈现多样化特点(见图 0-1)。部分中西部省城出现人口负增长,如重庆年均增长率为 -0.68%,四川为 -0.35%,贵州为 -0.13%,安徽为 -0.23%。这与北京(3.71%)、上海(3.65%)、天津(2.64%)、广东(1.9%)等地形成巨大反差。但与此同时,中西部地区个别省份也出现了人口的较快增长,如西藏年均增长率为 1.4%,新疆为 1.27%,宁夏为 1.20%(李建新、刘瑞平,2020)。总体来看,中西部地区人口在缓慢增长的同时,部分地区保持着快速增长态势。

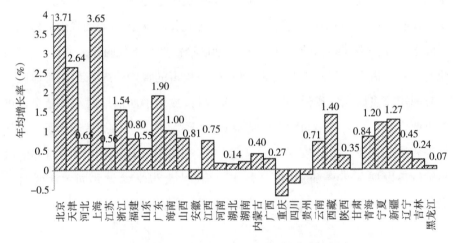

图 0-1 2000—2010 年中国省域人口年均增长率

从市域人口增长趋势来看,中西部地区人口增长的空间分异趋势更加明显。新疆、西藏、青海、宁夏等西部省份市域增长普遍较快。此外,其他中西部地区省会城市(如成都、西安、郑州等)也实现了人口的快速增长,而其他城市人口增长普遍较慢。部分市域出现人口负增长,包括湖北西部、四川东部、安徽西部、重庆和贵州等地(芦蕊、马廷,2018)。这些地区主要位于武陵山区、乌蒙山区、秦巴山区、大别山区等集中连片地区。

从县域人口增长趋势来看,大量中西部地区县域人口出现负增长。人口普查数据显示,2000—2010 年间,西部地区出现人口负增长的县域占总量的 38.5%,中部地区占 39.3%,东部地区占 30.9%,东北地区占 53.7%。若以人口快速减少(年均减少率大于1%)的县域占计,西部地区为13.5%,东北地区为12.4%,中部地区为10.8%,东部地区为8.2%(刘振等,2020)。具体而言,川黔渝地区、长江中游地区、内蒙古中部及东北地区是人口减少的集中区域。相应地,人口增长较快的县域主要为大城市市区。以西安为例,2000—2010年间,位于城区的未央区、雁塔区人口分别增长了75.2%和48.2%,而位于远郊的蓝田县和周至县人口分别减少了9.9%和5.8%(刘子鑫等,2017)。

上述结论主要基于第五、六次人口普查数据得出。值得注意的是,近年来,随着中西部地区经济的快速发展,其人口发展呈现新的趋势。许多曾经出现人口减少情况的地区又实现了人口的缓慢增长。根据2015年全国1%人口抽样调查数据和人口普查数据,刘振等(2020)发现,2010—2015年间,川黔渝地区、长江中游地区、甘肃、广西等中西部地区由人口下降转为人口增长。人口下降区所占比例明显减少。人口重心的移动印证了这一变化:1993—2003年间,全国人口重心整体由北向南移动;2003—2010年间,人口重心的移动方向为自西向东;2010—2016年间,人口重心整体由东向西移动(刘开迪等,2019)。

二、回流人口已成为中西部地区发展的核心动力

在经历了20世纪90年代人口大量向沿海地区迁移后,近年来,随着中西部地区经济环境的改善,越来越多的外出人口选择回流。在人口流向上,东部地区吸纳的农民工比重在不断下降,而中西部地区农民工比重逐年增加。与2005年相比,2015年东部地区吸纳的农民工比重从75.4%下降至59.4%,中部和西部地区的比重分别从12.3%和12.0%增加至21.5%和18.8%,2015年后仍保持这一总体趋势(见图0-2)。多年来,中国人口大规模、长距离由中西部地区向东部沿海地区迁移流动的规模和强度均趋于下降,原有人口流动的区域模式受到冲击(林李月等,2020)。

与外出人口向中西部地区回流同步的是,越来越多的外出人口选择在本省流动,而不是跨省流动。全国流动人口动态监测数据显示,与2010年相比,2018年跨省流动人口占全部流动人口的比重由71.95%下降至65.61%,省内

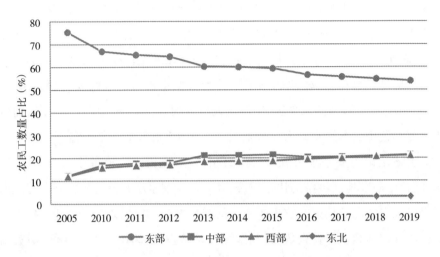

图 0-2　2005—2019 年全国农民工流入地的地区占比变化

数据来源:历年全国农民工监测调查报告。

跨市流动人口比重由 22.87% 增加至 26.07%,市内跨县流动人口比重由 5.18% 上升至 8.32%(林李月等,2020)。分地区来看,根据全国农民工监测调查报告,与 2009 年相比,2019 年东部地区跨省农民工占比从 20.4% 下降至 17.1%,中部地区跨省比例从 69.4% 下降至 59.2%,西部地区从 59.1% 下降至 48.4%,① 与之相对应,省内跨市或市内跨县流动的农民工占比增加。流动人口由外省回流至本省的趋势日益明显。

　　需要指出的是,在上述外出人口由外省回流至本省的现象中,有相当一部分属于区域性回流人口(regional return migrant),即回流至本省外市(省内跨市流动)或本市外县(市内跨县流动)。除此之外,还有许多外出人口回流至家乡所在县域内,形成地方性回流人口(local return migrant)。后者也是已有研究关注的重点群体。根据 2012 年中国劳动力动态调查(CLDS2012)数据,全国回流至本县(地方性回流)的农民工占具有外出务工经历农民工总量的 35.88%(谢勇、周润希,2017)。基于 2013 年中西部地区 7 个省份的农村劳动

－－－－－－－－

　　① 国家统计局:《2011 中国发展报告》,中国统计出版社 2011 年版,第 100 页。国家统计局:《2019 年农民工监测调查报告》,2020 年 4 月 30 日,见 http://www.stats.gov.cn/tjsj/zxfb/202004/t20200430_1742724.html。

力调查,任远和施闻(2017)发现地方性回流农民工比例为40.5%。地方性和区域性回流人口共同构成了日益庞大的回流人口大军。

外出人口回流改变了中西部地区长期存在的人力资本不足状况,为地区发展注入了新的动力。根据对陕西省汉阴县的抽样调查,回流人口占当地农村人口总量的比重达35.6%,已成为县域发展的重要力量。回流者一般以中青年为主,文化水平、工作技能等均较未外出人口更高。如2013年针对河南、四川、江西等中西部7个省市的调查显示,31—45岁年龄段的回流劳动力占总量的47.3%,接受过非农培训的占28.2%,高于未外出劳动力的20.1%(任远、施闻,2017)。2017年安徽省回流农民工调查数据表明,回流农民工中,20—40岁年龄段的青壮年农民工占77%,男性占61%,初中学历者占43.7%,高中学历者占24.1%,大专及以上学历者占13.9%(吴瑞君、薛琪薪,2020)。人力资本与资金的积累为回流人口实现就业转变提供了条件。与未外出者相比,回流者从事加工制造、批发零售和制造业等非农行业的比重更高,并具有更强的创业倾向(李郇、殷江滨,2012;Wu等,2018)。在居住空间选择上,回流人口表现出向家乡城镇集中的趋势,成为推动中西部地区城镇化发展的重要力量(罗小龙等,2020;周晓芳、扶丁阳,2020)。

三、就业增长是中西部地区持续发展的根本保障

就业是最大的民生工程、民心工程、根基工程,是社会稳定的重要保障。[①]实现稳定就业一直以来都是各国制定宏观政策的主要目标之一。我国在"十二五"规划纲要中就提出"实施就业优先战略"。党的十九大报告进一步指出,就业是最大的民生。要坚持就业优先战略和积极就业政策,实现更高质量和更充分就业。作为就业的主要形式,非农就业是农村劳动力转移与就业结构转变的前提,也是推进新型城镇化与乡村振兴战略的重要途径。随着农村人口的持续外迁与外出人口回流的日益增多,就业压力不断加大,实现中西部

---

① 人民日报:《抓好就业这项最大民生工程》,2019年3月4日,见 http://www.gov.cn/zhengce/2019-03/04/content_5370323.htm。

地区非农就业的稳定增长,成为推动地区健康发展的根本保障。

从就业增长的空间趋势来看,东部地区就业较为活跃,增长较快,中西部地区相对较慢。统计发现,2010—2019 年间,东部地区就业规模增加了 1.54 亿人,平均增速 8.37%,中部和西部地区分别增加了 0.58 亿人和 0.61 亿人,增速分别为 7.66%和 8.01%,东北地区增速仅为 3.14%。[①] 更低的增长速度导致中西部与东部地区的就业绝对差距进一步拉大(见图 0-3)。从省域层面来看,已有研究表明,北京、上海、江苏、浙江等东部省域均为就业增长的高值集聚区,辽宁、广东为高—低集聚区,而绝大多数中西部省域均为低值集聚区(伯娜等,2020)。从市域层面来看,就业增长的高值集聚区主要位于长三角地区,而低值集聚区主要为西藏、西北及东北地区城市(罗奎等,2014)。

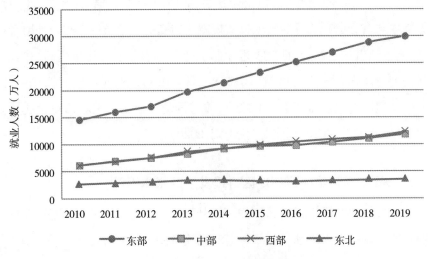

图 0-3 2010—2019 年不同地区就业人数增长趋势

数据来源:历年中国统计年鉴。

不同于就业供给的缓慢增长,中西部地区的就业需求依然旺盛。在人口跨区域、跨省流动不断减少,区域内、省内流动日益增加的背景下,中西部地区的就业压力在逐渐加大。已有研究运用边际产出弹性理论构建劳动力最优投

---

① 国家统计局:《中国统计年鉴 2010》,见 http://www.stats.gov.cn/tjsj/ndsj/。

入模型,对我国各区域相对剩余劳动力进行估算后发现,2010 年中部地区的相对剩余量为 4255 万人,西部地区达 10094 万人(杨胜利、高向东,2014)。由于照顾家庭等各种原因,许多中西部地区居民更倾向于就地就近就业。一项针对贫困地区群众就业需求的调查发现,41.9%的受访者想在本地县区务工,38.2%的受访者想在本乡镇务工。本地生活成本低、能照顾家庭是其主要原因(李娟,2019)。因此,增加中西部地区特别是县域非农就业规模,加快农村剩余劳动力非农化转移是地区发展的关键。

由于地理环境、经济基础、社会文化等方面的差异,中西部地区与东部地区相比,其非农就业的增长趋势与驱动因素有所不同。如基于 1985—2009 年中国省域数据,刘志雄和梁冬梅(2011)发现国内投资增加了东部地区的就业机会,但抑制了西部地区的就业增长。韩峰和晏获(2011)研究表明,政府财政支出对中西部地区就业增长的影响更为明显,对东部地区影响有限。此外,许多研究发现,与东部地区相比,中西部地区资源型产业占比较大、非公有制经济程度不高,就业弹性相对较低,其经济增长对就业增长的带动作用较小(赖德胜、包宁,2011;尹志锋、李辉文,2012)。因此,在制定就业相关政策的过程中,有必要充分研究中西部地区就业增长的内在规律,因地制宜,以提高决策的科学性。

第一章 中西部地区人口分布与空间增长

作为区域发展最为活跃的要素,人口的流动与增长是区域发展状况的风向标,其空间分布格局既是区域资源环境状况的空间投影,又是影响资源环境承载力空间差异的重要因子(张善余,1999),是特定时空背景下人地关系的一种间接反映(王超等,2019)。研究中西部地区人口格局的时空变化,总结区域人口空间分布规律和人口在空间上的相互关联性,揭示人口空间增长的驱动机理,对于合理制定人口、产业和城镇发展政策,实现区域人口、资源、环境的协调发展具有重要意义(刘盛和等,2010)。

欠发达地区是中西部地区的重要空间单元,也是国家区域协调发展战略实施的关键载体。全面建成小康社会的伟大目标实现后,加快欠发达地区的发展步伐,缩小与全国其他地区的差距,成为国家空间治理的重要任务。在这一背景下,探究中西部欠发达地区的人口分布时空格局及其影响机理,对于新时期区域战略实施与政策制定意义重大。本章以全国省级与市级行政单元为背景区域,以脱贫攻坚时期国家 14 个集中连片特困地区为主要研究区域,探析其人口时空格局与影响因素,以期增进对中西部地区,特别是欠发达地区人口分布与空间增长规律的理解。

第一节 数据与模型

一、研究区域与数据

本章研究区域涉及全国及脱贫攻坚时期 14 个集中连片特困地区。其中,全国层面主要针对省域及市域尺度,以分析其人口分布与空间增长特征为主。

14 个片区主要针对县域尺度,除分析其人口分布与增长特征外,还将研究其背后的驱动因素。14 个片区根据《中国农村扶贫开发纲要(2011—2020年)》,即六盘山区、秦巴山区、武陵山区、乌蒙山区、滇桂黔石漠化区、滇西边境山区、大兴安岭南麓山区、燕山—太行山区、吕梁山区、大别山区、罗霄山区和已明确实施特殊政策的西藏、四省藏区、新疆南疆三地州,分布于全国 22 个省(市/区)中的 680 个县级行政单元,国土面积 404.62 万 km^2,占全国陆地总面积的 42.52%。研究时段为 2000—2018 年。

研究使用的市域、县域行政区划矢量数据来自国家测绘局国家基础地理信息数据库。社会经济数据来自 2001—2019 年《中国县域统计年鉴》。2000年的常住人口数据来自第五次全国人口普查,2018 年的常住人口数据来自2019 年《中国统计年鉴》以及各市、县所属省份的统计年鉴或统计公报,其中,县域人口数据中受教育程度数据为文盲、小学、初中、高中、中专、本科和研究生的人数分别赋权 1—7,再除以总人数;降水与地形起伏度的基础数据来自中国科学院资源环境科学数据中心;交通区位涉及的路网数据根据 2001—2019 年《中国公路里程地图分册系列》,并对其公路交通及县区进行矢量化处理得到,可达时间为各县通过不同公路到达相应地点的最短时间。由于个别市级行政单元行政区划调整等原因,本章的市域样本量为 331 个。由于个别县级行政单元社会经济数据无法获取,14 个片区县域样本量为 628 个。

二、变量选择

区域人口分布与增长受到多种因素的综合影响。根据已有研究,主要从区域经济发展、公共服务和基础设施条件、自然要素以及地形因素等方面进行考虑。经济发展水平对人口分布与增长的影响尤为重要,其中 GDP 增长率是反映经济发展水平的常用指标(王露等,2014;李扬等,2015);此外,第二、第三产业增加值占 GDP 的比重也是经济发展水平的一个重要方面,且对人口空间有着重要的影响(林李月、朱宇,2016)。因此采用 GDP 增长率和第二、第三产业占比的变化来反映经济发展速度。公共服务和基础设施等因素也是影响人口分布与增长的重要因素,其中教育是公共服务的重要方面(戚伟等,

2017),采用受教育程度来反映一个县域的人力资本水平。地形、气候等自然因素是影响人居环境和经济发展的重要条件,对人口增长的作用不容忽视。参考已有研究(封志明等,2007;杨强等,2016),采用平均坡度、年均降水量和一月平均气温来衡量县域自然地理条件。具体变量定义见表1-1。

表1-1　人口分布与增长模型变量定义

影响因素	指标变量	变量说明(单位)
人口增长	人口增长率	常住人口增长量与期初常住人口数的比例
初始水平	期初人口规模	2000年常住人口数(人)
经济发展	GDP增长率	GDP增长量与期初GDP的比例
	二产比重变化	2018年二产占地区生产总值的比例与期初比例之差
	三产比重变化	2018年三产占地区生产总值的比例与期初比例之差
公共服务	人力资本水平	2000年各阶段受教育人数加权后与总人口数的比例
基础设施	公路网密度变化	公路网密度增长量(km/km^2)
自然地理	平均坡度	根据1 km×1 km DEM数据计算各区域的平均坡度
	年均降水量	年均降水量(mm)
	一月平均气温	一月平均气温(℃)

三、研究方法

(一)地理探测器

空间分异性是地理现象的基本特点之一。地理探测器是探测空间分异性,并揭示其背后驱动力的一组统计学方法。其核心思想基于这样的假设:如果某个自变量对某个因变量有重要影响,那么自变量和因变量的空间分布应该具有相似性(Wang等,2010;Wang和Hu,2012)。地理探测器擅长分析类型量,而对于顺序量、比值量或间隔量,只需进行适当的离散化(Cao等,2013),也可以利用地理探测器对其进行统计分析。这里运用该方法研究中西部欠发达地区人口空间分布的驱动因子。

地理探测器包括四个:分异及因子探测、交互作用探测、风险区探测和生态探测。本章使用分异及因子探测中因子探测部分来探测自变量因子 X 在多大程度上解释了因变量因子 Y 的空间分异,用 q 值度量,表达式为:

$$q = 1 - \frac{\sum_{h=1}^{L} N_h \sigma_h^2}{N\sigma^2} = 1 - \frac{SSW}{SST} , \ SSW = \sum_{h}^{L} N_h \sigma_h^2, SST = N\sigma^2 \qquad (1)$$

式中,$h = 1,\ldots,L$ 为变量 Y 或因子 X 的分层(Strata),即分类或分区;N_h 和 N 分别为层 h 和全区 Y 的单元数;σ_h^2 和 σ^2 分别为层 h 和全区的 Y 值的方差。SSW 和 SST 分别为层内方差之和(Within Sum of Squares)和全区总方差(Total Sum of Squares)。

q 的值域为 $[0,1]$,q 值越大表示自变量 X 对属性 Y 的解释力越强,反之则越弱。极端情况下,q 值为 1 表明因子 X 完全控制了 Y 的空间分布,q 值为 0 则表明因子 X 与 Y 没有任何关系,q 值表示 X 解释了 $100 \times q\%$ 的 Y。这里的分层由自变量 X 生成。

q 值的一个简单变换满足非中心 F 分布:

$$F = \frac{N-L}{L-1} \frac{q}{1-q} \sim F(L-1, N-L; \lambda) \qquad (2)$$

$$\lambda = \frac{1}{\sigma^2} \left[\sum_{h=1}^{L} \overline{Y_h}^2 - \frac{1}{N} \left(\sqrt{N_h} \overline{Y} \right)^2 \right] \qquad (3)$$

式中,λ 为非中心参数;$\overline{Y_h}$ 为层 h 的均值。根据式(3),可以查表或者使用地理探测器软件来检验 q 值是否显著(Wang 等,2016)。

(二)空间相关性检验

为了描述区域内各县域人口增长在地理空间上的分布特征,运用探索性空间数据分析方法(ESDA)对人口增长的空间相关性及集聚效应进行分析,以此作为空间计量模型设定的前提条件。探索性空间数据分析主要利用空间相关性检验来探索经济活动的空间格局和分布特征,包括全局空间相关性检验和局域空间相关性检验,使用 Geoda 软件计算得到。

全局空间相关性是从区域空间的整体上反映人口增长率的空间分布特征。这里使用 Moran's I 指数检验人口分布与增长是否存在全局空间相关性特征。全局 Moran's I 指数的计算公式如下:

$$I = \frac{n\sum\limits_{i=1}^{n}\sum\limits_{j=1}^{n}W_{ij}(x_i-\bar{x})(x_j-\bar{x})}{\sum\limits_{i=1}^{n}\sum\limits_{j=1}^{n}W_{ij}\sum\limits_{k=1}^{n}(x_k-\bar{x})^2} = \frac{\sum\limits_{i=1}^{n}\sum\limits_{j\neq1}^{n}W_{ij}(x_i-\bar{x})(x_j-\bar{x})}{S^2\sum\limits_{i=1}^{n}\sum\limits_{j\neq1}^{n}W_{ij}} \quad (4)$$

式中，$S^2 = \frac{1}{n}\sum\limits_{i=1}^{n}(x_i-\bar{x})$，$\bar{x} = \frac{1}{n}\sum\limits_{i=1}^{n}x_i$；$x_i$表示第$i$个县域的人口增长率，$n$为地区总数，$W_{ij}$为基于距离指标计算的空间权重矩阵，即 K 值最邻近空间矩阵（K-Nearest Neighbor Spatial Weights，K=5），反映县城之间的地理相邻关系。Moran's I取值范围为[-1,1]，若指数$I>0$，说明空间单元的属性存在空间正相关，若指数$I<0$，说明空间单元的属性存在空间负相关，若指数$I=0$，则说明空间单元的属性没有空间相关性。

为了进一步揭示各县域的局域空间相关性特征和局域空间集聚性，采用局部空间关联指标（Local Indicators of Spatial Association，LISA）检验区域人口增长率的局域空间相关性特征以及局部地区是否存在集聚效应。显著的 Moran's I系数表明总体上县域间存在空间集聚效应。将局部空间关联模式划分为 HH、HL、LH 和 LL 四种类型，其空间含义分别为：HH（LL）集聚型表示局部 Moran's I为正值，县域与其相邻县域之间存在正的空间自相关，表示具有高人口增长率（或低人口增长率）的县域在空间上集聚的效应；HL（LH）集聚型表示局部 Moran's I为负值，县域与其相邻县域之间存在负的空间自相关，高（或低）人口增长率的县域被低（或高）人口增长率的县域所包围。

（三）空间计量模型

地理空间样本观察值一般存在相关性，样本数据不能满足独立同分布下的正态分布等假设，传统计量方法会导致样本信息失真，需要纳入地理因素并建立合适的空间计量模型（洪国志等，2010）。依据空间计量经济学理论，可以设置三种形式的模型分析人口增长的影响机制，即空间滞后模型（Spatial Lag Model，SLM）、空间误差模型（Spatial Error Model，SEM）和空间杜宾模型（Spatial Durbin Model，SDM）。

空间滞后模型（SLM）考虑了空间邻接单元因变量观测值对本地区的影响，可探讨人口增长的空间溢出效应。其模型表达式为：

$$y = \rho \sum_{j=1}^{n} W_{ij} y_j + \sum_{q=1}^{Q} X_{iq} \beta_q + \varepsilon_i \qquad (5)$$

式中，y 为因变量；X 为自变量；β 为回归系数，反映自变量 X 对 y 的影响；W_{ij} 为空间权重矩阵 $W_{n \times n}$ 的第（i,j）个元素；$W_{ij} y_j$ 为空间滞后因变量；ρ 为空间回归系数，反映相邻地区间的影响程度和方向；ε 为独立的随机误差向量。

空间误差模型（SEM）引入了空间自相关的随机误差项，认为某地区模型误差项受到邻近地区模型误差项的影响，可视为标准回归模型和误差项的空间自回归模型的结合。其模型表达式为：

$$y = \sum_{q=1}^{Q} X_{iq} \beta_q + \varepsilon_i, \varepsilon_i = \lambda \sum_{j=1}^{n} W_{ij} \varepsilon_j + \mu_i \qquad (6)$$

式中，ε_i、μ_i 均为误差向量，ε_i 为空间自相关误差，μ_i 服从高斯分布误差；λ 为空间误差系数，衡量邻近地区人口增长误差项对本地区误差项的影响，即误差项的空间依赖作用。

SDM 模型既涵盖了内生交互项，也涵盖了外生交互项，侧重于揭示某一县域人口增长与相邻县域的各项影响因素相关而产生的外生交互效应，模型的一般形式设定为：

$$y = \rho W_1 y + x \beta_1 + W_2 \bar{x} \beta_2 + \varepsilon \qquad (7)$$

式中，W_1 为因变量的空间权重矩阵，W_2 为自变量的空间权重矩阵，这里将两者设置为相同的矩阵；β_2 为外生变量的空间自相关系数；ε 为满足正态独立同分布的随机扰动项。

实证分析部分将根据多种检验，选择合适的空间计量模型。

第二节　人口分布格局及其影响因子

在人口分布格局与人口空间增长部分，首先对全国省域及市域层面的人口分布与增长特征进行简要阐述，然后重点对 14 个欠发达片区进行分析，并分别运用地理探测器和空间计量模型对其影响因素进行剖析。

一、人口分布格局

中国人口空间分布的不均衡性特征非常明显。从地区层面来看,东部地区的人口规模和密度明显高于西部地区。国土面积约占全国9.5%的东部地区人口最多,2018年常住人口达5.38亿,占全国总人口的38.5%。国土面积分别占全国10.7%和71.4%的中部和西部地区人口分别为3.71亿和3.80亿,分别占全国总量的26.6%和27.2%。国土面积占全国8.4%的东北地区人口为1.08亿,占全国的7.8%。

从省域层面来看,2018年常住人口最多的为广东省,达1.13亿,其次为山东省,也超过1亿。此外,河南、四川、江苏等省的常住人口均超过8千万。人口最少的为西藏自治区,仅为344万人,人口最多省域为最少省的33倍。此外,青海、宁夏、海南等省域人口规模也较小,均不足1千万。

从市域层面来看,人口规模最大的市域为重庆市,2018年常住人口达3102万。人口规模最小的地市为西藏阿里地区,常住人口仅为10.95万。前者为后者的283倍。其他人口超过1000万的城市有京津沪等直辖市,以及广州、深圳、武汉和苏州等中东部城市(见表1-2)。人口规模较小的市域主要位于西藏、青海、新疆、甘肃等地,常住人口规模多在100万以下。总体来看,中东部地区市域人口规模较大,西部地区特别是青藏高原、新疆、宁夏、甘肃等少数民族聚居地区市域人口规模相对较小。

表1-2　2018年中国人口规模的市域分布

人口规模(万)	城市名称
10.95—50.00	内蒙古阿拉善,黑龙江大兴安岭,云南迪庆,西藏林芝、山南、阿里地区,甘肃嘉峪关、金昌,青海海北、黄南、海南、果洛、玉树,新疆克拉玛依、博尔塔拉
50.01—100.00	内蒙古乌海,黑龙江鹤岗、七台河,广西防城港,海南三亚,四川阿坝,云南怒江州,西藏拉萨、日喀则、昌都、那曲,陕西铜川,甘肃甘南,青海海西,宁夏石嘴山,新疆吐鲁番、石河子、塔城、阿勒泰、克孜勒苏
100.01—800.00	略

续表

人口规模（万）	城市名称
800.01—1000.00	河北邯郸，黑龙江哈尔滨，江苏南京、徐州，浙江杭州、宁波、温州，安徽合肥、阜阳，福建泉州，江西赣州，山东青岛、潍坊、济宁、菏泽，河南周口，湖南长沙，广东东莞
1000.01—3102.00	北京，天津，河北石家庄、保定，上海，江苏苏州，山东临沂，河南郑州、南阳，湖北武汉，广东广州、深圳，重庆，四川成都，陕西西安

人口密度的市际差异更为明显。2018 年人口密度最大的市域为深圳市，达 6523.1 人/平方千米。密度最小的为西藏阿里地区，为 0.3 人/平方千米。前者为后者的 2 万余倍。其他人口密度较大的市域主要位于东部沿海三大城市群（即长三角、珠三角和京津冀城市群）和华北平原（见表 1-3）。此外，中西部地区少数省会城市的人口密度也较高，如四川成都、陕西西安、湖北武汉等。人口密度较小的市域广泛分布于西藏、新疆、青海、内蒙古等地，以及黑龙江、云南、四川的部分地区，这些地区位于"胡焕庸线"西北部分，也是我国少数民族聚居地区。

表 1-3　2018 年中国人口密度的市域分布

人口密度（人/km²）	城市名称
0.3—10.0	内蒙古锡林郭勒、阿拉善，黑龙江大兴安岭，四川甘孜，西藏日喀则、昌都、林芝、山南、那曲、阿里，甘肃酒泉，青海海北、果洛、玉树、海西，新疆吐鲁番、哈密、塔城、阿勒泰、巴音郭楞、克孜勒苏
10.1—50.0	内蒙古赤峰、鄂尔多斯、呼伦贝尔、巴彦淖尔、乌兰察布，吉林延边，黑龙江伊春、黑河，四川阿坝，云南怒江、迪庆，西藏拉萨，甘肃张掖、甘南，青海黄南、海南，新疆克拉玛依、昌吉、伊犁、博尔塔拉、阿克苏、喀什、和田
50.1—800.0	略
800.1—1000.0	江苏镇江、泰州，浙江宁波、舟山，安徽淮北、阜阳，山东济南、青岛、枣庄，河南焦作、濮阳、许昌、漯河，广东潮州，陕西西安
1000.1—6523.1	北京，天津，上海，江苏南京、无锡、常州、苏州，浙江嘉兴，福建厦门，河南郑州，湖北武汉，广东广州、深圳、珠海、汕头、佛山、东莞、中山、揭阳，海南海口，四川成都，新疆石河子

对 14 个片区人口分布的分析以县域为基本单元。对各地区总人口及县

平均人口进行统计分析,结果如图 1-1 所示。可以发现,中西部欠发达地区人口在空间上分布极不均衡。在地区总人口方面,武陵山区、大别山区、秦巴山区、滇桂黔石漠化区常住人口均在 2000 万以上,西藏、吕梁山区、四省藏区、大兴安岭南麓山区、新疆南疆三地州、罗霄山区和燕山—太行山区人口相对较少,均不足 1000 万。在县平均人口方面,位于大别山区的县平均人口最多,达 77.6 万,其他如乌蒙山区、罗霄山区、武陵山区的县平均人口也超过 40 万。西藏、四省藏区县平均人口最少,分别为 4.0 万和 7.8 万。

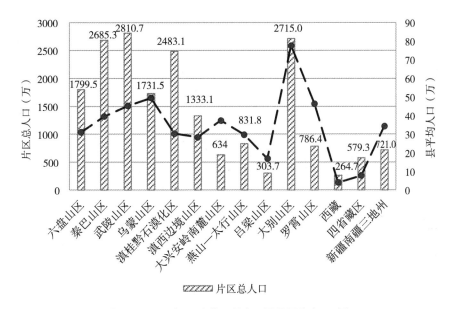

图 1-1　2018 年 14 个片区总人口及县平均人口对比

从县域层面来看,14 个片区县域人口规模差距更为悬殊。对 14 个片区县域人口极值进行统计,结果如表 1-4 所示。不难发现,位于大别山区、乌蒙山区西部、武陵山区东部的县人口规模较大,位于西藏、四省藏区的县人口规模普遍较小。2018 年,共有 15 个县人口规模超过 100 万,人口最多的县为安徽省临泉县,人口达 165.9 万,共有 16 个县人口在 2 万以下,最少的县为西藏自治区札达县,人口仅 0.8 万。人口最多县的人口规模为最少县的 207 倍。

表1-4　2018年14个片区人口最多及最少县的分布

人口最多县	所在省区	人口数（万）	人口最少县	所在省区	人口数（万）
临泉	安徽	165.9	札达	西藏	0.8
镇雄	云南	142.4	普兰	西藏	1.0
寿县	安徽	139.6	日土	西藏	1.1
宣威	云南	137.5	岗巴	西藏	1.2
颍上	安徽	129.5	墨脱	西藏	1.3
威宁	贵州	129.2	亚东	西藏	1.4
利辛	安徽	124.8	措勤	西藏	1.5
阜南	安徽	120.1	措美	西藏	1.5
霍邱	安徽	119.8	错那	西藏	1.6
隆回	湖南	115.8	玛多	青海	1.6
新化	湖南	115.0	萨嘎	西藏	1.6
固始	河南	109.7	曲松	西藏	1.7
仪陇	四川	106.9	吉隆	西藏	1.7
太康	河南	103.2	朗县	西藏	1.7
宣汉	四川	102.2	桑日	西藏	1.8
涟源	湖南	98.6	琼结	西藏	1.8
淮阳	河南	97.7	聂拉木	西藏	2.0
会泽	云南	96.0	洛扎	西藏	2.0
郸城	河南	95.7	定结	西藏	2.2
沈丘	河南	93.3	申扎	西藏	2.2

二、人口分布的影响因子

对人口分布的影响因子分析在县域尺度上展开,研究区域为中西部14个片区。同时,考虑到西藏、四省藏区、新疆南疆三地州3个片区在自然地理条件、经济基础等方面与其他11个片区差距较大,在分析人口分布的影响因子及人口增长的驱动因素时,将3个片区和其他11个片区分别进行实证。其中,在人口分布的影响因子分析中,首先利用SPSS软件对各因子进行聚类分级,然后根据地理探测器研究方法,计算出各要素对两类欠发达片区县域人口分布的影响力。结果如表1-5所示。

表1-5 2018年14个片区县域人口分布地理探测器结果

地区 变量	西藏、四省藏区、新疆南疆三地州		其他11个片区	
	q 统计量	p 值	q 统计量	p 值
国内生产总值	0.1161	0.3041	0.0708	0.0000
第二产业比重	0.0959	0.0039	0.0099	0.3414
第三产业比重	0.0031	0.9835	0.0238	0.0327
人力资本水平	0.1490	0.0000	0.0474	0.0000
公路网密度	0.0651	0.6033	0.0149	0.2284
一月平均气温	0.0632	0.0478	0.0389	0.0000
年均降水量	0.0922	0.0078	0.0131	0.2086
平均坡度	0.0752	0.0240	0.0099	0.3381

通过地理探测器方法分析发现,对于西藏、四省藏区和新疆南疆三地州而言,2018年,各因素对县域人口分布的决定力 q 值排序为:人力资本水平(0.1490)>第二产业比重(0.0959)>年均降水量(0.0922)>平均坡度(0.0752)>一月平均气温(0.0632)。国内生产总值、第三产业比重、公路网密度对人口分布的影响不显著。

对于其他11个片区而言,2018年,各因素对县域人口分布的决定力 q 值排序为:国内生产总值(0.0708)>人力资本水平(0.0474)>一月平均气温(0.0389)>第三产业比重(0.0238)。第二产业比重、公路网密度、年均降水量、平均坡度的影响不显著。

总体而言,两类地区人口分布受自然地理因素和社会经济因素的共同影响,但二者之间仍存在一定差异。除人力资本水平对两类片区均具有重要影响外,西藏、四省藏区及新疆南疆三地州的人口分布受自然地理环境的影响更为明显,地形坡度较大、降水不足、气温较低是这些地区的重要自然本底,因此,那些环境相对适宜的地区人口更为集中(戚伟等,2020)。其他11个片区受经济发展水平与基础设施条件的影响更大。经济更为繁荣、基础设施更为发达的地区人口相对较多。

上述人口分布的影响因子分析结果与已有研究大致吻合。米瑞华和高向东(2020)通过对2015年陕西省县域人口分布的研究表明,经济与公共服务因子(通过国内生产总值、地方财政收入、基础教育与医疗水平等衡量)对人口分布具有显著的正向解释力。王芳莉和党国锋(2020)对1990—2015年甘肃省人口分布的研究同样发现,全省人口分布格局的形成受自然地理因素和社会经济因素的共同影响,但社会经济因素的影响更大。而在对2010年西藏乡镇尺度人口分布的研究中,王超等(2019)发现,地形地貌因素是影响其人口分布的重要因素,其中又以海拔和坡度的贡献率最大,且与人口分布均呈负相关关系。同样基于乡镇尺度的人口普查数据,戚伟等(2020)对青藏高原的研究发现,高原人口地域分异与海拔、水资源、气温等自然环境本底具有高度耦合关系,高原东南半壁相对较低的海拔、相对充沛的地表水资源、相对适宜的气候等地理条件使其更有利于人类生存,且自然地理要素间的交互作用又对其人口地域分异产生了强化作用。

第三节 人口空间增长及其驱动因素

本节对人口空间增长特征的分析涵盖地区、省域、市域及14个片区县域等多个尺度,人口增长的驱动因素分析则主要针对欠发达地区,以县域为分析单元。这里运用空间相关性检验与空间计量模型方法,对西藏、四省藏区及新疆南疆三地州3个片区与其他11个片区分别构建模型,以探究其人口增长的驱动因素。

一、人口空间增长特征

中国人口空间增长在地区间、省域间及市域间均存在较大差异。从地区层面来看,东部地区的人口增长明显快于其他地区。2000—2018年间,东部地区常住人口增加了9516万,增速达21.5%,中部和西部地区常住人口分别增加了2522万和3004万,增速分别为7.3%和8.6%。东北地区人口增长最为缓慢,18年间人口仅增加了350万,增速3.3%。

从省域层面看,两类省域人口增长较快。一类为东部发达省域,如北京、天津、上海、广东等,常住人口增速均在30%以上,其中北京是人口增长最快的省域,2000—2018年间人口增加了797万,增速达58.7%;另一类为西部少数民族聚居省份,如新疆、西藏、青海、宁夏等,人口增速均超过25%,其中新疆常住人口在18年间增加了641万,增速达34.7%。其他中西部省份和东北三省人口增长率普遍较低,如四川、重庆、贵州、甘肃等地常住人口增速均在5%以下。湖北人口甚至出现负增长,降幅为0.6%。

市域人口增长差异更为明显。不同于地区层面和省域层面的普遍增长,在市域层面,2000—2018年常住人口减少的市域达80个,占总量的24.2%。其中,人口下降较快的市域主要分布于东北地区、四川盆地、湖北、河南及江苏等地(见表1-6)。人口增长较快的市域占总量的75.8%。与省域层面相似,人口增长较快的市域也存在两种类型。一类主要位于西部少数民族聚居地,如新疆和田地区、宁夏银川市、内蒙古鄂尔多斯市以及青海果洛州、玉树州、海西州等,其人口增长率均在50%以上;另一类主要分布于沿海地区,如福建厦门市在18年间常住人口增速达100.2%,为人口增长最快的市域。此外,中西部省会城市的人口也实现了较快增长,如郑州、武汉、成都、长沙、西安等,人口增速均在30%以上。

表1-6　2000—2018年中国人口增长的市域分布

人口增长率	城市名称
−23.4%—−5.0%	内蒙古呼伦贝尔、乌兰察布,辽宁抚顺、本溪,吉林吉林、辽源、通化、白山、白城、延边,黑龙江鸡西、鹤岗、伊春、牡丹江、大兴安岭,江苏盐城,安徽安庆、六安,河南焦作、商丘、周口、驻马店,湖北荆州、黄冈、咸宁、随州、恩施,四川德阳、绵阳、广元、遂宁、内江、眉山、宜宾、广安、资阳,贵州黔东南、黔南,甘肃庆阳,新疆昌吉
−4.9%—0%	内蒙古赤峰,辽宁鞍山、丹东、锦州、阜新、辽阳,吉林四平、松原,黑龙江齐齐哈尔、双鸭山、佳木斯、七台河、黑河,江苏徐州、南通、连云港、淮安、扬州、泰州、宿迁,安徽宣城,福建南平、龙岩、宁德,河南开封、信阳,湖北黄石、十堰、宜昌、荆门、孝感,四川自贡、乐山、南充、达州,贵州遵义,甘肃武威、张掖
0%—30.0%	略

续表

人口增长率	城市名称
30.1%—50.0%	山西太原,内蒙古呼和浩特、乌海,上海,江苏南京,浙江杭州、宁波、嘉兴,河南南阳,湖北武汉,湖南长沙,广东广州、佛山、河源、东莞、中山,四川成都、甘孜,贵州贵阳,西藏拉萨、林芝、那曲、阿里,陕西西安,青海黄南,新疆克孜勒苏、喀什
50.1%—100.2%	北京,天津,内蒙古鄂尔多斯,江苏苏州,福建厦门,河南郑州,广东深圳、珠海、惠州,海南海口、三亚,甘肃嘉峪关,青海果洛、玉树、海西州,宁夏银川,新疆和田

　　进一步分析 14 个片区的人口增长趋势。对比 2000—2018 年 14 个片区的常住人口增长状况,结果如图 1-2 所示。可以发现,与全国水平相比,欠发达地区人口增长较为缓慢。2000—2018 年 14 个片区常住人口增加了 406万,增速达 2.11%,这一速度明显慢于同期全国人口增速(10.1%)。不同地区人口增长趋势差异较大。西藏、四省藏区和新疆南疆三地州的人口增长速度明显快于其他 11 个片区。其中新疆南疆三地州 2000—2018 年间,人口增长率达 42.15%,西藏和四省藏区分别增长 29.0% 和 18.59%,其他 11 个片区

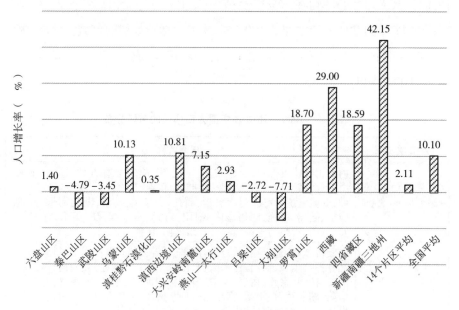

图 1-2　2000—2018 年 14 个片区人口增长率对比

中除罗霄山区外人口增长均较为缓慢,部分片区如秦巴山区、乌蒙山区、吕梁山区、大别山区甚至出现人口负增长。其中,大别山区人口减少最为明显,降幅达7.71%。

　　从县域层面来看,14个片区中人口增长较快的县主要位于西藏北部、四省藏区南部、新疆南疆三地州,而人口减少较快的县主要位于武陵山区西部、滇桂黔石漠化区东北部、大别山区中部、秦巴山区南部、六盘山区东部和大兴安岭南麓山区南部等区域。增长最快的县为新疆维吾尔自治区和田市,增速达119.7%,减少最快的县为贵州省麻江县,降幅达39.1%。

表1-7　2000—2018年14个片区人口增长最快及减少最快县的分布

增长最快县	所在省区	增长率(%)	减少最快县	所在省区	增长率(%)
和田	新疆	119.7	麻江	贵州	−39.1
喀什	新疆	107.5	洋县	陕西	−35.3
万山	贵州	105.1	佳县	陕西	−34.8
杂多	青海	82.6	子洲	陕西	−34.1
襄谦	青海	76.4	清涧	陕西	−28.9
比如	西藏	73.8	商都	内蒙古	−28.8
达日	青海	62.4	米脂	陕西	−27.5
墨玉	新疆	60.0	永登	甘肃	−27.1
嘉黎	西藏	59.3	剑阁	四川	−25.7
石渠	四川	59.1	天柱	贵州	−24.0
巴青	西藏	58.7	云阳	重庆	−23.6
循化	青海	56.7	丰都	重庆	−23.4
索县	西藏	55.2	正安	贵州	−22.9
色达	四川	54.4	荔波	贵州	−22.7
丁青	西藏	53.3	万源	四川	−22.7
甘德	青海	52.0	石柱	重庆	−22.0
称多	青海	51.6	麻城	湖北	−22.0
理塘	四川	49.7	巫山	重庆	−21.9
叶城	新疆	49.2	柘城	河南	−21.9
皮山	新疆	49.2	来凤	湖北	−21.3

二、空间相关模式与集聚检验

空间相关模式检验是空间计量分析的前提。基于 ESDA（Explored Spatial Data Analysis）分析技术分别计算欠发达地区县域人口增长的全局 Moran's I 和局部 Moran's I 指数，以判断其空间分布模式。

全局 Moran's I 测度空间相关模式总体特征，用来反映县域人口增长率集聚格局总体特征。计算结果显示，中西部欠发达地区全局 Moran's I 指数为 0.503，统计值在 1% 水平上显著。县域人口增长显示出显著的空间正相关，说明高人口增长率县域倾向于和其他高人口增长率县域邻近，低人口增长率县域同样在空间上集聚。

人口增长率局部相关模式统计如表 1-8 所示。14 个片区显示正的局部相关性的县域比例相对稳定在 40% 左右，可推断人口增长过程是缓慢、渐进的过程。结果显示总样本县域主要跃迁方式是 HL（高低集聚）→HH（高高集聚），达 40 个县域，表明一些原来高人口增长率的县域发展速度变快，呈向上靠拢趋势。西藏、四省藏区、新疆南疆三地州 3 个片区和其他 11 个片区与总样本的局部相关模式相似。从集聚空间分布规律来看，集聚状态地理分布不均衡，HH（高高集聚）主要分布在西藏等 3 个片区，而负局部相关 LH 总是分布在正局部相关 HH 外围，HL（高低集聚）主要分布在秦巴山区南部、武陵山区北部和西部、大别山区中部等地。

表 1-8　14 个片区县域人口增长率局部自相关格局

区域 / 集聚类型	总样本	西藏、四省藏区、新疆南疆三地州	其他 11 个片区
HH（高高集聚）	85 (13.54%)	22 (13.67%)	47 (10.06%)
HL（高低集聚）	125 (19.90%)	22 (13.67%)	68 (14.56%)
LH（低高集聚）	17 (2.71%)	5 (3.11%)	8 (1.71%)
LL（低低集聚）	6 (0.96%)	2 (1.24%)	6 (1.28%)

三、人口增长的驱动因素

运用空间计量模型对县域人口增长的驱动因素进行分析。运用 Stata SE 软件对西藏、四省藏区和新疆南疆三地州 3 个片区及其他 11 个片区分别构建模型进行分析,模型结果如表 1-9 所示。

表 1-9　14 个片区县域人口增长的空间计量模型结果

变量	西藏、四省藏区、新疆南疆三地州				其他 11 个片区			
	SDM		SLM	SEM	SDM		SLM	SEM
		滞后				滞后		
期初人口规模	-0.30	0.74	-0.22	-0.01	-4.65***	3.09***	-3.47***	-3.26***
GDP 增长率	-0.81	-2.21*	-1.29	-1.20	2.32**	-1.89**	1.25	1.28
二产比重变化	-1.81*	1.56	-1.52	-1.75	1.86*	-2.85***	0.76	1.14
三产比重变化	-1.76	0.96	-0.14	-0.27	2.26**	-3.34***	0.81	1.30
人力资本水平	-1.35	-2.12**	-2.38**	-2.26**	-0.22	1.06	-0.27	-0.25
公路网密度变化	5.41***	0.99	5.63***	5.50***	1.27	0.07	1.17	1.50
平均坡度	-0.96*	1.66*	-0.14	0.15	1.18	0.21	1.04	1.12
年均降水量	0.45	0.81	0.85	0.28	-1.59	2.70***	2.27**	1.91*
一月平均气温	1.67*	-0.36	-1.03	-1.37	-1.12	0.26	-2.39**	-2.07*
ρ	4.24***		2.70***	—	1.18***		1.58	—
λ	—		—	2.22**	—		—	1.82*
ε	17.56***		17.66***	17.66***	22.24***		22.25***	22.28***
R²	0.2821		0.2030	0.1985	0.1291		0.0465	0.0409
AIC	-130.87		-119.08	-117.76	-148.63		-134.16	-137.44
SC	-82.16		-66.11	-67.86	-87.56		-59.41	-61.68
Log Likelihood	86.44		71.54	69.88	95.32		79..014	80.72
LM-ERROR	41.06***				81.48***			
LM-LAG	45.85***				75.79***			
RLM-ERROR	0.15				5.69**			
RLM-LAG	4.934**				0.00			

注:*、**、*** 分别表示在 10%、5%、1% 的显著性水平上显著。

基于拉格朗日乘子检验(Lagrange Multiplier)以及与回归模型有关的统计量,对具体空间计量模型进行选取。拉格朗日乘子检验结果显示,西藏等3个片区模型标准形式的检验[Lagrange Multiplier(lag)、Lagrange Multiplier(error)]显著,而对滞后项检验[Robust LM(lag)]的统计值大于对误差项检验[Robust LM(error)]的统计值,说明与空间误差模型相比,空间滞后模型更优,同理可得其他11个片区模型选择空间误差模型更优。继续对比其与空间杜宾模型的优劣,根据模型的赤池信息准则(Akaike Info Criterion,AIC)和施瓦茨准则(Schwarz Criterion,SC)以及对数似然值(Log Likelihood)等参数,如果模型AIC和SC值越小,对数似然值越大,则模型的拟合效果更好。对比发现,空间杜宾模型AIC和SC值最小,对数似然值最大,说明空间杜宾模型是3个模型中的最优模型。

与西藏、四省藏区和新疆南疆三地州相比,其他11个片区人口增长的驱动因素存在巨大差异。首先,期初人口规模对西藏等3个片区人口增长的影响不显著,对其他11个片区具有显著的抑制作用,即2000年人口规模越大的县,2000—2018年人口增长越慢。这表明,其他11个片区的县域人口规模差距在逐渐缩小。而西藏等3个片区未表现出这一趋势。

经济因素对两类地区的影响也有较大不同。经济发展速度显著影响了11个片区的县域人口增长,但对西藏等3个片区的影响不显著。GDP增长越快,11个片区的人口增长也越快。经济繁荣的地区更能吸引人口的集聚,这与已有多数研究结论相一致(于涛方,2012)。经济增长对西藏等3个片区的影响不显著,可能的原因是这些地区少数民族占较大比例,农牧业比例高,其人口增长保持自身发展趋势与相对稳定性,经济的增长对人口的带动作用有限。

第二产业、第三产业比重的变化显著促进了其他11个片区的人口增长,但第二产业比重变化对西藏等3个片区的影响显著为负,第三产业比重变化的影响不显著。非农产业越发达,其他11个片区县域人口增长越快,这与经济增长的影响结果相吻合。此外,非农产业比重变化还产生了较强的空间溢出效应,即本县非农产业的增长显著抑制了临近县的人口增长,这主要是因为临近县人口受本县非农产业所吸引,导致人口外流到本县。但第二产业比重的增加抑制了西藏等3个片区的人口增长。学者推测与资源型工业的发展对劳动力产生了"挤出效应"有关(米瑞华、高向东,2020)。

公路网密度变化显著促进了西藏等3个片区的人口增长,但对其他11个片区的影响不显著。公路交通网络的改善越大,西藏等3个片区的人口增长越快。说明加大这些区域的公路交通基础设施建设,促进人员、物资与信息等的流通对于地区人口增长具有重要作用。与其他地区相比,这些区域交通基础设施相对薄弱,交通网络的改善对人口增长产生了较大的边际效应。

自然地理因素对西藏等3个片区人口增长具有显著影响,但对其他11个片区的作用相对有限。平均坡度越大,西藏等3个片区的人口增长越慢。较大的地形坡度不利于生产生活活动的开展,对于青藏高原这些自然环境较为恶劣的地区而言,地形条件对人口的集中起着更为主要的制约作用(成升魁、沈镭,2000)。此外,平均坡度变量还具有溢出效应,平均坡度越大的县,临近县人口增长越快。可能的原因是,坡度较大会导致本县人口向周边坡度较小的县流动,在加快临近县人口增长的同时,减缓了本县的人口增长。一月平均气温越高,西藏等3个片区的人口增长越快。表明相对温暖的气候条件更有利于这些区域的人口集聚与增长。

第四节　小　结

本章对全国及14个片区人口分布与空间增长特征进行了分析,并重点从14个片区县域尺度切入,运用地理探测器方法,研究其人口分布的影响因子,运用空间计量模型方法,探究西藏、四省藏区和新疆南疆三地州,以及其他11个片区人口增长的驱动因素。旨在通过对两类重要空间单元的分析,深化对中西部地区人口时空演变及其驱动机理的理解。

分析发现,无论是在地区、省域、市域,还是在县域尺度上,中国的人口在空间上分布极不均衡。东部地区的人口规模和密度明显高于其他地区。西部地区特别是青藏高原、新疆、宁夏、甘肃等少数民族聚居地区人口规模和密度相对较小。从欠发达地区整体层面来看,武陵山区、大别山区、秦巴山区、滇桂黔石漠化区人口规模大,西藏、吕梁山区、四省藏区、新疆南疆三地州等片区人口规模相对较小。从欠发达地区县域层面来看,位于大别山区的县平均人口最多,达77.6万,西藏的县平均人口最少,为4.0万。各县人口规模差距悬殊。位于大别山区、乌蒙山区西部、武陵山区东部的县人口规模较大,位于西藏、四省藏区的县人口规模普遍较小。2018年,共有15个县人口规模超过100万,共有16个县人口在2万以下,人口最多县的人口规模为最少县的207倍。

在影响人口分布的主要因子方面,西藏等3个片区与其他11个片区的差异性多于相似性。除人力资本水平对两类片区均具有重要影响外,西藏等3个片区的人口分布受自然地理环境的影响更为明显,地形坡度较大、降水不足、气温较低是这些地区的重要自然本底,因此,那些环境相对适宜的地区人口更为集中。其他11个片区受经济发展水平与基础设施条件的影响更大。经济更为繁荣、基础设施更为发达的地区人口相对较多。

中国人口空间增长在地区间、省域间、市域间及欠发达县域间均存在较大差异。从地区层面来看,东部地区的人口增长明显快于其他地区。从省域层面来看,东部发达省域和西部少数民族聚居省份增长较快,其他中西部省份和东北三省人口增长普遍较慢。从市域层面来看,超过两成市域人口出现负增长,主要分布于东北地区、四川盆地、湖北、河南及江苏等地。增长较快的市域要么为西部少数民族聚居地,要么位于东部沿海地区或为中西部省会城市。从欠发达地区层面来看,其人口增长总体较为缓慢。2000—2018年间14个片区人口增速为2.11%,明显慢于同期全国人口增速(10.1%)。14个片区人口增长趋势差异明显。西藏、四省藏区和新疆南疆三地州的人口增长速度明显快于其他11个片区。部分片区如秦巴山区、乌蒙山区、吕梁山区甚至出现人口负增长。从欠发达县域层面来看,人口增长较快的县主要位于西藏北部、四省藏区南部、新疆南疆三地州,而人口下降较快的县主要位于武陵山区西部、大别山区中部、秦巴山区南部等区域。

两类欠发达地区人口增长的驱动因素存在巨大差异。总体而言,西藏、四省藏区和新疆南疆三地州 3 个片区的人口增长主要受公路基础设施改善及自然地理条件的影响,而其他 11 个片区的人口增长更多受经济发展速度、产业结构变化及期初人口规模的影响。因此,对于西藏等 3 个片区而言,持续加大交通基础设施建设,提升县域交通便捷程度,是促进地方人口增长的重要手段,而对于其他 11 个片区而言,加快地方经济发展,优化产业结构是实现人口增长更为有效的举措。

第二章 中西部地区人口增长的尺度差异

尺度(scale)是一个事物或过程经历时间的长短或在空间上涵盖范围的大小(Robert 等,1989)。从空间角度看,当空间数据经聚合而改变其幅度、粒度(或频率)、形状和方向时,分析结果也会随之发生改变(孙庆先等,2007),即产生尺度效应(scale effect)。人口的增长与收缩导致了人口空间的变化。但不同空间尺度上,人口增长趋势往往存在较大差异。人口增长的尺度效应由此产生。因此,仅从单一尺度进行分析,无法准确把握人口空间的演变规律。基于不同尺度分析区域人口增减变化,并进行多尺度对比,逐渐成为人口空间研究的重要方向。本章基于这一考虑,剖析中西部地区省域、山区、经济区及大城市等不同尺度、不同类型区域人口增长的空间趋势,探究人口变化的尺度差异,以深化对中西部地区人口空间演变的理解。

第一节 省域人口流动与增长的基本特征

省域尺度是中国人口流动与空间增长研究的重要尺度单元。随着近年来国家区域协调发展战略的推进和经济空间结构的调整,中国的人口流动模式正发生深刻变化。跨省流动人口增长放缓甚至出现下降趋势,省内跨市、市内跨县等省内人口流动步伐加快(齐宏纲等,2020),人口流动的空间范围日趋多元化。因此,从省域尺度入手研究人口流动与增长特征,具有重要的现实意义。本节选取陕西省为案例区域,运用第五、六次全国人口普查数据,分析其人口流动格局与空间增长趋势,总结人口流动与增长的基本特征。

一、陕西省人口流动的空间格局

人口流动格局分析是考察区域人口增长与空间演变的重要基础。本节主要从人口净迁移和人口流动地域类型两个方面考察陕西省的人口流动格局。其中,净迁移人口主要采用常用的常住人口与户籍人口之差这一指标衡量。人口流动地域类型划分参照刘盛和等(2010)的方法,首先计算区域净迁移率和总迁移率,公式如下:

$$NM_i = \frac{I_i - O_i}{P_i} \tag{8}$$

$$GM_i = \frac{I_i + O_i}{P_i} \tag{9}$$

式中, NM_i 为区域净迁入率; I_i 为区域迁入人口; O_i 为区域迁出人口; P_i 为区域总人口; GM_i 为区域总迁移率。

由于上述指标未考虑各空间单元的各类流动人口占陕西省的份额,从而导致出现净迁移率和总迁移率两个指标的值在某些区域被高估或低估等误差。因此,有必要分析份额指标,即分析区县各类流动人口在陕西省所占份额,对复合指标作进一步修正,才能更为准确地反映陕西省流动人口的地域类型与空间分布特点。具体公式如下所示:

$$RNM_i = \begin{cases} NM_i \times \dfrac{I_i}{\sum\limits_{i=1}^{n} I_i} \times 1000(当\ NM > 0) \\ NM_i \times \dfrac{O_i}{\sum\limits_{i=1}^{n} O_i} \times 1000(当\ NM < 0) \end{cases} \tag{10}$$

$$RGM_i = GM_i \times \frac{I_i + O_i}{\sum\limits_{i=1}^{n} I_i + \sum\limits_{i=1}^{n} O_i} \times 1000 \tag{11}$$

$$r_a = a \times \overline{RGM}_i \tag{12}$$

式中，RNM_i 和 RGM_i 分别为空间单元 i 修正后的净迁移率和总迁移率，$\overline{RGM_i}$ 为全国平均总迁移率。根据修正后的复合指标，流动人口地域类型被划分为净流入型活跃区、净流出型活跃区、平衡型活跃区和非活跃区 4 种类型。

由于 2000 年和 2010 年时跨区县迁移人口占总人口的比重分别为 16.12% 和 34.46%，因此考虑将活跃度阈值 a 分别设为 0.16 和 0.34，经修正后得到活跃度阈值 r_a 为 0.28 和 1.53。通过计算，可划分出陕西省各县域人口流动的地域类型。

从净迁移人口分布看，2010 年，陕西省区县净流入人口高度集中于西安、咸阳、榆林、延安等城市市区，这些地区常住人口均明显多于户籍人口。其中，净流入人口最多的为西安市雁塔区和未央区（分别为 37.8 万和 29.1 万），其他如西安市长安区、灞桥区，榆林市榆阳区，净流入人口均在 10 万以上。而全省大部分区县人口为净流出状态。净流出县的数量为 83 个，占全部县域总量的 77.6%。其中，人口净流出规模最大的为榆林市子洲县和安康市汉滨区（分别为 13.4 万和 12.2 万），其他如榆林市清涧县、横山县，西安市蓝田县、周至县，延安市子长县等人口净流出规模也较大。

从净迁移人口增速看，10 年间净流入人口增长最快的主要为西安市近郊区、榆林市区等地（见表 2-1）。其中，榆林市神木县的净流入人口从 2000 年的 2277 增加至 2010 年的 40682，增长率达 1686.7%。延安市吴起县、榆林市靖边县的人口流入增长也较快，这些地区也是能源资源开发和能源经济快速发展的主要地区。其他如西安市近郊区（长安区、高陵区、阎良区）、榆林市榆阳区的人口快速流入主要得益于城市化的推进与城市集聚经济对外来人口的吸引。

表 2-1 2010 年陕西省县域净迁移人口最多及最少县区的分布

2010 年净迁移人口规模排序	县区名称	净迁移人口数（万）	2000—2010 年增速排序	县区名称	净迁移人口增速（%）
1	西安雁塔	37.8	1	榆林神木	1686.7
2	西安未央	29.1	2	西安长安	1174.6

2010 年净迁移人口规模排序	县区名称	净迁移人口数（万）	2000—2010 年增速排序	县区名称	净迁移人口增速（%）
3	榆林榆阳	11.0	3	西安高陵	519.2
4	西安长安	10.6	4	西安阎良	257.7
5	西安灞桥	10.0	5	宝鸡麟游	257.5
6	西安莲湖	9.0	6	榆林榆阳	250.1
7	西安新城	7.7	7	西安未央	239.1
8	榆林神木	4.1	8	延安吴起	182.7
9	西安高陵	3.9	9	榆林靖边	165.0
10	延安宝塔	3.0	10	铜川耀州	156.9
……	……	……	……	……	……
98	榆林米脂	-6.8	98	延安安塞	-1400.6
99	榆林横山	-7.0	99	商洛丹凤	-1404.3
100	渭南临渭	-8.1	100	延安甘泉	-1607.7
101	榆林清涧	-9.3	101	渭南蒲城	-1923.6
102	汉中南郑	-9.3	102	渭南澄城	-2467.1
103	西安周至	-10.0	103	咸阳永寿	-2509.4
104	西安碑林	-10.3	104	咸阳兴平	-2717.4
105	西安蓝田	-11.5	105	延安黄龙	-3871.2
106	安康汉滨	-12.2	106	咸阳乾县	-9994.6
107	榆林子洲	-13.4	107	咸阳彬县	-14320.0

2000—2010 年间,全省县域净流入人口以负增长为主,占比达 64.5%。净流入人口减少最快的县主要位于关中平原的咸阳市和渭南市,以及陕北的延安市。关中地区人口的快速流出与西安这一特大城市对周边地区人口的"虹吸效应"密不可分。随着地区经济的集聚式发展,总体上陕西省人口表现出明显的向大城市尤其是特大城市集中的态势,绝大部分县为人口流出状态。仅有少量煤炭、石油等矿产资源丰富,资源型产业发展迅速的地区可以实现人口的快速流入。可以预见的是,随着这些地区资源储量的减少,以及资源价格的下降,资源型产业发展必然受到冲击,其人口流动也将从净流入转向净流出。

根据前面介绍,将全省县域划分为流入活跃型、流出活跃型、平衡活跃型和非活跃型 4 类。对比 2000 年和 2010 年的人口流动地域类型可以发现,10 年间陕西省县域人口流动地域类型发生了巨大变化。总体上,人口流入活跃型地区更加向西安、榆林及延安等市区集中,流出活跃型地区则明显减少。2000 年,陕南大部分地区、陕北北部地区的多数县市人口大量外出,为人口流出活跃型地区,关中及陕北南部县市人口流入与流出规模大致相当,为平衡型活跃区。西安市中心城区,咸阳、宝鸡、延安和榆林等地级市市区吸引了大量外来人口,为人口流入活跃型地区。2010 年,全省各地特别是传统的人口输出地——陕南山区人口外出活跃程度明显下降,多数县市由 10 年前的流出活跃型转变为非活跃型。人口流入活跃型地区更加集中于西安、榆林及延安三市市区。全省流出活跃型地区明显减少,非活跃型地区明显增加。

将两个年份的人口流动地域类型进行综合,以考察其变化趋势可以发现,持续流入活跃型县域主要为西安市主城区、榆林市区、延安市区,持续流出活跃型县域主要位于西安市远郊区、陕北地区的非能源县,以及陕南山区县(见表 2-2)。西安市碑林区为唯一的流入活跃型转流出活跃型县域,碑林区为西安市老城区,旧城改造等带来的人口疏解及郊区化引起的人口外迁都加速了碑林区的人口流出。此外,由 2000 年的流出活跃型转为 2010 年的非活跃型县域数量最多,达 18 个,这些县主要位于陕南山区、宝鸡市及铜川市,均为传统的人口流出地。这也印证了传统人口流出地外出人口向家乡回流的趋势,随着近年来各地招商引资力度不断加大,县域工业化和县域经济发展步伐明显加快,许多欠发达地区外出人口回流现象更为普遍。

表 2-2　陕西省人口流动变化类型及对应县区

人口流动变化类型	县区名称及数量
持续流入活跃型	西安新城、莲湖、灞桥、未央、雁塔,榆林榆阳、府谷,延安宝塔,共 8 个
持续流出活跃型	西安周至、蓝田,榆林横山、绥德、米脂、佳县、清涧、子洲,延安子长,安康汉滨、汉阴、紫阳、白河,汉中南郑、城固、洋县、西乡,共 17 个

人口流动变化类型	县区名称及数量
流入活跃转流出活跃型	西安碑林,共1个
流出活跃转流入活跃型	无
流出活跃转平衡活跃型	西安临潼,榆林定边,延安延长、延川、吴起,共5个
流出活跃转非活跃型	铜川耀州、王益、印台,宝鸡千阳、岐山、扶风、凤翔,商洛商州、山阳,安康石泉、岚皋、旬阳、平利,汉中宁强、勉县、镇巴,咸阳武功,榆林吴堡,共18个
持续非活跃型	延安黄龙,商洛丹凤、柞水,安康宁陕、镇坪,汉中留坝、佛坪,咸阳泾阳、礼泉、永寿、长武、旬邑、淳化,共13个

二、陕西省人口增长的总体特征

从人口分布格局看,陕西省人口主要集中于关中地区、陕南及陕北地级城市市区。根据第六次人口普查数据,2010年,全省人口最多的县级单元为西安市雁塔区,常住人口达117.8万,西安市辖区人口达到683万。宝鸡市主城区人口也超过100万,其他如咸阳、渭南、榆林、汉中、安康等地级城市市区人口也较为集中。陕南及陕北大部分辖县人口相对较少,全省有10个县的人口不足10万,人口最少的县为汉中市佛坪县,仅3万。

表2-3　陕西省县域人口分布与增长状况

2010年人口规模排序	县区名称	2010年人口数(万)	2000—2010年增速排序	县区名称	人口增速(%)
1	西安雁塔	117.8	1	西安未央	75.2
2	西安长安	108.3	2	西安高陵	50.0
3	渭南临渭	87.7	3	西安雁塔	48.2
4	安康汉滨	87.0	4	杨凌示范区	45.8
5	西安未央	80.7	5	宝鸡金台	44.9

2010 年人口规模排序	县区名称	2010 年人口数（万）	2000—2010 年增速排序	县区名称	人口增速（%）
6	渭南富平	74.3	6	榆林榆阳	41.3
7	渭南蒲城	74.3	7	宝鸡渭滨	36.6
8	西安莲湖	69.9	8	榆林靖边	30.5
9	渭南大荔	69.3	9	延安吴起	28.9
10	西安临潼	65.6	10	铜川耀州	27.3
……	……	……	……	……	……
98	铜川宜君	9.1	98	渭南华县	-8.0
99	宝鸡麟游	9.1	99	安康白河	-9.3
100	延安甘泉	7.7	100	西安蓝田	-9.9
101	榆林吴堡	7.6	101	汉中佛坪	-10.7
102	安康宁陕	7.0	102	西安碑林	-12.0
103	安康镇坪	5.1	103	榆林佳县	-14.2
104	宝鸡太白	5.1	104	宝鸡陈仓	-18.4
105	延安黄龙	4.9	105	榆林米脂	-22.8
106	汉中留坝	4.3	106	榆林清涧	-27.0
107	汉中佛坪	3.0	107	榆林子洲	-30.0

从人口增长情况看,人口增长较快的地区主要为各大城市市区及陕北地区。陕南及关中地区大部分县则出现明显的人口负增长。根据第五、六次人口普查数据统计发现,2000—2010 年间,全省常住人口增长最快的区县为西安市未央区(75.2%),其次为高陵区和雁塔区(分别为 50.0% 和 48.2%),其他如杨凌示范区、宝鸡市金台区和渭滨区、榆林市榆阳区人口增速均在 30%以上。此外,陕北多数能源资源丰富的区县人口增长也较快,如榆林市靖边县、神木县、府谷县,延安市吴起县,人口增速均在 15%以上,这得益于这一时期煤炭等能源资源价格高企,地区经济实现了快速发展。相对而言,关中大部

分县市人口增长缓慢,陕南大部分地区及陕北能源资源相对稀缺的县人口甚至出现负增长。10年间,人口减少最快的县为榆林市子洲县、清涧县和米脂县,人口减少均超过20%。作为西安市旧城区,碑林区的人口减少趋势也十分明显,降幅达12.0%,这与人口流动分析结果相吻合。

　　总体而言,进入21世纪以来,陕西省域人口流动与增长的主导地区为大城市市区,以及能源资源丰富的陕北地区县域,其他地区如陕南地区、关中地区的大部分县域人口流出规模较大,人口减少趋势明显。值得注意的是,近年来随着县域经济与城市化的发展,此前人口大量流出的县域开始吸引外出人口的回流,其人口外流趋势相应减弱。此外,特大城市(如西安)老城区由于旧城改造等原因,人口减少趋势也十分明显。作为中西部地区的典型省份,陕西省人口流动与增长的这一"小集聚、大收缩"趋势区别于东部沿海省份,表现出欠发达地区人口空间演变的阶段性特点。

第二节　山区人口增长的时空分异

　　中国山地(含丘陵)面积约占国土面积的70%,居住人口5.8亿,约占全国总人口的45%(陈国阶,2007)。对于山地广布的中西部地区而言,山区占据尤为突出的战略地位,其人口发展关系到国家战略的实施与未来命运(张耀军和任正委,2012)。山区人口空间分布的失衡会使本就脆弱的生态环境面临更大压力,也会给山区发展带来挑战。作为一种特殊的空间地理单元,山区有着特殊的人口特征、地理区位特征、生态环境特征和社会经济特征,因此有必要对中西部山区人口分布时空格局及其背后的影响机理进行深入研究。

　　准确认识人口分布的影响因素是理解和认知人口空间分布规律的基础。已有研究发现,气候和地形等自然因素对于长期人口空间格局的形成具有重要影响,但社会经济因素是导致人口空间格局短期变动的主要因素(封志明等,2007;吕晨等,2009)。交通作为反映区域社会经济发展条件优劣的重要指标,为人口的空间流动提供了基础,从而对人口空间分布和演变特征产生重要作用(Krugman,1991)。但总体来看,关于社会经济及基础设施等对人口增长的影响还存在较大分歧,且集中于经济发达的城市群和都市区,对山区的关注不够。前者的实证结果难以直接应用于对山区人口现象的解释。

基于此,本节以秦巴山区为案例区域,以县域为研究尺度,运用空间面板杜宾模型方法,研究自然地理因素、社会经济、区位条件,以及交通可达性变化对山区人口分布时空格局的影响因素,厘清山区人口分布与增长背后的影响机理,为山区发展政策制定提供实证依据。

一、秦巴山区人口分布及变化格局

秦巴山区西起青藏高原东缘、东至华北平原西南部,包括秦岭山地、大巴山山地和汉江河谷盆地 3 个主要地貌单元,地跨长江、黄河、淮河三大流域,是淮河、汉江、丹江、洛河等河流的发源地,共涉及甘肃省、四川省、陕西省、河南省、湖北省和重庆市六省市,国土面积为 22.5 万 km²,占我国陆地总面积的2.41%。作为连接和支撑我国长江经济带、黄河流域生态保护和高质量发展、汉江生态经济带、成渝城市群、关中天水经济区及中原经济区的关键区域,秦巴山区在全国区域发展格局中占据特殊重要地位。

(一)人口数量分布的时空特征

秦巴山区常住人口在空间分布上呈现"外高内低,南多北少"的总体格局。人口数量高值区主要分布在山区南部四川省境内的宣汉县、仪陇县和平昌县,重庆市的云阳县以及东部河南省境内的镇平县。其中,人口规模最大的县为宣汉县,2015 年的常住人口约为 103 万。人口数量低值区主要分布在陕西省境内,如佛坪县、留坝县、太白县、镇坪县和宁陕县,其常住人口均不足10 万。

利用 ArcGIS10.2 进一步对 2000 年、2005 年、2010 年和 2015 年秦巴山区的常住人口数量进行冷热点分析,发现存在明显的人口分布冷热点区域。其中,人口规模热点区主要分布在秦巴山区南部以及东部地区河南省境内的镇平县、南召县和内乡县,冷点区主要分布在秦巴山区北部陕西和甘肃的部分县域。总体上看,2000—2015 年的人口规模冷热区空间分布格局相对一致,呈现出"南部热、北部冷"的特征。

从人口规模的时间变化特征看,2000—2015 年秦巴山区的常住人口数呈现总体减少态势。2000 年末秦巴山区常住人口数为 3179.78 万,占全国总量的 2.45%;2015 年末常住人口数减少为 2984.12 万,占全国总量的 2.18%。2000—2015 年,常住人口数减少了 195.66 万,占当年人口总量的 6.56%。2000 年常住人口数量在 50 万以上的县有 24 个,人口总数占秦巴山区的 54.91%,主要分布在南部的川渝地区。2015 年减少为 20 个,人口总数占当年秦巴山区的 47.36%。秦巴山区县域人口数量的变化量表现出明显的时空分异趋势,人口数量减少的地区呈外围向中心蔓延的趋势。由于秦巴山区主要位于中西部欠发达地区,劳动力主要以输出为主,加之山区许多县域存在缺乏产业支撑,公共服务设施薄弱、服务水平低等情况,导致常住人口出现逐渐减少的趋势。此外,秦巴山区人口规模明显缩小的县主要集中在山区外围地区。可能是因为外围地区受到周边西安、重庆、武汉、成都、郑州等特大城市的辐射作用,大量有劳动能力的人口外出务工,导致常住人口规模缩小。而中心地区和西北部地区则由于交通运输发展条件相对较差、交通区位不便,受外界大城市的辐射相对较弱,人口流动弱于外围地区。

选用人口加权的泰尔系数分析秦巴山区人口规模变化的差异。由表 2-4 可知,2000 年的组间泰尔系数为 0.518,2015 年上升到 0.559,表明秦巴山区各省之间人口规模的差异在逐渐增大。进一步采用泰尔指数将秦巴山区总体差异分解为各省的组内差异,以考察总体差异的主要来源与内部结构。分析发现,秦巴山区人口规模分布的总体差异主要来自组间差异,即各省之间的差异。从组内差异看,四川省县域之间的差异最大,但 2015 年有所下降;河南和陕西两省以及重庆市的县域差异较大,且逐年递增。湖北省的县域差异较小,2010 年呈下降态势,但 2015 年有所反弹。甘肃省的县域差异最小,且逐年递减。由此可以推测,2015 年秦巴山区县域人口差异的下降主要来自四川和甘肃两省内县域间差异的下降。

表 2-4　2000—2015 年秦巴山区人口差异分解

差异来源		2000 年		2005 年		2010 年		2015 年	
		Theil	贡献率（%）	Theil	贡献率（%）	Theil	贡献率（%）	Theil	贡献率（%）
组间		0.518	51.68	0.539	51.79	0.569	51.38	0.559	49.12
组内	湖北	0.011	1.05	0.011	0.93	0.103	0.93	0.107	0.94
	河南	0.110	10.97	0.130	10.68	0.118	10.68	0.129	11.34
	重庆	0.056	5.54	0.072	7.22	0.080	7.22	0.113	9.90
	四川	0.166	16.55	0.171	18.51	0.205	18.51	0.192	16.88
	陕西	0.101	10.10	0.114	11.01	0.122	11.01	0.132	11.58
	甘肃	0.041	4.11	0.003	0.27	0.003	0.27	0.003	0.24
总计		1.002	100.00	1.040	100.00	1.108	100.00	1.137	100.00

（二）人口密度分布的时空特征

人口密度也是表现人口分布形式和空间分异的主要指标。参考封志明等（2007）、敬博等（2020）对人口集疏程度的分级评价标准,结合研究区实际,将人口密度分级区间进行适度合并,最终选择以下 5 个等级:人口极稀区（<50人/km²）、人口稀疏区（50~100 人/km²）、人口均值区（100~200 人/km²）、人口低密集区（200~400 人/km²）、人口高密集区（>400 人/km²）。

秦巴山区各区县的人口密度空间分布格局与常住人口数量分布格局类似,呈现出东部南部高、西部北部低的非均衡分布特征。人口密集区主要分布在川渝地区的东北部以及陕豫南部的部分区县,其中四川省的仪陇县、巴州区和平昌县、河南省的嵩县和镇平县属于人口高密集区。而稀疏区则主要分布在广大的西北部地区。中心地区大都属于人口均值区,面积约占秦巴山区总面积的 66%,但仅有其人数总量的 50%。2015 年,秦巴山区各县中人口密度最低值约为 20 人/km²,最高值约为 612 人/km²。人口密集区面积仅占秦巴山区总面积的 24%,其人数占秦巴山区总人数的 46%。2000—2015 年人口密度的分布格局变化不大,仅有个别县发生了变化:2005 年周至县、勉县、剑阁县和巫山县的人口密度级别从人口密集区降为人口均值区;南召县人口密度级别从均值区上升至密集区,但在 2010 年又下降至人口均值区;2015 年仅有奉节县的密度级别下降至均值区。

秦巴山区人口密度冷热点探测分析结果与人口规模基本相似。2000—2015 年冷热区格局基本一致,最热区集中在四川和河南两省,分别是苍溪县、巴州区、平昌县和仪陇县以及内乡县、镇平县和南召县,最冷区则没有出现。2005—2010 年冷点区的面积减少,说明人口密度的低值区域减少。

二、秦巴山区人口时空分布的影响因素

(一)计量模型与变量选取

人口分布格局不仅受到自然环境的影响,还受到区域社会经济、区位条件及交通可达性的作用。本节以常住人口规模作为因变量,选取交通可达性、地形起伏度、平均气温、国内生产总值、固定资产投资、公共财政支出等自变量构建计量模型。各变量定义与描述性统计见表 2-5。

表 2-5 变量的描述性统计分析

类型	变量	均值	标准差
因变量	人口数量(万)	40.93	24.74
	人口密度(人/km²)	158.42	115.29
自变量	国内生产总值(亿元)	45.21	46.51
	县固定资产投资(万元)	93390	130151
	县财政支出(万元)	37124	32513
	公路可达性	0.014	0.022
	到省会特大城市距离(km)	261.19	79.79
	年平均气温/(℃)	13.09	2.14
	地形起伏度	2.72	1.02

本节使用的人口数据和社会经济数据为 2000 年、2005 年、2010 年和 2015

年 4 个年份的空间面板数据,分别来自相应年份的《中国县域统计年鉴》和相应的各省市统计年鉴,人口总数是年末该县的常住人口数;降水与地形起伏度的基础数据来自中国科学院资源环境科学数据中心;道路交通数据来自国家基础地理信息数据库,交通区位涉及的路网数据来自 2001 年、2006 年、2011 年和 2016 年的《中国公路里程地图分册系列》《中国交通地图册》《中国各省地图册》(中国地图出版社),对其公路、铁路交通及县区进行矢量化处理得到。

考虑到各因素对人口分布的影响可能存在空间依赖性,本节选择空间计量模型进行实证分析。其中空间面板杜宾模型(Spatial Panel Durbin Model, SPDM)是考察地理事物空间关联性的主要模型,它同时包含自变量和因变量的空间依赖效应,是相较于空间面板滞后模型(Spatial Panel Lag Model, SPLM)和空间面板误差模型(Spatial Panel Error Model,SPEM)更为一般的形式(Bruce 等,1993)。

空间面板计量模型主要解决线性回归分析中空间依赖关系的相关问题,在模型分析前,首先采用探索性空间数据分析检验数据的空间自相关性,如果变量不存在空间自相关性,则采用多元线性回归模型(OLS 回归)进行分析;如果存在空间自相关性,则分以下步骤:首先,进行霍斯曼(Hausman)检验,判断固定效应还是随机效应更为合适;其次,通过似然比(LR)来判断 SPDM 是否可以简化为 SPEM 和 SPLM,最终确定空间面板计量模型的形式(Elhorst, 2003)。

利用 GeoDa 软件分别计算出 2000 年、2005 年、2010 年和 2015 年秦巴山区人口数量/密度的 Moran's I 指数(见表 2-6),以此对秦巴山区县域人口分布的空间集聚格局总体特征进行检验。结果显示:秦巴山区人口数量与人口密度的全局 Moran's I 指数显著为正,表明秦巴山区的人口分布具有一定的空间集聚特征,在研究县域人口分布的影响因素时,不能忽视地理空间要素。因此,最小二乘估计(OLS)的随机独立假设显然有误,应采用空间面板计量模型方法。

表 2-6　2000—2015 年秦巴山区人口数量与密度的 Moran's *I* 检验结果

年份	人口数量			人口密度		
	I	*Z*	*P*	*I*	*Z*	*P*
2000 年	0.398	5.110	0.001	0.456	6.106	0.001
2005 年	0.355	4.567	0.001	0.421	5.697	0.001
2010 年	0.385	4.958	0.001	0.448	6.070	0.001
2015 年	0.330	4.221	0.001	0.397	5.425	0.001

进一步做 Hausman 检验,结果为 79.59(P = 0 < 0.05),表明拒绝建立随机效应模型原假设,应采用固定效应模型。此外,基于 3 种模型原假设的 LR 检验对 SPEM 模型、SPLM 模型和 SPDM 模型的选择提供了依据。LR 检验的原假设是:SPDM 模型会退化为 SPEM 模型或 SPLM 模型。如果 P 值在 10% 或其以下显著性水平上,则拒绝原假设,说明应该采用 SPDM 模型。结果表明,SPDM 模型会退化为 SPLM 模型(41.99,P = 0 < 0.1)和 SPEM 模型(24.47,P = 0.0009 < 0.1)的假设均不成立,因此具有固定效应的 SPDM 模型为最优模型,模型设定如下:

$$y_{it} = \rho \sum_{j=1}^{N} W_{ij} y_{jt} + \beta x_{it} + \delta \sum_{j=1}^{N} W_{ij} x_{it} + \mu_i + \lambda_t + \varepsilon_{it} \qquad (13)$$

式中,y_{it} 表示被解释变量在 i 单元 t 时期的观测值;x_{it} 表示解释变量在 i 单元 t 时期的观测值;ρ 表示空间回归系数;W_{ij} 是空间权重矩阵 W 中的一个元素;β 表示解释变量系数;δ 表示空间滞后解释变量的系数;μ_i 表示空间固定效应;λ_t 表示时间固定效应;ε_{it} 表示空间自相关误差项。

(二)人口时空分布的影响因素

运用空间面板杜宾模型研究秦巴山区人口时空分布的影响因素,估计结果如表 2-7 所示。研究表明,除了固定资产投资变量外,SPDM 中所有解释变量的参数估计均显著,但由于模型中加入了解释变量的空间滞后效应,因此估计结果不能直接反映其弹性系数,也不能正确反映解释变量对被解释变量的直接影响,因此需要对 SPDM 求偏微分即获得直接效应与间接效应来检验解释变量的直接效应和空间溢出效应,结果见表 2-7 中的直接效应与间接效应。

表 2-7　人口数量时空分布的 SPDM 估计结果

变量	系数	空间滞后	直接效应	间接效应
国内生产总值	9.38***	-2.27**	8.88***	0.16
固定资产投资	-0.38	-1.20	-0.64	-1.44
政府财政支出	1.78*	-0.52	1.92*	0.06
公路可达性	1.71*	1.19	1.96*	1.58**
到省会或特大城市距离	-3.33***	3.61***	-3.13***	3.12***
年平均气温	1.68*	-0.31	1.99**	0.45
地形起伏度	-1.96**	1.26	-2.15**	0.83
Rho	—	7.76	—	—
R^2	0.11	0.52	0.73	

注:*、**、***分别表示在 10%、5%、1% 的显著性水平上显著。

直接效应表示本地区自变量对本地区因变量的影响,而间接效应表示相邻县城自变量对本地区因变量的影响。社会经济因素方面,地区生产总值和县财政支出的增加都会使人口规模扩大,其中地区生产总值对人数的影响较为显著,每增加 1%,本地区人数会增多 8.88%。被解释变量的空间滞后系数显示(rho =7.76,p = 0 <0.01),相邻县域人口每增加 1%,将使本县人口数量增加 7.76%,表明人口数量具有空间溢出效应。

本县的公路可达性每提高 1%,人口将会增加 1.96%;而相邻县的公路可达性每提高 1%,同样会使本地人数增加,增量为 1.58%,这表明其溢出效应跨越了县域边界,也就能解释公路可达性与人口分布空间格局上的表现。此现象产生有两方面的因素:一方面,便于修筑公路、铁路的区域地势都较为平坦,产业经济也易于发展,进而会吸引人口进一步聚集;另一方面,较高公路可达性的地区,其运输成本也较低,这会带动当地的经济发展,促进经济活动的频繁发展,同时由于地理临近,相邻县的公路可达性良好,就方便相邻县的人口流向本县,也会带来本县的人口增长。

区位因素方面,到省会或特大城市的距离每增加 1%,将导致本地区人口减少 3.13%;而相邻县距省会特大城市的距离每增加 1%,本地区人口将增长 3.12%,说明秦巴山区县域的发展与人口增长比较依赖于省会或特大城市的市场机会与经济辐射。

自然因素方面,气温每上升 1%,人数将会增加 1.99%,一般来说,温度较高的地区其海拔较低,氧气含量较高,紫外线辐射较小,因此适宜人们居住。地形起伏度增加,将会导致本地区人口减少,这是因为地形起伏度越大,地质越不稳定,越易于发生地质灾害,越不适宜居民居住生活,因此人们趋向于低地形起伏度地区。

通过对秦巴山区人口时空分布格局及其影响因素进行分析,可以发现:秦巴山区人口分布具有明显空间差异,呈现"外高内低、南多北少"的总体格局。2000—2015 年,人口规模冷热区空间分布格局相对一致,呈现南部热、北部冷的特征,秦巴山区的常住人口数呈现总体减少态势,尤其外围边缘地区减小幅度与速度更快,呈外围向中心蔓延的趋势。

人口分布时空格局是各种要素相互复杂作用产生的结果,秦巴山区人口分布时空格局受经济、区位、气候和地形等因素的综合作用。国内生产总值、固定资产投资、政府财政支出、公路可达性、到省会等特大城市的距离、气温、地形起伏度等因素共同影响秦巴山区的人口分布时空格局。温暖的气候、低平的地势、区位良好和经济较为发达的地区是人口分布比较集中的地区。公路可达性的提高降低了交通运输成本,进一步改善了山区的区位条件,从而促进经济活动持续集聚,并带来人口的集聚和增长。

第三节　经济区人口空间演变及其动因

经济区是中西部地区经济发展的重要承载空间,也是人口流动与增长的核心区域。分析经济区人口空间演变特征,揭示其演变规律对于地区发展具有重要现实意义。已有相关研究中,研究区域主要集中在东部发达经济区,如京津冀(孙铁山等,2009;封志明等,2013)、长三角(段学军等,2008)和珠三角

(游珍等,2013)等地,对中西部经济区的研究尚不多见。作为发展中大国,中国各地区在区位条件、经济基础和发展阶段等方面均存在较大差异,与东部地区相比,中西部经济区的人口空间格局及其变化规律表现出自身的特征。

此外,已有研究尺度以市级或县级的单一尺度为主,缺少镇街尺度的研究和多尺度的比较研究。市县尺度分析掩盖了城市或县域内部的人口格局及空间集散变化,在当前工业化、城镇化快速发展背景下,城市及县域经济空间正发生深刻重组,并直接影响人口空间格局。因此,微观尺度及多尺度对比研究显得更为紧迫。事实上,地理学研究对象格局与过程的发生、时空分布、相互耦合等特性都是尺度依存的(李双成、蔡运龙,2005;Moore,2008)。在经济地理、城市地理等领域,越来越多的研究尺度逐渐趋小化,并开始关注多尺度效应,进行多尺度比较研究(Yamamoto,2008;陈培阳、朱喜钢,2012)。人口的空间分布同样具有尺度依赖性,但相关实证研究尚不多见。

关天经济区是国家深入推进西部大开发、落实"一带一路"倡议的重要载体。2009年,国务院正式批复《关中—天水经济区发展规划》,关天经济区成为西部大开发三大重点经济区之一。2013年,习近平提出建设"丝绸之路经济带"和"21世纪海上丝绸之路"的战略构想,关天经济区地处亚欧大陆桥中心,是"一带一路"建设的战略核心区域。自西部大开发以来,关天经济区经济社会快速发展,成为西部地区最重要的人口集聚区之一。与此同时,人口的快速增长也导致区域资源环境的承载能力面临巨大挑战,环境污染日益严重,区域的可持续发展受到严峻考验(任志远等,2012)。

本节以关天经济区为案例区域,基于第五、六次全国人口普查数据,运用空间统计工具,将市级、县级、镇级3个尺度的人口空间变化纳入统一的分析框架,探究不同尺度的关天经济区人口时空格局及影响机制,分析人口分布的尺度效应,以期更全面细致地剖析经济区人口变化规律,为中西部地区人口空间增长的相关研究及区域可持续发展政策的制定提供科学依据。

一、关天经济区人口空间格局的基本特征

关天经济区包括陕西省的西安、铜川、宝鸡、咸阳、渭南、杨凌农业示范区、

商洛(部分区县①)和甘肃天水所辖行政范围,土地面积约 7.98 万 km²,下辖 65 个区县、968 个乡镇(街道),2010 年末总人口约 2808 万人。研究使用的人口数据来源于全国第五、六次人口普查分乡、镇、街道人口资料,流动人口为常住人口减去居住在本地且户口也在本地的人口数。分镇土地面积数据从行政区划网获取。由于 2000—2010 年间一些乡镇(街道)的行政边界发生了变更,根据 2010 年的行政边界调整了 2000 年人口、土地面积数据,将原来分属于不同街道和乡镇的人口数据按照行政边界的合并进行人口的合并,以保证数据的时空一致性。

(一)各市人口规模及密度差异显著

关天经济区各城市人口规模差异显著。西安市人口规模最大,2010 年全市常住人口达 846.8 万,占经济区总人口的 30.2%,渭南市人口规模次之,为 528.6 万,占经济区的 18.8%。人口在 100 万以下的有杨凌示范区和铜川市,分别占 0.7%和 3.0%。

各城市人口密度也存在明显差异。杨凌示范区密度最高,达 1560.7 人/km²,西安市次之,为 824.7 人/ km²,其余地市人口密度均不高,人口最为稀疏的商洛市仅为 138.7 人/ km²。总体上,西安市不仅人口规模大,且分布密度高,是关天经济区人口分布的核心。

(二)县域人口呈带状分布格局

县级尺度上,关天经济区人口主要分布于西安市北部、咸阳市南部及渭南市西部地区这一渭河平原地区。其中,西安市中心城区人口密度最高。新城区、碑林区、莲湖区和雁塔区的人口密度均在 7000 人/km² 以上。中心城区外围的未央区、灞桥区、阎良区、高陵县,咸阳市中心城区以西的兴平市、武功县等地人口密度均在 1000 人/km² 以上。此外,西安市长安区、临潼区,渭南市临渭区,咸阳市泾阳县、三原县人口密度也较高,均超过 500 人/km²。经济区人口总体呈现出东西向带状空间格局。

(三)镇域人口以西安为中心沿交通轴线向外围递减

镇级层面分析可以更细致地刻画人口分布特征。分析发现,经济区人口

---

①　商洛部分区县包括商州区、洛南县、丹凤县和柞水县。

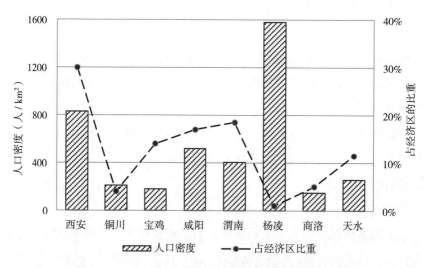

图 2-1 2010 年关天经济区各市人口规模比重及密度对比

最为密集的地区为西安市中心城区,以此为中心,沿东西向的陇海铁路、连霍高速及南北向的包茂高速,人口密度向外围递减。人口密度最高的镇街为西安市新城区中山门街道,为 38217 人/km²,经济区人口密度最高的 10 个街道有 7 个位于西安主城区。沿主要交通轴线向东西方向及北向,人口密度逐渐下降,在西安市域北部及西部、咸阳市域南部、宝鸡市中部及渭南市西部构成经济区人口的次级密集区,而在其外围人口密集进一步下降。

人口密度最低地区位于经济区南北山地、台塬及黄土高原地区,南部主要为秦岭北麓,如宝鸡市太白县、凤县以及西安市周至县的南部乡镇,北部主要为黄土高原南缘,如宝鸡市麟游县、铜川市宜君县的北部乡镇,人口密度均在50 人/km² 以下。

(四)人口分布的热点为大城市市区,冷点呈带状分布

基于镇街人口数据,通过空间自相关分析探究人口分布的空间集聚特征。分析发现,关天经济区存在 6 个明显的人口分布热点,主要为西安、咸阳、宝鸡、渭南、铜川、天水 6 市市区。其中,西安作为经济区的核心城市,是人口分布的最大热点地区。人口分布的冷点区域主要位于渭河南北两侧黄土台塬区、北山及秦岭北麓地区,在空间上呈带状围绕关中平原分布。

值得注意的是,无论从哪一层面看,关中地区的人口格局均自成体系,与天水市在人口空间上并未形成完整系统。这说明关天经济区主要为自上而下的行政推动型经济区,并非通过经济发展与人口增长自然形成。实际上,与东向毗邻地区(豫西、晋西南)相比,关中地区与天水的经济联系更弱。王争鸣(2013)通过对关天经济区及周边主要城市城际客流出行 OD 分布研究证实,关中地区城市与外围城市如河南三门峡、山西运城等地的经济联系更为活跃。

二、关天经济区人口演变的尺度差异及其动因

(一)人口总体快速增长,空间集聚态势明显

进入 21 世纪以来,关天经济区保持了人口的快速增长。与 2000 年相比,2010 年关天经济区的人口总数从 2638 万增加到 2808 万,增长幅度约为 6.44%,高于同期全国人口平均增长速度(5.84%)。这与对秦巴山区的分析结果形成明显反差。

总体上,关天经济区人口增长地区在空间上呈现集聚趋势。通过全局自相关分析发现,10 年间经济区人口密度变化的 Moran's I 值为 0.3797,表明人口增加和减少的区域在空间上不断趋于集聚。

人口重心的计算证实了经济区人口集聚的结论。将人口密度分为 6 个等级,运用 GIS 技术分别计算两个年份各等级的人口重点(葛美玲、封志明,2009)。人口重心曲线上点的疏密代表不同级别人口在空间分布的聚集程度(余瑞林等,2012)。分析发现,10 年间关天经济区高密度地区人口重心逐渐向西北方向移动,低密度地区人口重心逐渐向东移动,总体上,与 2000 年相比,2010 年各人口密度等级的人口重点空间距离不断缩短,表明人口的空间分布呈现集聚态势。

(二)区域人口加速向大城市集聚,西安的增长最为显著

从市域层面看,关天经济区人口表现出向大城市集聚的趋势,其中又以向西安的集中最为明显。对比各城市的人口增速发现,西安市人口增速为 16.4%,明显快于除杨凌示范区以外的其他地市。其他地市的人口增速均在经济区平均水平(6.44%)以下。商洛、渭南两市甚至出现人口负增长。

人口空间增长是经济增长在空间上的反映。西安作为关天经济区乃至西北地区的核心城市,经济发展水平最高。西部大开发以来,随着高新区、经开区、航空产业基地等产业平台的发展壮大,西安的区域经济增长龙头作用日益增强,对人口的吸纳能力明显提升,成为人口增长最快的地区。此外,杨凌示范区凭借生物工程、环保农资、绿色食品药品等产业的发展(王静,2010),经济发展势头良好,也实现了人口的快速增长。其他城市如宝鸡、咸阳虽实现了特色产业的集聚(郝俊卿等,2013),但经济增速相对较慢,人口增长近乎停滞。而渭南由于传统的资源型产业改造缓慢,商洛由于地处山区工业化程度低,经济增长乏力导致两地人口外流,人口总量下降。

大城市市区是市域人口增长的核心。10 年间,西安市未央区人口增长最快,增速达 75.2%,其次为高陵县(50.0%)和雁塔区(48.2%)。作为区域次中心城市,宝鸡市的金台区(44.9%)和渭滨区(36.6%),咸阳市的渭城区(19.7%)和秦都区(12.7%)也保持快速增长态势。其他中等城市如渭南、商洛、天水的城区县人口增速较为平缓。

与大城市市区人口增长相伴随的是部分区县人口的减少。10 年间,经济区人口减少的区县共 19 个,占全部区县的 29.2%,如西安市远郊县周至、蓝田,天水市秦安县等,其与大城市市区人口的增长共同构成了区域人口新格局。

关天经济区的人口增长格局与京津冀、珠三角、长三角等沿海发达经济区明显不同。发达经济区中,增长是区域人口发展的常态,如封志明等(2013)运用历次人口普查数据研究京津冀人口格局时发现,八成以上的区县实现了人口增加。游珍等(2013)对珠三角的研究发现,在全部 24 个分县单元中有 23 个为人口增加地区。杨艳昭等(2013)对长三角的研究也表明,无论是主要城市,还是周边地区,人口增加都是普遍现象。究其原因,主要在于:①关天经济区尚处于工业化中期,经济发展规模不大,经济要素主要集聚于大城市。其中,市辖区凭借自身经济基础和区位优势,是大城市产业增长的核心,通过极化作用吸引了区域内经济资源,周边县市逐渐成为经济增长的边缘,县域经济发展格局决定了人口空间增长的两极分化(刘虹等,2012);②经济区工业结构影响了对人口的吸纳。关天经济区工业以机械装备、军工、能源等资本密集型工业为主(张晓露、刘科伟,2006),劳动力需求相对较小,对人口的吸纳能力有限。

(三)大城市中心城区人口快速缩减,近郊区人口加速聚集

从大城市层面看,中心城区人口大幅减少,人口明显向近郊集中。以西安市为例,10年间人口减少最快的为中心城区之一的碑林区。全区各街道人口密度减小的平均值为3862.09人/km²,其次为莲湖区,青年路街道、北院门街道和环城西路街道人口密度减小的平均值为1330.37人/km²。其他大城市如咸阳的中心城区同样呈现人口缩减现象,在咸阳秦都区,西兰路街道人口密度下降至12019.7人/km²,降幅为经济区之最。与中心城区人口缩减形成明显反差的是,外围近郊区人口的快速增加,并成为人口增长的热点地区(米瑞华、石英,2015)。在西安市,未央区、雁塔区等城市近郊各街道人口密度平均增长2169.39人/km²,平均增速72.2%。

作为最具经济活力的群体,流动人口的变化更能体现地区经济水平与发展潜力。对10年间流动人口占常住人口比重的变化分析可知,流动人口的增长与常住人口既有相似之处,也存在一定差异。相同之处在于近郊区人口的快速集聚。流动人口比重变化最大的地区主要位于大城市近郊区,其中,西安的增长尤为明显,近郊区各街道流动人口比重多增长了30%以上。增长最明显的为长安区郭杜街道,比重从7.6%增至55.1%,增加47.5个百分点。不同之处在于,中心城区流动人口不降反增,2010年多数街道流动人口比重较2000年更高。在西安,新城、莲湖和碑林3个中心城区的26个街道,20个街道流动人口比重增加10%以上,仅有2个街道比重下降。

大城市常住人口的空间重构是在多因素共同作用下形成的。对于中心城区而言,随着20世纪90年代城市土地有偿使用制度的建立,中心城区逐渐被土地收益率更高的商业、金融和写字楼等服务业所占据,大量工业企业及其员工向地价较低的中心区外围迁移。而住房制度改革和旧城改造使得大城市中心区居民大量从内城外迁,其迁居步伐也不断向外围拓展(李俊莉等,2005)。上述原因直接导致大量中心城区常住人口减少。

对于近郊区而言，人口的集中一方面来自中心区的人口扩散，另一方面则来自外来流动人口的进入。开发区建设在此过程中发挥了重要作用。以西安为例，西安高新区、经开区、渭北工业区等产业实体在城市南北郊设立，直接带来工业企业的集中并吸引了大量流动人口。随后的基础设施建设、房地产业、商业娱乐等服务业快速发展，使之成为西安人口向外扩张的重要载体（吴宏安等，2005；王慧，2006）。

流动人口的增长格局与城市产业空间重构的关系更为密切。近郊区的工业发展吸引了大量外来人口进厂务工，直接导致流动人口比重的增加。而在中心城区，商贸、旅游等服务业的发展对外来人口产生了巨大需求（钟水映、辜胜阻，2000），由于流动人口对住房的要求相对较低，但对通勤距离要求更高，因此，中心城区成为其重要居住地（翟振武、侯佳伟，2010），从而导致中心城区流动人口的集中。

（四）县域人口向县城集聚，多数乡镇人口下降

从县域层面看，县城是县域人口增长的核心，县域内大多数乡镇人口减少。剔除市辖区数据，仅对经济区县（县级市）人口进行统计（见表2-8）发现，10年间人口密度的极差、平均值和标准差均在增大，镇级人口增长出现明显的集聚化趋势。与2000年相比，人口增加的乡镇为172个，人口减少的则有482个。从人口密度等级分布频次来看，密度在500—1000人/km²的乡镇数量变化最大，2010年减少了20个，50人/km²以下的乡镇增加了8个，1000—5000人/km²的乡镇增加7个，5000人/km²以上乡镇增加1个。

从镇级常住人口增长和流动人口比重变化情况可以看出，经济区人口增长与人口分布格局并不一致，人口增长较快的乡镇（街道）并未沿经济区传统的交通轴线分布，而是呈点状零散分布，这些乡镇主要为各地县城或重点镇。县域层面分析也发现，仅有极少数乡镇出现了人口增加，其中县城的增长最为明显。县城周边乡镇人口缓慢增长，而县域内其他乡镇人口出现不同程度的下降，多处于负增长状态。县域人口表现出向县城集中的趋势。如在西安市远郊周至县，10年间除县城二曲镇人口增长34.1%外，仅县城东面的辛家寨乡人口增加（增速为2.7%），其余20个乡镇人口均为负增长，平均减少

13.0%。这一现象在其他县市也较为普遍。

表 2-8　2000 年和 2010 年关天经济区县域人口统计描述

人口指标	年份	2000	2010
人口密度 （人/km²）	最小值	2.47	2
	最大值	4177.58	6294.32
	均值	424.29	433.25
	标准差	423.36	507.90
不同人口密度的 乡镇个数 （人口密度， 人/km²）	< 50	50	58
	50—200	166	169
	200—500	233	234
	500—1000	163	143
	1000—5000	42	49
	> 5000	0	1

　　关天经济区县域人口向县城的空间集聚式增长明显区别于长三角、珠三角等沿海发达经济区。在农村集体经济与"三来一补"等企业的推动下，长三角、珠三角等地农村工业化蓬勃发展，并吸引大量农村人口向县域内村镇的集中，形成了分散化的农村城镇化格局和相对均衡的人口空间结构（许学强、李郇，2009；张敏、顾朝林，2002）。

　　县域人口向县城的集中是欠发达地区工业化与城镇化共同作用下的产物。一方面，经济区县域工业化程度总体较低，乡镇企业规模小、增长方式粗放、市场竞争力低下等问题突出（黄汉权、徐春铭，2005）。此外，由于西安、咸阳等大城市工业结构以国有企业、重工业为主导，与周边地区产业难以有效衔接，对县域工业化的带动能力不强（薛东前等，2000）。在这一背景下，县城及重点镇凭借交通区位、产业基础及资源优势，成为各县级政府招商引资、发展县域经济的主要载体，从而推动了县城工业发展，并吸引县域人口的集中。其他乡镇工业经济与人口增长则趋于停滞，县域空间呈现显著的单核心结构

（李小建、樊新生，2006）。另一方面，县城是县域内城镇化水平最高的地区。相对优质的教育、医疗等公共资源主要集中于县城，农村撤点并校等改革更加剧了这一格局，县城在子女教育、公共服务、交通条件等方面的优势导致许多农村居民向县城集中，县域内城镇化格局强化了县域人口向县城的集中。由于县域非农产业发展滞后，与工业化相比，县域城镇化的发展对人口空间增长的作用更为显著（王沣等，2014）。

总体上，根据对关天经济区人口的空间特征及时间特征的分尺度研究，可以发现：在市级层面，关天经济区各地市人口规模及密度差异显著，西安是经济区人口分布的核心。在县级层面，区域人口沿渭河平原，呈带状分布格局。在镇级层面，区域人口以西安为中心沿交通轴线向外围递减。在人口增长趋势上，市域尺度的区域人口加速向大城市集聚，西安市的增长最为显著，商洛、渭南两市甚至出现人口负增长。县级层面，人口主要向大城市市区集中，郊县人口增长缓慢或出现明显下降。在镇级层面，大城市内部人口大量向近郊集聚，中心城区人口快速缩减。县域内人口明显向县城集聚，绝大多数乡镇人口下降。

不同尺度人口格局演变的影响机制存在明显差异。从区域范围看，人口向西安等大城市的集中一方面与经济区所处的工业化阶段有关，另一方面也与经济区以重工业为主导的产业结构密不可分。从大城市范围看，城市内部人口空间重构一方面与中心城区更新改造及土地价格上升有关，另一方面与近郊产业开发区及配套设施建设密不可分。从县域范围看，人口向县城的集中则主要是因为县城工业经济发展以及县域内城镇化发展水平的空间差异。

不难发现，作为地处内陆的欠发达经济区，关天经济区在空间上并未如沿海经济区那样表现出人口的普遍性增长，相反，其人口在向特大城市、城市近郊区及县城集聚增加的同时，往往伴随其他地区人口的减少，这一现象并非关天经济区独有，在许多中西部经济区也普遍存在（杨成凤等，2014；张慧，2013）。在这一背景下，这些欠发达经济区逐渐形成了两条不同的人口集聚路径。一条是区域人口向大城市尤其是特大城市集聚，另一条是县域人口向县城集聚。人口的集聚推动经济区逐渐演化出两个层次的中心，即区域范围内以特大城市为中心,县域范围内以县城为中心。对于各级政府而言,要顺应这一发展趋势,一方面加快特大城市经济发展,提供更多的就业岗位,同时为外来人口提供更公平的公共服务,促进人口增长进程;另一方面依托县域优势资源,在县城发展特色产业,增强产业集聚能力,同时增强县城与大城市的交通联系,改善基础设施及公共服务设施,提高城镇化水平,推动县域人口集聚式发展。

第四节 大城市地区人口空间增长与多中心演化

大城市是中西部地区经济社会发展的重要增长极,也是人口流动与增长最为活跃的空间单元。随着城市化的持续推进,中西部大城市的人口空间结构发生了巨大变化,并对城市土地利用结构、基础设施建设和产业布局等产生深远影响(冯健、周一星,2003;梁昊光、刘彦随,2014)。在欧美国家,信息技术革命、经济空间重组、高速公路及汽车的普及等促使城市分散化趋势日趋明显,并在郊区出现"边缘城市""次中心",从而形成城市人口的多中心空间结构(Hall 和 Pain,2006;Sigler 等,2015;Brezzi 和 Veneri,2015)。中国城市空间结构的变化同样显著,但已有研究主要关注东部地区少数大城市,如北京(冯健、周一星,2003;梁昊光、刘彦随,2014)、上海(李健、宁越敏,2007;高向东、吴文钰,2005)、广州(刘望保等,2010;周春山、边艳,2014)、南京(秦贤宏等,2013)等。对于中西部地区大城市的定量研究尚不多见。由于内陆城市在区位条件、经济基础和发展阶段等方面与沿海发达地区城市存在巨大差异,其人口空间增长趋势、空间结构发育等与东部地区相比,表现出不同特征。

因此,本节尝试以西安为案例,重点运用第五次、第六次全国人口普查分乡、镇、街道的人口数据,对上述问题进行初步探讨,以期深化对中西部地区大城市人口空间增长与多中心结构演变的认识,并为制定人口调控政策、引导城市公共服务和产业合理布局提供量化依据。

一、研究区域与方法

（一）区域概况与空间划分

西安地处陕西省中部，关中平原腹地。2010 年，全市辖新城、碑林、莲湖、雁塔、未央、灞桥、长安、临潼、阎良 9 个区和高陵、蓝田、户县、周至 4 个县，共有乡、镇、街道 176 个，市域面积为 10108km²，总人口为 846.8 万人。

空间划分是城市空间结构研究的前提。大城市在空间上通常可划分为中心区、近郊区、远郊区等地域圈层。结合前人研究（李俊莉等，2005；李晶、林天应，2011）和西安市发展历史及现状，本研究将钟楼作为城市中心，将西安市域范围划分为中心核心区、中心边缘区、近郊区内圈、近郊区外圈、远郊区 5 个圈层。其中，前两个圈层构成中心城区，近郊区内圈和近郊区外圈构成近郊区。

中心区主要为二环线以内区域，与距钟楼 5km 范围大致吻合。其中以明城墙为界，城墙以内为中心核心区，区内下辖新城、碑林、莲湖的 8 个街道，面积为 17.51km²。城墙以外为中心边缘区，包括莲湖、雁塔、碑林、新城的 16 个街道，面积为 66.65 km²。近郊区主要为距钟楼 5—25km 范围内区域，其中以三环线为界，分近郊区内圈和外圈两个圈层，内圈包括未央、雁塔、新城、灞桥、莲湖的 17 个街道，面积为 274.47km²。外圈包括灞桥、未央、长安、高陵、临潼的 31 个街道，面积为 1225.73km²。距钟楼 25km 以外区域为远郊区，包括长安、临潼、阎良、高陵、蓝田、户县、周至的 104 个街道，面积为 8545.13 km²。

（二）资料来源与处理

本节所采用的人口数据主要来源于西安市第五次和第六次全国人口普查数据，以乡镇和街道为基本研究单元，分别对 2000 年和 2010 年的街道面积和人口统计数据进行调整。采用 ArcGIS10.2 提取各街道面积、质点坐标以及街道距离城市中心及次中心的距离，并绘制人口密度等值线图和人口密度三维图，用 SPSS20 进行人口密度模型回归分析。

（三）研究方法

行政区划法。采用 ArcMap10.2 绘制西安市人口变化分布图、人口密度等值线图和人口密度三维图,并分别对西安市街道面积、人口普查数据进行合并和分割处理,提取各街道的面积、几何中心、各个街道几何中心距城市中心(钟楼)的距离。

圈层距离法。(1)确定城市中心的位置,以此为坐标,西安的中心位置选择在钟楼;(2)以城市中心点为圆心,利用 ArcMap 软件的缓冲区分析工具,建立不同半径的等间距同心圆;(3)用不同最大半径的同心圆切割西安市的街道级行政区划图;(4)对切割出来的不同范围的地图的属性表进行计算,增加字段"Add Field",并计算出切割后各斑块的面积,增加各要素计算指标字段,如人口总数、人口密度等;(5)利用 Arc Tool box 里的"汇总"(Summarize)工具计算不同圈层内指标的数量。

方向圈层法。利用在圈层距离法画出不同半径的间距为 1 千米等间距同心圆的基础上,以城市中心点为中心,分别测量和计算东南西北 4 个方向不同 1/4 圈层内的各种人口指标情况。

二、西安市人口演变的空间特征

(一)人口增长总体特征

2010 年,西安市常住人口 847 万,比 2000 年增加了 106 万,增幅 14.3%,人口增长绝对量和增长速度不仅明显低于北京(604 万,44.5%)、上海(628 万,37.5%)、广州(276 万,27.7%)等一线城市,与成都(280 万,24.9%)、南京(177 万,28.3%)、武汉(174 万,21.6%)等城市也存在不小差距。

2000—2010 年间,西安市人口增长表现出明显的阶段性特征。根据统计年鉴的历年户籍人口数据分析(见图 2-2)发现,10 年内西安人口年均增速为 1.30%,人口增长可分为两个阶段:第一阶段为 2000—2005 年,波动增长阶段,人口增长围绕平均值上下波动,人口年均增速最高达 2.00%,最低 0.99%,年均增速为 1.59%;第二阶段为 2006—2010 年,缓慢增长阶段,人口增速明显放缓,年均增长率仅为 1.08%。

(二)人口增长空间差异

镇街人口变动剧烈,大多数街道人口在下降。10 年间,西安市镇街人口

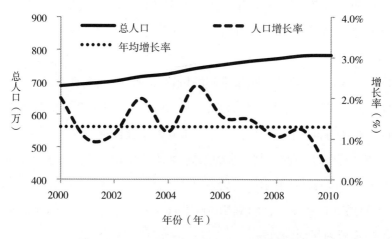

图 2-2　2000—2010 年西安市人口增长总体趋势

增减速度变化范围在-6%—24%之间,其中,人口下降的街道为 92 个,人口增加的街道为 84 个,人口下降街道数占街道总量的 52.3%。76 个街道为缓慢减少型,年均降幅在 2%以内,占总量的 43.2%。12 个街道实现了人口的高速增长,年均增幅在 6%以上。

人口增长的街道主要位于近郊区及远郊区县级政府驻地。如雁塔区丈八沟街道(距钟楼 8.97km,年均增长 23.6%),未央区草滩街道(距钟楼 15.74km,12.1%)、张家堡街道(距钟楼 7.24km,10.0%)、长安区郭杜街道(距钟楼 14.41km,8.8%)、灞桥区十里铺街道(距钟楼 7.84km,8.2%)等人口增速位居全市前十,均分布于近郊区。此外,远郊区县级政府所在地也保持了人口快速增长势头。如高陵县泾渭街道人口年均增长达 12.4%,周至、蓝田县城所在地二曲镇、蓝关镇人口年均增长分别为 2.98%、2.71%,从全市看虽不属于高速增长型,却是本县增长最快的乡镇。

表 2-9　2000—2010 年西安市镇街人口增长类型划分

类型	年均增长率	街道数(个)	比重
高速增长型	6%—24%	12	6.8%
快速增长型	2%—6%	30	17.1%

类型	年均增长率	街道数(个)	比重
缓慢增长型	0%—2%	42	23.9%
缓慢减少型	-2%—0%	76	43.2%
快速减少型	-6%—-2%	16	9.1%

　　人口减少的街道主要位于中心核心区和远郊区。其中,中心核心区的8个街道中,5个街道人口呈现负增长,位于碑林区的长安路街道和文艺路街道下降最快,降幅分别为-2.21%和-2.17%,均为全市降幅最大的十个街道之一。远郊区人口减少的趋势更为明显,其中,临潼区马额街道(距市中心44.53km,降幅为-5.51%)下降最快,其他乡镇如蓝田县普化镇(距市中心45.87km,降幅为-4.66%)、葛牌镇(距市中心63.01km,降幅为-3.72%)、周至县板房子乡(距市中心98.38km,降幅为-3.42%)、骆峪乡(距市中心85.59km,降幅为-2.44%)等均位于远郊区。

　　采用圈层尺度,进一步分析西安市人口增长的空间差异(见图2-3)。总体上看,西安市人口增长在各圈层距离间极不均衡。人口增长主要发生在距钟楼5—15km范围内,10年间人口增长率均在40%以上。15—30km范围内人口增长相对缓慢。这说明西安市人口郊区化主要向近郊区转移,郊迁扩散的距离不远,这与国内主要大城市郊区化初期发育的情况相似。人口减少区域主要为远郊区,距钟楼40—50km范围内及55km以外区域人口减少最为明显。此外,中心城区人口降幅也出现明显减少。

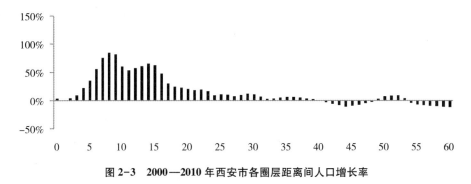

图2-3　2000—2010年西安市各圈层距离间人口增长率

按照城市空间划分,进一步分析西安市 5 个圈层空间的人口变化。研究发现,中心核心区人口向外疏散态势明显,人口快速下降,中心边缘区人口缓慢增长,近郊区人口快速增加,远郊区人口缓慢减少。如表 2-10 所示,虽然中心核心区人口密度仍然最高,但是 10 年间人口密度明显下降,总人口减少了 3.12%,呈现向外扩散的趋势。中心边缘区人口密度增加至 20486 人/km^2,与核心区的密度差距进一步缩小,总人口增长了 13.51%。近郊区的人口增长最为明显,其中,近郊区内圈人口增长最快,10 年内人口增加 81.89万,增幅为 80.08%,外圈的人口增长稍缓,但也实现了 34.15% 的增长。远郊区人口缓慢减少,降幅为 0.55%。总体上看,西安市人口圈层分布变化呈现出中心核心区和远郊区人口减少、近郊区人口明显增加的发展态势。

表 2-10　2000—2010 年西安市不同圈层人口变动情况

圈层	距市中心距离（km）	2000 年			2010 年			人口变化幅度（%）
		人口数（万）	人口比重（%）	人口密度（人/km^2）	人口数（万）	人口比重（%）	人口密度（人/km^2）	
中心核心区	0—2.2	46.56	6.61	26581	45.11	5.33	25753	-3.12
中心边缘区	2.2—5.2	120.30	17.08	18048	136.54	16.12	20486	13.51
近郊区内圈	5.2—10	102.26	14.52	3726	184.15	21.75	6710	80.08
近郊区外圈	10—25	139.04	19.74	1134	186.53	22.03	1522	34.15
远郊区	25—131	296.07	42.04	346	294.45	34.77	345	-0.55

需要指出的是,远郊区人口在普遍减少的同时,县城及少数重点镇却实现了人口的明显增长。如在周至县 10 年间,除县城二曲镇人口增长 34.1%外,县城东面的辛家寨乡人口也在增加(增速为 2.7%),但其余 20 个乡镇人口均为负增长,平均减少 13.0%。在蓝田、户县、高陵等地,这一现象也较为普遍。

西安市人口增长的空间趋势与其他特大城市相比既有相似之处又有明显差异。相似之处在于中心城区人口均明显下降,人口呈现向外围扩散趋势。关于北京(梁昊光、刘彦随,2014;郭敏等,2013)、广州(周春山、边艳,2014;刘望保等,2010)、上海(高向东、吴文钰,2005)的研究均发现了中心城区人口下降及人口郊区化的证据。不同之处在于,其他特大城市除中心城区外,外围圈层均实现了人口的稳定增长,而西安的远郊区则出现人口显著下降。

　　西安市中心城区人口减少及近郊化既有工业区外迁、郊区开发区建设、旧城改造等共性因素,也有保护古都风貌等自身特色原因。在近郊区,西安高新区、经开区先后在城市近郊设立,直接带来了工业企业的集中并吸引了大量流动人口,并随之带动紫薇花园、雅荷花园等居住区集聚及相关公共服务设施建设,城市人口空间向近郊区拓展(王慧,2006;田野、任云英,2015)。在旧城区,一方面长期的历史发展导致旧城区功能混杂、交通拥堵、环境污染等一系列问题;另一方面,作为国家历史文化名城,西安的旧城区分布有大量历史文化遗址、历史街区和古建筑等,城市的快速发展对古都风貌保护产生了巨大压力,通过旧城改造,疏解旧城区人口和功能显得更为紧迫(尹怀庭、刘科伟,2002;李俊莉等,2006)。而远郊区人口下降则表明,作为内陆地区中心城市,西安市经济增长仍处于工业化加速阶段,资本、劳动力等要素仍以空间集聚为主,并对远郊区形成虹吸效应,进一步吸引远郊区的劳动力及人口进入,从而导致远郊区人口的减少。

　　方向圈层法是在圈层距离法画出不同半径的等间距同心圆的基础上,分别测量和计算东南西北4个方向不同1/4同心圆环内的各种人口指标情况。由于中心区及近郊区人口变化最为剧烈,首先对距钟楼15km范围内不同方向人口密度分布变化进行分析,得出2000—2010年不同方向人口密度曲线图(见图2-4)。

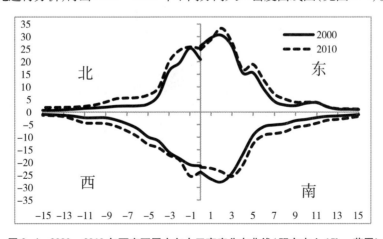

图2-4　2000—2010年西安不同方向人口密度分布曲线(距市中心15km范围)

朝东方向的人口密度峰值最高,并在距钟楼 5km 处出现次级人口集聚中心。南向人口密度峰值明显向外围推移,从距钟楼 2km 处外扩至 3km 处。北向人口主要集中在距钟楼 4km 范围内,人口密度在 4km 处出现明显下降。相对而言,其他方向人口密度变化相对平缓,尤其是西向区域,各距离范围内,人口增长最为平稳。

将研究范围拓展至 60km 半径范围内,通过人口增长率指标,进一步分析不同方向的人口密度变化(见图 2-5)。发现 10 年间北向人口增长最快且表现出明显的近域推进,从中心边缘区到近郊区外圈都表现为人口的高速增长,在 10 年内,6—16km 范围内人口密度增长均超过 50%。南向人口增长也极为迅速,但增长范围明显不及北向区域。东向和西向人口增长缓慢,尤其是东向区域,仅有距中心 5—10km 范围出现小幅增长,10km 外人口增幅均在 20% 以下,甚至出现人口负增长,人口衰退现象明显。就中心城区而言,人口减少主要发生在东向和南向区域,其中,南向区域下降幅度更大。北向及西向区域则有小幅增加。

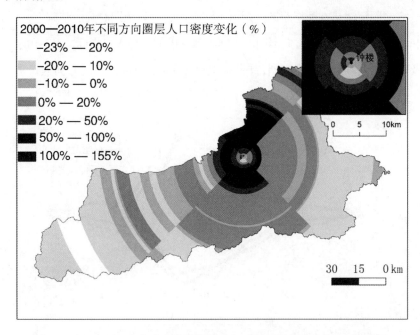

图 2-5　2000—2010 年西安不同方向圈层人口增长率(距市中心 60km 范围)

不同方向人口增长差异与城市经济发展密不可分。北部是西安市主要工业集聚地,国家级经济技术开发区坐落于此,经济功能特色突出,吸引了大量的就业人口,随着西安城市发展重心的北移,西安行政中心、铁路北客站等重大工程的建设,有效带动了居住空间向北转移。南部分布有国家高新技术产业开发区、郭杜教育科技产业开发区、曲江旅游度假区等,基础设施完善,文化氛围浓厚,有力地吸引了城区人口转移。西部主要为老工业区及汉长安城遗址保护区,就业机会不足,居住环境相对较差,对城市居民的吸引力较低,且由于遗址保护等原因,对居住人口的容纳有限。东向为传统工业区,因纺织等传统工业衰退,产业活力下降,近年来虽不断发展新兴产业,先后成立浐灞生态区、国际港务区,但对就业人口的吸纳不足,人口集聚步伐较慢(李俊莉等,2006;吴文恒等,2012)。

(三)西安人口增长的空间模型

总结西安市街道间、圈层间及不同方向的人口空间变化,得出人口增长的空间模型(见图2-6)。总体上看,西安市人口增长主要发生在城市近郊区,其中尤以近郊区内圈人口增长最为显著。出现人口减少的除中心核心区外,还有远郊区,这有别于沿海大城市,表现出中西部内陆地区中心城市自身的特

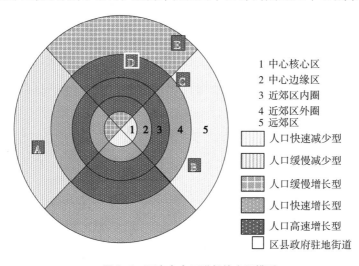

1 中心核心区
2 中心边缘区
3 近郊区内圈
4 近郊区外圈
5 远郊区

人口快速减少型
人口缓慢减少型
人口缓慢增长型
人口快速增长型
人口高速增长型
区县政府驻地街道

图2-6 西安市人口增长的空间模型

征。从空间增长方向来看,西安市人口空间主要沿南北主轴方向拓展,东西向人口增长较为缓慢,值得注意的是,远郊区在人口普遍减少的同时,县城及少数重点镇人口明显增加,形成快速城镇化街区。

表2-11　西安人口增长空间模型代码与街道对应关系

编码	区县名称	区县政府驻地	人口变化幅度
A	户县	甘亭镇	15.88%
B	蓝田	蓝关镇	30.68%
C	临潼	骊山街道	16.34%
D	高陵	泾渭镇	221.17%
E	阎良	凤凰路街道	33.30%

三、人口密度模型与空间结构演化

(一)人口空间分布的数学模型

人口密度模型是衡量城市人口空间的重要途径。1951年,Clark(1951)最早创立了人口密度单中心模型,他发现城市人口密度自城市中心向郊区呈指数型衰减,后经许多学者不断完善和发展,提出了诸多改进或修正模型(Sherratt,1960;Tanner,1961;Smeed,1963;Newling,1969)。随着城市发展,其空间结构往往由单中心向多中心结构转变。McDonald 和 Prather(1994)研究了芝加哥就业人口的多中心结构。Papageorgiou(2014)总结了学术界对于人口密度模型研究的常用模型,并提出了在城市尺度下应用的优点和存在的问题。本节采用 SPSS 软件进行回归分析,进行人口密度单中心模型和多中心模型分析,模型基本情况如表2-12所示。

表 2-12　人口密度空间分布模型类型比较

类型	Clark 模型	Sherratt 和 Tanner 模型	Smeed 模型	Newling 模型	Cubic 模型	多中心模型
表达式	$D(r)=a\,e^{br}$	$D(r)=a\,e^{br^2}$	$D(r)=a\,r^b$	$D(r)=a\,e^{br+cr^2}$	$D(r)=a+br+cr^2+dr^3$	$D(r)=\sum\limits_{n=1}^{N}a_n e^{b_n r_{mn}}$
参数意义	r 为距城市中心的距离,$D(r)$ 为 r 处的人口密度,a 和 b 为参数	同左	同左	同左,c 也为参数	同左,c,d 也为参数	N 为城市中心数量,M 为镇街数量,r_{mn} 为某镇街 m 到中心 n 的距离 r,a_n、b_n 为参数量
参数限定	$a>0,b<0$	$a>0,b<0$	$a>0,b<0$	$a>0,b>0,c<0$	$a>0,b<0,c>0,d<0$	$a_n>0,b_n<0$

（二）西安市人口单中心模型拟合

西安市人口密度模型的拟合采用 2000 年和 2010 年人口普查的街道、镇数据,运用 GIS 技术的距离圈层法,结合 SPSS 20 软件进行模拟和分析。根据人口分布变动的基本情况,选用线性函数、二次项函数、指数分布函数、幂函数、Logistic 函数等 11 种函数进行拟合,根据统计分析的结果,删除无效的模型,最后根据检验的 F 值和 R^2 值的大小和检验及生成图形的拟合优度确定最佳的函数模型。这里选取近郊区以内及全市范围两个空间维度,分别考察两个年份西安市人口密度模型拟合情况,拟合结果如表 2-13 所示。

表 2-13　2000 年和 2010 年西安市单中心人口空间分布模型回归结果

年份	模型	近郊区以内				全市范围			
		R^2	F 检验	参数 a	参数 b	R^2	F 检验	参数 a	参数 b
2000	线性	0.82	460.0	23707.6	-1892.25	0.89	785.0	25606.7	-1913.68
	对数	0.77	335.4	24334.9	-8596.94	0.76	311.8	25557.6	-8301.56
	Clark	0.97	2689.4	35401.3	-0.25	0.98	3877.3	37664.9	-0.21
	Sherratt	0.89	789.5	17251.3	-0.02	0.95	1911.3	20978.4	-0.01
	Newling	0.93	611.4	30352.9	-4498.25	0.94	717.9	30029.1	-3647.92
	Smeed	0.74	277.6	31800.2	-1.02	0.69	221.4	32512.6	-0.84
	Cubic	0.94	460.1	28020.2	-2695.20	0.95	637.4	26957.6	-1273.92
2010	线性	0.21	33.2	4643.7	-50.35	0.24	41.2	5460.5	-59.37
	对数	0.57	172.5	14589.0	-3401.42	0.63	223.1	16682.6	-3881.37
	Clark	0.90	1131.4	6813.1	-0.06	0.91	1345.3	8826.6	-0.06
	Sherratt	0.88	983.4	1681.3	0.00	0.89	988.5	1932.1	0.00
	Newling	0.41	45.1	9042.9	-248.81	0.49	60.3	10610.6	-291.70
	Smeed	0.74	373.0	636680.1	-2.16	0.76	407.6	116672	-2.32
	Cubic	0.61	65.3	14169.2	-706.16	0.69	95.0	16355.9	-804.29

　　分析发现,无论是近郊区以内还是全市范围,西安市 2000 年和 2010 年的人口密度分布都基本符合 Clark 模型,但 10 年来各模型的拟合优度均有所下降,表明西安人口空间已出现多中心化趋势。就近郊区以内范围而言,2000—2010 年间,Clark 模型参数 a 由 35401.292 下降到 6813.109,表明市中心人口密度有大幅降低。10 年间模型中的斜率不断减小,其绝对值由 2000 年的 0.248 减至 2010 年的 0.211,表明近郊区以内人口分布趋于分散和平均,城市中心区的拥挤状况得到改善。

　　就全市范围内而言,Clark 模型参数 a 由 37664.880 下降至 8826.599,同样呈现人口分布趋于分散和均衡的趋势。但模型斜率的绝对值由 0.059 增至 0.063,呈现增加态势,表明人口分布由远郊区向近郊区集聚,也说明西安市不存在类似于国内北京、上海等其他大城市"远郊化"的特征(冯健、周一星,2003;高向东、吴文钰,2005),郊区化的主体仍是"近郊化"。

(三)西安市人口多中心模型拟合

参考国外相关文献以及国内同类文献中人口分布的多中心模型和研究方法(冯健、周一星,2003;吴文钰、马西亚,2006;秦贤宏等,2013),首先,确定城市中心为钟楼;其次,绘制2000年、2010年人口密度等值线图(见图2-7);最后,根据以下原则确定城市次中心:(1)确定峰值大于25000的人口密度等值线;(2)确定满足上述条件的每个等值线峰值所在街道,确定这些街道的几何中心,它们便可近似地视为基于人口分布的城市次中心;(3)要求城市中心与各次中心之间以及各次中心之间的距离大于3km。

按照上述原则,发现2000年西安市尚不足以形成对人口空间分布产生影响的次中心,只有钟楼及邻近的东关南街街道(碑林区)位于人口密度峰值区,城市人口呈明显的单中心结构。2010年,除原有钟楼主中心外,小寨路(雁塔区)发育为唯一的人口次中心(见图2-7)。小寨路次中心的发育与城市空间向南北主轴拓展关系密切。小寨路位于西安南二环外缘,是城市南向发展的重要节点,现已成为西安重要的商业中心,交通区位条件优越,公共服

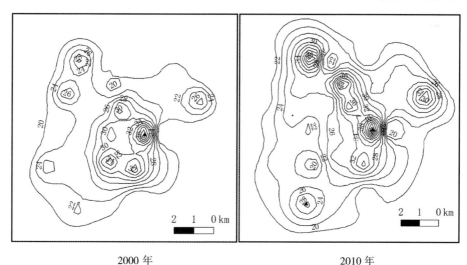

2000年　　　　　　　　　　　　　　　　2010年

图2-7　2000年和2010年西安市中心区人口密度等值线图

务完备,对人口的吸引力强。随着城市人口空间进一步向南北方向扩展,未来未央区、长安区沿主要交通轴线(如地铁),将发育成新的人口中心。

计算城市中心和各个次中心到各街道的距离,通过编写多中心非线性回归程序,采用迭代技术进行回归,得出2010年西安市不同空间层次的人口多中心模型拟合结果(见表2-14)。发现近郊区以内的多中心拟合优度相对较差(0.553),全市的拟合优度则达到了0.8以上,说明相对于全市范围而言,近郊区以内人口密度大,人口集聚还在加强,多中心化的趋势不明显,随着地域范围的扩大,多中心模型的拟合优度逐渐增强,2010年,西安市已经出现了能够影响城市空间结构的人口次中心。

表2-14 2010年西安市人口分布多中心模拟结果

中心及次中心	近郊区以内		全市	
	参数 a	参数 b	参数 a	参数 b
钟楼(碑林区)	35253.775	−0.211	36447.853	−0.210
小寨路(雁塔区)	12743.090	−0.140	12710.758	−0.167
R^2	0.553		0.827	

西安市人口多中心结构尚不成熟。从模型参数看,无论是截距 a 还是斜率 b,钟楼主中心的值均大于小寨路次中心,表明主中心对人口分布的影响大于次中心的影响,次中心仍处于发育过程中,对人口的集聚作用有待提高,人口空间呈双中心结构。这与北京、上海、广州等东部城市已出现的多中心结构存在明显差异(冯健、周一星,2003;蒋丽、吴缚龙,2013;吴文钰、马西亚,2006),说明西安作为中西部地区的特大城市,人口郊区化进程相对缓慢,且城市空间以蔓延式扩张为主,不利于多中心结构的形成。

本节通过分析2000—2010年西安市人口演变的空间差异,总结人口增长的空间模型,揭示人口空间的多中心演化规律。发现西安市人口增长表现出明显的空间差异性。总体形成了中心核心区和远郊区人口减少,近郊区人口明显增加的发展格局。具体而言,南北方向人口快速增长,东西方向人口增长相对滞后,远郊区在人口普遍下降的同时形成了向县城及重点镇集聚的发展态势。多中心模型回归分析表明,2000年西安市尚未出现人口次中心,城市人口为单中心结构。至2010年,小寨路已发育为人口次中心,人口空间呈双中心结构,但多中心结构仍未形成。

随着城市北部经开区、渭北工业区发展,行政中心北迁和地铁等基础设施建设,以及南部高新区、大学城和曲江新区的带动,西安市北部及南部区域将进一步发育出新的人口集聚中心,从而形成南北向的人口集聚带。未来,应着力发展城市东部及西部区域,加快西咸新区建设和纺织城等旧工业区改造和产业结构调整步伐,推动浐灞生态区、国际港务区等重点功能区建设,优化居住环境,引导人口集聚,培育新的人口中心,形成合理的城市空间结构。

第五节 小 结

本章从省域、山区、经济区及大城市等入手,通过对陕西省、秦巴山区、关天经济区以及西安市的分析,研究中西部地区不同尺度、不同类型区域人口增长的空间趋势,解析其人口演变的尺度差异,揭示了不同空间单元人口时空特征及变化规律。

从省域尺度来看,进入21世纪以来,陕西省人口流动与增长的主导地区为大城市市区,以及能源资源丰富的陕北地区县域,其他地区如陕南地区、关中地区的大部分县域人口流出规模较大,人口减少趋势明显。但近年来随着县域经济与城市化的发展,此前人口大量流出的县域开始吸引外出人口的回流,其人口外流趋势相应减弱。而特大城市(如西安)老城区由于旧城改造等原因,人口减少趋势也十分明显。作为中西部地区的典型省份,陕西省人口流动与增长的这一"小集聚、大收缩"趋势区别于东部沿海省份,表现出欠发达地区人口空间演变的阶段性特点。

从山区尺度来看,秦巴山区人口分布具有明显空间差异,呈现"外高内低、南多北少"的总体格局。2000—2015年,人口规模冷热区空间分布格局相对一致,呈现南部热北部冷的特征,秦巴山区的常住人口数呈现总体减少态势,尤其外围边缘地区减小幅度与速度更快,呈外围向中心蔓延的趋势。秦巴山区人口分布时空格局受经济、区位、气候和地形等因素的综合作用。温暖的气候、低平的地势、区位良好和经济较为发达的地区是人口分布比较集中的地区。公路可达性的提高降低了交通运输成本,进一步改善了山区的区位条件,从而促进经济活动持续集聚,并带来人口的集聚和增长。

从经济区尺度来看,关天经济区各地市人口规模及密度差异显著,西安是经济区人口分布的核心。2000—2010年间区域人口加速向大城市集聚,西安市的增长最为显著,商洛、渭南两市甚至出现人口负增长。县域人口主要向大城市市区集中,郊县人口增长缓慢或出现明显下降。大城市内部人口大量向近郊集聚,中心城区人口快速缩减。县域内人口明显向县城集聚,绝大多数乡镇人口下降。不同空间单元人口格局演变的影响机制存在明显差异。总体而言,作为地处内陆的欠发达经济区,关天经济区在空间上并未如沿海经济区那样表现出人口的普遍性增长,相反,其人口在向特大城市、城市近郊区及县城集聚增加的同时,往往伴随其他地区人口的减少,这在中西部经济区中具有较强代表性。

从大城市尺度来看,西安市人口增长表现出明显的空间差异性。总体形成了中心核心区和远郊区人口减少,近郊区人口明显增加的发展格局。南北方向人口快速增长,东西方向人口增长相对滞后,远郊区在人口普遍下降的同时形成了向县城及重点镇集聚的发展态势。多中心模型回归分析表明,2000年西安市尚未出现人口次中心,城市人口为单中心结构。截至2010年,小寨路已发育为人口次中心,人口空间呈双中心结构,但多中心结构仍未形成。

总体来看,与东部沿海地区相比,中西部地区各尺度的人口增长趋势均表现出自身特点,因此,在制定区域发展政策过程中,必须加大对中西部地区不同尺度、不同类型空间人口变化的研究,充分掌握其人口演变趋势,以提高政策的针对性与科学性。

第三章　人口回流的理论基础与实证研究进展

　　人口的空间流动是人类世界的永恒话题。随着全球化和区域一体化的深入,人口在国家间、地区间和城乡间的流动愈加频繁。截至2019年,全球国际移民人数为2.72亿,占世界人口的3.5%①(International Organization for Migration,2019)。值得注意的是,这些移民的流动方向并不是单向的,移民的外出往往伴随着部分移民的回流。

　　由于高技能劳动力通常具有更强的迁移动机(Borjas,1987),劳动力外出迁移将导致家乡的"智力外流",外出者主要通过汇款缓解家乡的资本限制,改善家乡经济面貌(Russell,1992;Durand 等,1996)。但与外出者不同,回流者通过外出务工,实现了一定的资本积累,回流为家乡同时带来了资金和人力资本,因此,外出人口的回流可能对家乡经济发展前景产生更为积极的影响。那么,外出者为什么会选择回流?其内在动因是什么?现有理论和实证研究是如何解释回流现象的?进一步地,回流人口具有怎样的经济行为,是否表现出更强的就业能力?对于中国而言,近年来越来越多的农村外出人口回流到广大中西部地区,对这些问题的回答显得更为紧迫。

　　国外学者对劳动力回流的研究起步较早,相关成果也较为丰富,虽然其研究对象主要针对跨国移民,但并不妨碍相关理论及实证经验对中国的借鉴意义。正如 Solinger(1993)所说,中国进城农民工获得的权利、福利与保障等远

---

　　① International Organization for Migration:"World Migration Report 2020",2019 年,见 https://publications.iom.int/books/world-migration-report-2020。

远不及本地居民,使中国的国内移民与其他国家的国际移民(而不是国内移民)具有更大的相似性。近年来农村劳动力回流现象日趋普遍,针对中国国内回流问题的研究也开始增多。因此,本章通过对国内外相关文献的梳理,从人口回流理论、回流动因和回流者的就业与创业行为及其影响机制4个方面对人口回流问题进行综述,并对国内外研究作对比分析,以期为中国人口回流的研究提供启示。

第一节 人口回流的理论基础

国外关于人口回流的经济理论长期受成功/失败两分法的分析范式影响(Wang 和 Fan,2006)。新古典经济学(Neoclassical Economics)以预期收入最大化为基础,认为回流是迁移者在衡量迁移成本与收益后的决策(Sjaastad,1962;Todaro,1976),在迁出地与迁入地收入差距没有缩小的情况下,只有当迁移收入低于预期,或迁移的心理成本过高,预期收入目标未能实现时,才会发生回流。因此,该理论倾向于将回流者看作失败者(Constant 和 Massey,2002)。与之相反,新迁移经济理论(New Economics of Labor Migration)将关注的角度从个人转向家庭,以家庭福利最大化为基础,将外出看作移民家庭的一种生计策略(Stark,1991),外出者以赚钱为目的,一旦他们的收入目标实现,就会返回家乡(Piore,1979)。通过汇款,移民使家庭收入多样化,以应对家乡信贷市场缺陷带来的风险。通过储蓄,他们克服了资本与信贷市场的缺陷,积累了在家乡社区投资或消费的资金。因此,该理论将回流人口看作成功者,而不是失败者(Constant 和 Massey,2002)。按照该理论逻辑,人口回流对于外出时的收入具有正向选择性,即收入越高,实现收入目标需花的时间越少,外出者就越可能回流。这与新古典经济学理论截然不同。

与经济学理论过于强调回流者在经济上的成功或失败不同,结构主义与社会网络理论更加关注家乡制度环境及与家乡的社会联系对回流的影响。结构主义方法(Structural Approach)认为回流不仅是个体问题,对其分析不能仅限于移民的个体经历,还应该分析移民家乡的社会和制度因素,回流还是一个社会和环境问题(Cassarino,2004)。地方性(Locality)对回流移民具有重要影响,人口输出地的制度特征影响了人口回流对于发展和社会进程的影响(Lewis和Williams,1986)。社会网络理论(Social Network Theory)则强调与人口输出国的亲人朋友间的社会联系对外出者回流的影响。迁移者通过掌握社会资本,利用信贷优惠、技术服务等社会资源,对其回流家乡及回流后的职业选择产生重要影响(Cassarino,2004)。

推拉理论最早用于外出迁移研究,对回流问题的讨论较少,但移民输出地与输入地的推力与拉力因素同样对回流决定产生重要影响(Lee,1984;Junge等,2015)。一方面,目的地的推力因素能影响回流决定,如经济危机、高失业风险及低收入等(Castles和Vezzoli,2009;Bastia,2011);另一方面,家乡的拉力因素也推动了移民的回流决定。Gmelch(1980)认为,拉力因素比推力因素更为重要,尤其是家乡经济机会的增加对回流决定具有积极影响(Saenz和Davila,1992)。此外,与家乡地区亲人、朋友的紧密联系,社会文化及观念等也是吸引外出人口回流的主要拉力因素。

外出人口回流是一个复杂的社会经济过程,各学科均对其进行了一定的理论解释。其中,经济学理论涉及人口回流问题较早,相关研究较为丰富,但其关于回流者成功/失败的两分法越来越受到其他学科的质疑,并激发了社会网络理论、结构主义理论、推拉理论等对回流问题进行解释。相对而言,国内相关研究仍处于理论借鉴阶段,理论创新成果较少。

第二节 人口回流的驱动因素

动因研究是人口回流研究的重要部分。实证研究发现,无论是国际移民,还是国内移民,迁移者自身的经济因素、与家乡和迁移目的地的社会联系、家乡及目的地的地方环境因素对回流决策均具有重要影响。对于中国国内的回流人口而言,社会因素往往发挥更显著的作用(见表3-1)。

表 3-1　国内外人口回流动因研究总结

主要因素		主要观点	
		国外人口回流	国内人口回流
经济动因	外出务工时间	务工时间越长,回流的可能性越低(Dustmann 等,1996;Reagan 和 Olsen,2000;Zhao,2002)	
	接收地工资水平	①工资越低,越容易回流(Reagan 和 Olsen,2000)②工资与回流决策的关系受回流后就业行为影响(Dustmann 和 Kirchkamp,2002)	工资收入越低,越容易回流(白南生和何宇鹏,2002;章铮,2006;张宗益等,2007)
	人力资本	①人力资本不足导致回流(Lindstrom 和 Massey,1994;Bauer 和 Gang,1998)②人力资本越丰富,越容易回流(Jasso 和 Rosenzweig,1988;Barrett 和 Trace,1998)	追求更高的人力资本回报引起回流(伍振军等,2011)
社会动因	家庭联系	与出发地的家庭联系越密切,越容易回流(Dustmann 和 Kirchkamp,2002;Constant 和 Massey,2002)	生育、照顾家庭导致回流(Zhao,2002;白南生和何宇鹏,2002;Wang 和 Fan,2006;张宗益等,2007)
	社会关系网络	在接收地社会文化融入越好,越不可能回流(De Haas 和 Fokkema,2011)	出发地的社会网络越丰富,越可能回流(张骁鸣和保继刚,2009;石智雷和杨云彦,2012)
地方环境	经济环境	①接收地经济危机等引起的衰退导致回流(Bastia,2011);②出发地的经济发展吸引外出者回流(Zhao,2002;Jones,2003;李郁和殷江滨,2012)	
	政策环境	接收地的移民限制政策驱使外出者回流(宋全成,2006;Bastia,2011)	城乡分割的户籍制度促使进城农民工回流(Wang 和 Fan,2006)

一、经济动因

外出人口自身的经济与就业变量对回流具有较强的解释力。国外实证研究发现,在外务工时间、务工地点、工资收入、人力资本状况对回流决定的影响较为显著。

外出务工时间越长,外出者回流的可能性越低。理论上,外出时间越长,一方面,意味着可以积累更多的资金,另一方面,与当地产生了较强的同化效应,通过融入当地社会,减少了在当地的生活成本,因此,回流的可能性更低。人口流入地工资水平对回流影响的研究结论并未形成共识。流入地与流出地的工资差异构成了迁移的初始原因。多数研究也认为,接收地工资的增加减少了移民回流的概率。移民的人力资本状况对回流的作用存在较大争议。许多研究认为,人力资本的不足导致了外出者回流。这部分研究强调回流者是外出迁移的"失败者",但也有研究得出了相反的结论。

关于人力资本作用的两种相反结论,有学者将其归因于移民获得人力资本的地区不同。由于在不同地区获得的人力资本的回报存在差异,从而影响了其回流决策。如果移民是在出发地获得技能和教育,通常难以在接收地转化为更高的收入,在家乡得到的回报要比在国外大,为了追求更高的回报,较高人力资本的移民通常选择回流,即回流对人力资本状况具有正向选择(positively selected)。相反,在接收地获得技能会增加移民在该地的潜在收入,但对在输出地的收入增加不明显,那么较低人力资本的移民通常选择回流,即人力资本对回流就具有负向选择(Massey 等,1998)。

总体上,国外关于回流的经济动因研究倾向于认为,回流者是在外务工过程中的失败者,由于收入较低或人力资本缺陷而选择回流,他们更多的是被动迁移者,这与理论研究中新古典经济学的解释较为接近。

就业困难或收入达不到预期同样是中国国内移民回流的重要原因。白南生和何宇鹏(2002)基于农业部农村经济研究中心于 1999 年对安徽、四川回流人口调查数据,对回流原因进行统计发现,56.6%的受访者因外地就业困难而回流家乡。张宗益等(2007)运用 2006 年对重庆市的 2010 份农户调查数据统计也发现,因外地就业困难而回流的最多,占 65.28%。章铮(2006)基于东莞的企业工人调查数据,运用生命周期方法分析发现,由于在劳动密集型制造业中农民工工作年限太短,只能工作到 35 岁左右,在城市定居的高成本促使他们不得不选择回乡发展。

追求更高的人力资本回报是国内外出人口回流的另一重要动因。由于户籍制度等限制,发达城市地区的二元劳动力市场长期存在,在人力资本状况相似的条件下,外来农民工难以获得与本地居民同等的回报(严善平,2006),而在家乡地区其人力资本回报更高,从而促使外出劳动力回流。运用2007年中西部70个县2353个回流农村劳动力调查数据,伍振军等(2011)通过改进后的明瑟尔收入模型比较分析回流者在发达地区与欠发达地区的人力资本回报率,发现回流后劳动力平均收入和群体收入水平都得到大幅度提高,回流后教育收益率是打工时的3倍。可见,农村外出人口回流是理性的主动选择的结果,并非简单的在外务工"失败者"。

二、社会动因

越来越多的研究认为,与出发地的社会联系对人口回流具有重要影响。这种社会联系不仅包括与配偶、小孩建立的家庭联系,还包括因在当地的社会文化融入建立的社会文化联系。配偶或小孩不在移民接收地增加了移民的心理成本,从而降低居留在外的概率。

移民在接收地的社会文化融入对回流可能性具有显著影响。因社会网络、语言文化等障碍导致在接收地的融入困境强化了移民回流的动力(Waldorf,1995)。其中,社会文化融入指标由社会网络、交友、组织参与、语言熟练程度、主流价值观、身份认同6项指标打分后综合得出,采用多元Logistic回归分析发现,社会文化融入程度的高低与移民的回流意愿呈显著负相关。融入程度越高,移民越倾向于留在接收地,而不想回流。

中国由于户籍等制度限制,进城农民工获得的权力、社会福利与保障等远不及本地居民,这种城乡二元体制限制了农村劳动力对城市福利的分享,"经济接纳、社会排斥"的做法导致许多农村儿童留守农村,表现在回流动因上,照料家人、生育和抚养等家庭原因就成为回流的重要因素(白南生、何宇鹏,2002)。张宗益等(2007)运用重庆农户调查数据统计发现,有63.89%的外出者因照料小孩回流,44.44%的外出者因赡养老人回流。Wang和Fan(2006)利用农业部农村经济研究中心1999年的川、皖两省调查数据研究发现,家中学龄儿童数量每增加1个,外出劳动力回流的概率增加1.1倍。Zhao(2002)基于农业部1999年的六省农户问卷调查数据,分析农村劳动力的回流动因,发现已婚且配偶未外出的劳动力,回流概率增加 16.1%。

家乡的社会关系网络也是吸引中国农村外出人口回流的重要社会因素。张骁鸣和保继刚(2009)通过对安徽著名旅游地西递村的案例分析发现,由于社会资本和社会关系网络的效力只有在社区的空间范围内才能得到发挥,从而导致社区精英及与其有亲密关系的社区成员回流家乡。石智雷和杨云彦(2012)将研究视角转向家庭,运用 2007 年在湖北、河南二省三县 3144 户农户调查数据,考察农村家庭社会资本(由财务支持网、劳务支持网和情感支持网的规模与质量衡量)对回流决策的影响,通过多元 Logistic 回归分析发现,家庭社会资本与农户回流概率呈 U 型关系,在达到一定的临界值后,家庭社会资本的增加促使外出人口回流农村。但 70.5%的农村家庭未达到临界值,因此,对于绝大多数家庭而言,社会资本增加可促进他们外出就业,而不是回流。

三、地方环境

追求更高的收入是外出人口空间流动的主要原因。当移民流出地与流入地的经济环境发生变化,改变了地区间原有的推拉力结构,通常带来人口在空间上的重新布局。一方面,移民流入地的经济衰退导致移民回流;另一方面,移民流出地的经济发展促进了外出人口回流。

政策环境是影响外出人口回流的又一重要因素,移民流入地政策环境的作用更为突出。在人口流动日益自由的今天,采用严格的移民限制的政策虽不多见,但由于移民流入地政府在失业保障等福利政策方面多向本地居民倾斜,在经济衰退等外部环境变化时,外来移民往往只能选择回流(Bastia,2011)。

就中国而言,来自家乡的"拉力"对农村外出人口回流发挥着越来越重要的作用。Zhao(2002)利用国家农业部于 1999 年在河北、安徽等 6 省的农户调查数据,通过 Logit 回归分析发现,农村非农经济发展水平显著影响了外出人口的回流。劳动力在本地从事非农活动的比重比平均水平(19.4%)每增加10 个百分点,外出人口回流的概率就提高 8.9%。盛来运(2008)运用 2004 年国家统计局的中国农村住户调查数据,通过实证分析也发现外出劳动力所在社区越发达,回流的可能性越大。

近年来,随着我国沿海发达地区产业转移步伐不断加快,欠发达地区就业机会明显增多,极大地吸引了当地外出务工者回流就业(王利伟等,2014)。李郇等(2012)通过对位于广东省西部山区的云浮市产业转移企业抽样调查发现,在企业一线员工中,69.3%为回流劳动力。通过就近就业,回流者可以兼顾个人发展和家庭生活,回流体现出产业转移背景下农村外出人口的择业理性。从这一角度来看,传统的成功/失败的经济学分析范式并不能有效解释中国的外出人口回流现象。

从政策环境来看,城乡分割的户籍制度是导致中国进城农民工回流的重要因素。户籍制度及由此衍生的一系列制度安排构成了中国特色的城乡二元体制,进城农民工无法平等地获得城市公共服务,子女教育、医疗、就业等社会保障的缺乏迫使外出者将子女和老人留在农村,并在就业竞争力衰退后回流家乡(Wang 和 Fan,2006)。正是在户籍等制度环境的大背景下,其他经济与社会因素才得以发挥如此大的作用。

第三节　回流人口的就业与创业行为

除人口回流动因外,外出人口回流后的经济结果(economic outcomes)是社会各界关注的另一重点领域。学术界针对回流人口的就业与创业行为、外出经历对回流者就业创业行为的影响机制等问题进行了日益深入的探讨。但总体而言,国外针对海外回流移民的研究相对丰富,中国国内回流人口的实证研究尚处于起步阶段,理论探讨更为缺乏。

关于海外回流移民的实证研究发现,凭借在外务工时积累的资金、工作经验与就业技能,回流者缓解了家乡信贷市场缺陷和人力资本不足,通过生产性投资,促进了回流者个人和家庭就业的转换,推动了家乡中小企业的发展(Dustmann 和 Kirchkamp,2002;Woodruff 和 Zenteno,2007)。回流人口的创业活动(entrepreneurial activities)是相关研究关注的焦点。国家内部回流人口就业与创业选择的研究相对较少,实证证据不足。Junge 等(2015)发现回流者与未外出者的创业倾向并没有显著差异。Hirvonen 和 Lilleør（2015）则发现了与海外移民回流者相反的结论。他们发现回流者创业比例显著低于未外出者（stayer），而务农的比例则显著高于未外出者。

关于中国国内回流人口就业表现的研究仍存在一定分歧。白南生和何宇鹏（2002）基于 1999 年安徽、四川两省回流人口数据，发现回流农民工从事非农业经营性职业的仅为 2.7%，其从业结构与未曾外出的农民并无差异，回流者回到了传统经济结构中。但越来越多的研究肯定了人口回流的积极意义，认为回流人口的创业活动促进了农村地区的经济发展。Murphy（1999）利用 20 世纪 90 年代中期对赣南两县的调查研究发现，回流人口的创业行为促进了家乡经济的多样化。基于世纪之交的全国 9 省 13 县回乡民工调查数据，王西玉等（2003）发现回乡农民工的就业结构发生了巨大变化，至少有四成以上已经不再从事传统的农业产业，而大部分人从事非农产业是通过创业实现的。Démurger 和 Xu（2011）利用 2008 年在安徽无为县的农户访谈数据，通过 Probit 回归分析发现，回流人口具有更强的就业能力，与未外出者相比，回流者从事创业活动的概率高 10.4%。在对湖北恩施的研究中，Wu 等（2018）也发现回流人口创业比例为 19%，显著高于未外出者的 11%。

与海外回流移民不同，中国农村外出人口回流后除开展创业活动外，还存在大量工资性就业。可以说，中国回流者的就业转变更多表现为从农业活动向非农业活动的转变，这区别于海外移民从工资性活动向自我雇佣活动的转变。如 Wang 和 Yang（2013）基于 2006 年中国综合社会调查（CGSS）数据发现，回流人口从事工资性就业的比重为 21.6%，而未外出人口的这一比重仅为 8.4%。回流者从事农业的比重为 67.0%，明显低于未外出者（82.9%）。两类劳动力从事自我雇佣就业的比重大致相当（回流者 9.5%，未外出者 8.7%）。回流劳动力大量参与工资性就业与近年来不断增多的区际产业转移密不可分，转移企业为欠发达地区提供了较多的就业岗位，许多外出者特别是女性宁愿就近进厂务工（陈午晴，2013），获得稳定的收入，而不是从事更具风险的创业活动。

已有关于回流者的就业创业研究以经济学、管理学领域为主，对其空间特征及差异进行研究的文献有限,少量研究远未形成一致性认识。关于中国的研究由于研究尺度的差异导致结论不尽相同。Yu 等(2017)采用中国家庭收入调查数据,研究从本乡镇外回流人口的创业行为,发现从全国层面来看,东部地区的回流者比中西部的更有可能创业。多数研究以县域为界,分析回流到县域内人口的就业与创业空间特征,发现县城和镇区对回流者更具吸引力(王利伟等,2014;张甜等,2017;杨忍等,2018)。随着回流空间的多样化,家乡地级城市或省会吸引了越来越多的回流者,区域性回流人口开始受到关注(刘云刚、燕婷婷,2013)。在一项针对全国 16 个省份的农民工回流创业意愿调查中,赵浩兴和张巧文(2011)发现,愿意回流到地级市区创业的占 32.1%,县级市区和小城镇分别为 16% 和 42.9%,西部地区选择地级市区的高达77.8%。但总体上针对不同空间回流就业创业的实证研究仍然缺乏,其从业特征及空间差异尚有待深入挖掘。

第四节　回流人口就业转变的影响机制

为什么许多回流人口表现出更强的就业能力,其背后的影响机制是什么?已有研究多从回流者在外务工期间的物质资本与人力资本积累的角度给出解释。但要充分理解回流人口的就业与创业行为,就不能忽视外在环境的作用。本节针对回流人口就业转变的影响机制,从回流者个体资本积累与外在环境两个角度,对已有文献进行梳理。

一、资本积累与就业转变

资本积累是已有回流人口就业转变研究的重要切入点。其中,既包括物质资本,也包括人力资本的积累。此外,外出务工时间和务工地点一方面影响外出人口资本积累的效果,另一方面可通过商业与工作环境等影响外出者的价值观念,进而作用于回流者的就业行为,因此受到研究者的特别关注。外出务工经历、资本积累与回流人口就业转变的关系如图 3-1 所示。

外出时的积蓄对回流人口就业转变的影响最为直接。由于人口流出地往

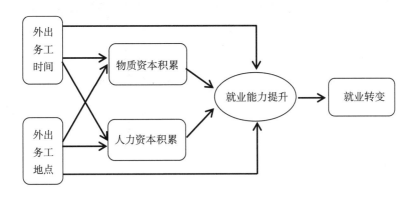

图 3-1 回流劳动力就业转变的影响机制

往受制于不完善的信贷市场,在外积攒的物质资本就成为许多回流者创业投资的首选。Probit 回归分析表明,积蓄的多少对于回流后自我雇佣行为(self-employed)具有显著促进作用。McCormick 和 Wahba(2001)针对跨国回流移民的研究发现,那些回流后成为创业者的,海外积蓄是工资性劳动者的 6 倍,与积蓄少的回流者相比,积蓄较多的回流者成为创业者的概率提高 1.6%。

人力资本积累对回流者就业能力的提升也具有重要影响。移民通过教育、培训或"干中学"等形式获得工作技能,有助于改善家乡人力资本不足的缺陷,从而促进了回流者的自主创业(King,2000)。

外出务工时间是反映回流者资本积累的重要指标。一般认为,外出时间越长,移民获得的人力资本和积蓄越多。但其对就业转变影响的研究结论还存在分歧。多数研究认为,更长的外出时间增加了回流者成为创业者的概率。但也有学者认为,由于失业或收入较低,外出者不得不继续在外务工,以实现收入目标,这样就会不断延长外出时间,这种经济上"失败型"(failure)的移民回流后并不能实现就业能力提升,其从事创业行为的概率并不高。

外出务工地点一定程度上也反映了回流者资本积累的效果。理论上看,来自发达国家或地区的回流者在工作岗位获得特定技能的机会更多,资本积累的机会更好,回流后更能实现就业转变。大量实证研究证实了这一观点。

需要指出的是,上述因素对回流就业的影响并不是相互独立的,而往往相互交织并最后作用于回流者的就业行为。其中,人力资本状况在内在作用机制中发挥重要角色,较好的人力资本水平能使其他外出经历的作用明显增强。McCormick 和 Wahba(2001)将外出经历与外出前的教育水平相结合,通过对埃及的实证研究发现,对于受过教育的回流者而言,海外的积蓄和在外工作时间对成为创业者具有显著的积极作用,但对于未受过教育的回流者而言,更长的海外经历对其创业行为影响并不显著,这类回流者更多受外出积蓄的影响。

关于中国回流人口就业创业行为影响机制的研究相对薄弱,少量研究主要沿着国外分析脉络从资本积累角度展开。相对而言,在中国回流者的就业转变过程中,人力资本积累通常比物质资本发挥着更为重要的作用。李小建和时慧娜(2009)在对河南固始县回乡劳动力创业行为分析后认为,回乡务工者带回的人力资本和物质资本在创业过程中具有显著的扩散效应。Ma(2001)运用 1997 年国务院发展研究中心对全国 9 省 13 县的农户调查数据实证分析发现,技能和人力资本积累(而不是储蓄)对农村回流人口就业转变(从外出前的务农变为回流后的非农就业)具有重要影响。Démurger 和 Xu(2011)基于 2008 年安徽无为县的调查数据,发现回流后自主创业的劳动力在外务工时变换工作更为频繁。运用 Probit 估计发现,外出时换工作的次数与回流者创业的概率呈显著正相关,他们认为,频繁地变换工作一方面增加了劳动者的工作经验,有利于今后的自主创业,另一方面也是冒险者的一种特质,这恰是创业过程所必需的。

值得注意的是,除物质资本和人力资本外,社会资本对回流就业特别是创业的影响近年来开始受到研究者的关注。一般而言,强大而持久的地方社会网络便于产生互惠的规范(norms of reciprocity),从而提高信任,减少不确定性,是创业过程中影响资源获取、创业生存和成功的重要因素(Hitt 等,2011)。但对回流人口而言,在外迁移导致其损失了在家乡的社会资本,从而削弱外出务工对回流创业的积极影响。然而也有研究发现,许多移民会在外出期间与家乡保持联系,并在回流后建立新的社会网络,从而促使其进入创业领域(Yu等,2017)。与此同时,移民回流后还会与外出时的社会网络保持持久关系,从而获得远距离的商业资源、合作项目或销售渠道(Batjargal,2007;Lin 等,

2019)。如 Ma(2018)在对中国海归创业研究时发现,海外社会资本为海归企业提供了运营中的关键信息和资源,对企业绩效产生了积极影响。总体来看,在外出地与回流地积累的社会资本均可能对回流人口创业产生影响,但具体的影响机制尚不清晰。

二、外在环境与创业选择

已有文献主要从个人物质资本和人力资本积累的角度研究回流人口就业转变的影响机制。但必须认识到,外在环境也是影响回流者就业选择特别是创业选择的关键驱动因素,环境构成了创业活动的框架,并塑造了其内容和结果(Müller 和 Korsgaard,2018)。考虑到针对环境与回流人口创业关系的研究尚不多见,这里将分析范围扩大至一般创业(而不只是回流人口的创业活动),梳理外在环境对创业选择的影响机制。

国家与区域尺度环境对创业活动的空间差异具有重要影响。在国家尺度,经济体制、政府规模以及税收、福利等制度因素方面的作用尤为关键。自由的市场经济体制较少干预市场和企业活动,更有利于创业的启动和成功(Sobel 等,2007)。而高额的税收及福利支出将增加企业负担,并扭曲创业者的金钱激励结构,从而不利于创业开展(Laffer,1979)。在区域层面,经济发展水平、集聚经济、人口密度、失业率与资本供应等经济因素,创业扶持政策等制度因素,以及创业文化等因素具有显著影响。较高的经济水平意味着对产品和服务更高的市场需求,接近市场意味着更低的交易成本,从而让创业活动更有利可图(Audretsch 和 Fritsch,1994)。区域集聚经济主要为地方化经济和城市化经济,是产业之间及产业内部经济外部性的表现,已被证实对创业具有显著作用(Daskalopoulou 和 Liargovas,2008)。失业率的影响尚不明确,一方面失业者的创业机会成本更低,另一方面高失业率意味着较低的市场需求和较差的成功创业前景(Armington 和 Acs,2002)。此外,金融资本特别是风险资本供应程度,地区创业文化被证实具有重要影响(Fritsch 和 Storey,2014)。而创业扶持政策尽管理论上具有重要作用,但政策的有效性往往受到质疑(Skuras 等,2000)。

社区尺度的微观研究主要关注城市内部产业集聚与技术型创业活动。邻近城市中心区、研究型大学与科研机构、龙头企业或其他中小企业,容易获得知识溢出及经济外部性,被发现可以刺激创业活动(Audretsch 和 Keilbach,2004)。社区创业氛围与社会互动对创业参与具有显著作用。

现阶段农村创业的空间研究较为薄弱,对其空间驱动因素的探讨以理论推断为主,实证研究较少。总体上看,农村地区既具有与城市的相似性,也具有自身独特性。相似性包括社区创业氛围、人口规模与密度、交通区位条件、金融可获得性等(Stathopoulou 等,2004;Sohns 和 Diez,2018)。由于农村地区人口稀疏,市场规模有限,交通区位条件对农村社区创业具有更为重要的意义。交通通达性较好、靠近城市的农村社区具有更多的创业机会(Stam,2005;Brünjes 和 Diez,2013)。其他独特性还包括自然资源丰富程度、景观与环境特征、地形及气候条件等。丰富的自然资源有利于农村社区居民发展农业特色产业或制造业,优美的景观环境便于开展乡村旅游创业(Müller 和 Korsgaard,2018)。如王肖芳(2017)对河南农村的研究也得出类似结论。这说明地理条件对农村创业的影响尚不明确,仍有待深入系统研究。

针对回流人口创业,外在环境的影响研究较为薄弱。零星的研究发现,经济相对活跃、投资机会较多的地区,回流人口创业的可能性更大(Lindstrom,1996)。Piracha 和 Vadean(2010)研究发现,沿海地区快速发展的旅游业创造了大量的商业机会,成为许多回流创业者的首选地。全国 43%的回流创业者集中于沿海地区,远高于首都、山区和中部地区。Yu 等(2017)通过对中国的城乡回流人口研究也发现,省外迁移经历促进创业的证据只在东部地区显著,在中部地区轻度存在,在西部地区则不显著。他们认为,这源于东部地区更为活跃的经济和繁荣的市场条件。

第五节　小　结

人口的空间流动既是经济发展的风向标,又对区域经济社会发展产生重要影响(Reagan 和 Olsen,2000),但与外出迁移相比,人口回流问题并未得到足够重视,究其原因,主要有:与外出人口相比,回流人口的规模相对较小;回流人口数据一般难以获得,限制了相关研究的进一步开展;传统移民理论将人口回流看作个人在外失败的就业经历所致,回流者对地区经济的积极影响微乎其微(Davidson,1969)。

通过对国外已有文献的梳理不难发现,在人口回流理论中,主张成功/失败的经济理论长期占据主导地位,但这一分析范式开始受到社会学理论的挑战。回流动因方面,回流决策也不仅仅受自身经济因素所驱使,而是在与家乡的社会联系、家乡与移民输入地的社会经济环境等因素的综合影响下产生的,回流是一个复杂的社会经济过程。就业与创业行为方面,回流人口并不是简单的经济上的"失败者",通过物质资本和人力资本的积累,他们表现出更强的就业能力,通过自主创业等活动,促进了家庭收入的增加和家乡经济多元化。

相对而言,中国人口回流的理论研究仍较为匮乏,实证研究主要沿着国外的分析范式展开,总体上处于起步阶段。值得注意的是,经济基础、制度背景、社会文化环境等的巨大差异导致国内外回流特征及内在规律必然有所不同,现有的少量文献已初步证实了这一观点。研究发现:其一,在回流动因上,因户籍制度等的限制,导致照顾家庭等社会原因回流占据较大比重,区别于受经济因素巨大影响的跨国移民回流;其二,在就业与创业行为上,海外回流移民与中国的国内回流移民均表现出了比未外出者更强的就业能力,但与海外移民回流后主要从事自主创业不同,由于区际产业转移和欠发达地区的工业化发展,中国国内的回流者更多从事工资性工作;其三,在影响机制上,国内外已有文献较少关注外在环境的影响,而侧重于回流者在外资本积累的作用,并发现,在中国国内回流人口就业转变过程中,工作技能的提升、人力资本的积累比积蓄发挥了更大作用,这与国外各资本积累因素的综合影响有所不同。但必须指出,这一差异更多的是与国内相关研究薄弱、缺乏统一认识和明确结论有关,二者是否真正存在内在机制的差异仍有待进一步探讨。

对中国而言,农村外出人口从发达地区回流已成为人口流动的一种常态,对回流问题的研究不仅有助于丰富劳动力迁移理论,而且对传统人口输出地区经济社会发展与城镇化建设也具有极强的政策含义。未来国内人口回流研究可重点关注以下方面。

一是回流理论研究。改革开放后,中国经济的快速非均衡发展推动了农村人口向发达地区和大城市的大规模流动。但在户籍等制度影响下,人口外出往往伴随部分人的回流。近年来城乡外部环境发生明显变化,人口回流现象更为普遍。党的十八大后,中国开始实施新型城镇化战略,政府旨在通过改善城市农民工的公共服务,加快农民工市民化步伐。经济发展阶段的差异和制度环境的变化决定了中国国内劳动力回流的特殊性。基于国外移民经验提出的劳动力回流理论必然无法有效解释中国的回流现象。因此,迫切需要基于中国的实际,在回流动因、回流后的经济表现及地方影响等方面进行更具适用性的理论创新,增强理论的解释能力和指导作用。

二是新生代农民工回流问题。进入 21 世纪以来,中国农民工内部开始出现分化趋势,新生代农民工日益增多,并成为外出农民工的主体。与老一代相比,新生代农民工具有更强的市民化意愿(段成荣、马学阳,2011),但仍面临就业不稳定、社会保障水平低等制约,在融入城市面临诸多困难的情况下,回流家乡已成为许多新生代农民工未来发展的重要选择。由于两代农民工在文化程度、务农经历、就业分布、发展意愿等方面均存在显著差异(张永丽、黄祖辉,2008)。这些差异必然导致新老农民工在回流决策、回流后就业选择与消费行为等方面各具特点,并最终产生不同的地方影响。因此,有必要针对新生代农民工群体,重点研究其回流行为与影响。

三是地方环境对人口回流及回流结果的影响。个体行为是行动者个体属性与外在环境相互作用的产物。已有文献不论关注的是人口回流动因,还是回流后的就业创业行为,都主要从回流者个体属性、在外流动经历、流动期间的物质资本和人力资本的积累角度入手,对外在环境的研究仍然较为薄弱。少量关于回流动因的研究虽然关注了地方环境的作用,也主要从宏观视角切入。对于国家内部的人口回流而言,流入地及流出地的地方环境如何影响了外出人口的回流决策,回流后地方环境又如何导致了回流者差异化的就业及创业行为,这些问题尚缺少清晰答案。因此,分析地方环境对回流者行为决策的影响效应及内在机制,不仅具有重要的理论价值,而且具有极强的政策含义。

　　四是人口回流的空间效应。现有国内外文献较少关注人口回流的空间问题。少量研究表明,移民回流后向城镇集中的趋势十分明显。不同的是,国际移民主要在国家范围内向大城市集中(Lozano-Ascencio 等,1996;Labrianidis和 Kazazi,2006),而中国的农村外出人口则主要回流到家乡县城和中心镇(李郇、殷江滨,2012;王利伟等,2014;张甜等,2017)。由于县域空间尺度较小,回流者的居住、就业与创业、消费等行为的空间选择性更大,许多回流者在就业创业空间上向县城集中的同时,并未伴随居住空间的集中,这些行为的成因如何,其与农业生产、地方公共服务供给等存在何种关系,对欠发达地区经济发展与城镇化进程将产生怎样的影响,仍有待深入研究。

第四章 区域性回流人口的空间格局与就业行为

近年来,随着中西部地区经济社会的发展与环境改善,原有的人口跨地区、跨省流动趋势逐渐减弱,人口回流步伐逐渐加快,其回流空间类型与层次的多样化特征也日趋明显。除回流到家乡农村外,越来越多的外出者回流到家乡所在县城或镇区,并共同构成地方性回流。此外,还有相当一部分外出者回流到家乡所在的地级城市、省会或省内其他城市,形成区域性回流(刘云刚、燕婷婷,2013;Junge等,2015;高更和等,2017)。地方性回流与区域性回流是回流者个体在综合考虑个人、家庭、外在环境等多方面因素后作出的迁移结果。对于回流目的地而言,外出人口特别是人力资本较为丰富的外出人口回流可以为地方发展注入新的动力。因此,有针对性地制定区域政策,吸引更多的潜在外出者回流对于中西部地区具有重要意义。考虑到两类回流人口的自身属性及外在环境存在较大差异,将对二者作分别阐述。本章聚焦于区域性回流人口,着重分析其在全国层面的回流空间格局与影响因素,以及回流者的创业选择及其形成机制。下一章聚焦于地方性回流人口,主要探究其在县域尺度的就业、居住与公共服务消费行为,以及外出经历对其城镇定居意愿的影响。

第一节 区域性回流人口的空间格局

一、相关概念与数据

(一)相关概念界定

已有研究对国家内部回流人口的界定尚未形成共识,主要分歧在于空间范围的界定。多数研究以县域为界,将回流人口定义为曾在县外工作半年以上,现已回到本县且不打算再次外出的农村居民(王西玉等,2003;Démurger 和 Xu,2011;Chen 和 Wang,2019),部分研究则以村域(Wang 和 Fan,2006)、镇域(Yu 等,2017)或市域(刘达等,2020)、省域(高更和等,2017)为界。本研究将国家内部回流人口分为区域性和地方性回流人口两类,其中,地方性回流人口参考多数研究的定义,将其定义为:曾在户籍所在县以外工作半年以上,现已回到本县且短期不再外出的人口。区域性回流人口则以省域为界,将其定义为:曾在户籍所在省以外工作半年以上,现已回到本省县外工作生活的人口。其中区域性回流人口又可分为回流到本市县外人口和回流到本省外市人口两类。

(二)数据来源与处理

本章的研究对象为区域性回流人口。相关数据来源有二:一是流动人口个体数据,来自 2017 年全国流动人口动态监测调查(CMDS2017);二是城市层面的社会经济统计数据,主要来自《中国城市统计年鉴 2018》。CMDS2017 调查由国家卫健委组织实施,以在流入地居住 1 个月以上,非本县(市、区)户口的 15 周岁以上的流动人口为调查对象,以 31 个省(区、市)和新疆生产建设兵团 2016 年全员流动人口年报数据为基本抽样框,采取分层、多阶段、与规模成比例的 PPS 方法进行抽样,全国共调查 169990 个样本。调查涉及流动人口的人口学特征、家庭与收支情况、就业与创业情况、流动经历及居留意愿、健康与公共服务等方面。数据的时效性、代表性和权威性较强,是当前分析中国人口流动的理想数据来源。

由于目前国内尚缺少针对区域性人口回流的大规模调查,这里根据 CMDS 2017 调查数据进行估算。具体而言,将调查中首次外出在省外、现在省内县外流动的人口视为区域性回流人口。由于该调查只涉及首次外出所在地及目前外出地,未包含受访者的完整流动历史,因此无法计算所有曾在省外工作,现回流至本省的流动人口数量,换言之,该数据推算的区域性回流人口规模与真实数据存在一定出入,但仍能反映区域性回流人口的总体格局。

二、区域性回流人口的分布格局

运用上述方法对各空间单元的区域性回流人口进行估算,并对比不同地区区域性人口占具有省外流动经历人口的比重,以考察全国层面区域性回流人口的分布格局。统计发现,全国区域性回流人口占具有省外流动经历人口总量的 13.9%。其中,东部地区的区域性回流人口比重为 10.3%,中部地区为 15.0%,西部地区为 16.4%,东北地区为 5.1%。可见,中西部地区的区域性回流人口比重明显高于东部地区和东北地区。

从省域层面来看,各省区域性回流人口比重差异较大。海南省回流比例最高,达 72.6%。但除海南外,东部省份的区域性回流比重均较低(见图4-1)。西部少数民族省份回流比例普遍较高,西藏、新疆、青海和宁夏回流比例均超过 30%,分别为 44.4%、34.1%、32.5% 和 32.3%。其他中西部传统人口流出地,如广西、贵州、湖南、重庆、江西等省份的回流比例也较高,东北三省的回流比例普遍较低,其中黑龙江仅为 3.2%。较高的回流比例一方面与家乡省份经济社会较快发展、对外出人口产生吸引有关,贵州、湖南、重庆等地属于这一类型;另一方面也与地区间文化差异有关,许多外出者由于民族文化、语言、宗教信仰等差距较大,经历了一段时间的外出迁移后选择回流家乡,西藏、新疆、宁夏等地属于这一类型。

较低的区域性回流人口比例同样存在两种类型。一是家乡省份经济发展相对缓慢,就业机会有限,从而不利于外出人口的回流。东北三省可归入这一类型。二是家乡省份经济发达,就业机会充足,那些选择跨省流动的人口群体往往是收入较高的工资获得者或创业者,他们在省外具有较好的工作与生活条件,回流比例较低。浙江、广东、北京、上海等地可视为这一类型。

进一步对比不同城市区域性回流人口的比例,以更为细致地刻画其空间分布格局。为避免比重数据带来的误差,剔除了省外流动人口较少(50 人以下)的城市,统计结果如表4-1 所示。不难发现,不同城市间回流比例差异明显。总体上南方城市特别是传统人口流出地城市回流比例较高,而东北与华北地区(河北、山东、河南等)城市的回流比例普遍较低。区域性回流人口比

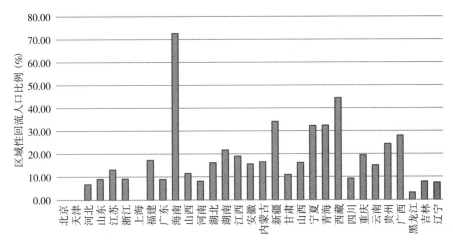

图4-1　全国区域性回流人口比重的分省对比

例最高的城市为广西来宾市,达46.9%,其他如广西柳州市,福建龙岩市、漳州市的回流比例也在40%以上。除京、津、沪3个直辖市外,回流比例较低的有辽宁沈阳市、抚顺市、营口市,黑龙江双鸭山市等地,均在1.5%以下。由此可以看出,市域层面的回流人口格局与省域层面具有较强的一致性。

表4-1　区域性回流人口的市域分布

回流比例	城市名称
5%以下	吉林长春、通化,黑龙江哈尔滨、绥化、佳木斯、大庆、大兴安岭、牡丹江、鹤岗、七台河、齐齐哈尔、鸡西、伊春、双鸭山,辽宁沈阳、葫芦岛、丹东、鞍山、抚顺、营口,河北张家口、衡水、沧州、秦皇岛、廊坊,广东广州、揭阳、茂名、深圳,四川达州、广安、甘孜,安徽宿州,河南信阳,浙江嘉兴,山西太原,江苏苏州、无锡,湖北黄石,甘肃临夏、甘南,北京,上海,天津
5%—20%	略
20.1%—30%	贵州贵阳、黔东南、毕节、六盘水,江西吉安、赣州、新余、萍乡,湖南长沙、岳阳、娄底、常德、怀化,安徽宣城、铜陵、六安、淮南、芜湖,湖北宜昌、荆门、襄阳、随州,广西玉林,云南昆明、红河,江苏淮安、连云港,内蒙古呼和浩特、乌兰察布,浙江丽水,陕西延安,福建南平,山西晋中,青海西宁
30.1%—40%	广西南宁、桂林、崇左、河池,湖北十堰,安徽合肥、黄山,湖南湘潭、郴州、益阳、株洲,贵州遵义,陕西商洛,宁夏固原,内蒙古锡林郭勒
40%以上	广西来宾、柳州,福建龙岩、漳州

根据回流空间的不同,将区域性回流人口分为回流至本市外县人口和回流至本省外市人口两种类型,以分析其分布格局的差异。结果如表 4-2 所示。总体而言,大部分区域性回流人口回流到本省外市,占比为 62.6%,回流至家乡所在市(本市外县)人口占区域性回流人口总量的 37.4%。统计发现,回流至本市外县人口占区域性回流人口比例较高的城市主要分为两类:一类为各省省会城市,如武汉、南宁、长沙、合肥、哈尔滨等;另一类为省内经济增长较快、就业机会较多的城市,如江西赣州、陕西榆林、湖南郴州、辽宁大连等,这些城市的外出人口回流至本市外县的比例均在 70% 以上。回流至本省外市人口比例较高的城市也存在两种类型:一类主要分布于经济发展水平较高地区,如江苏、广东、浙江等地。由于地区经济发达,这些城市的回流人口在选择回流目的地时选项较多,而不必局限于家乡所在城市。另一类主要分布于单核城市主导型地区,如四川、陕西、甘肃等地。由于省会城市经济较为发达,其他城市的回流人口在选择回流时,往往将省会城市作为其主要目的地,导致回流至本市的比例较小。

表 4-2　回流至本市外县人口的市域分布

比例	城市名称
10%以下	江苏常州、泰州、宿迁、镇江、淮安、徐州、盐城,广西贵港、钦州、来宾、崇左,江西抚州,四川广安、自贡,安徽淮南、亳州、池州,浙江台州、绍兴,湖南益阳,河南周口,广东梅州、汕头,山东枣庄、济宁、泰安,宁夏固原,辽宁铁岭,陕西安康、商洛,甘肃天水,青海海东,黑龙江绥化,山西吕梁
10%—70%	略
70%以上	湖北武汉、恩施、襄阳、宜昌、十堰,广西南宁、桂林、柳州,湖南长沙、怀化、郴州、株洲、永州,四川宜宾,安徽合肥、黄山,福建福州,江西南昌、赣州,贵州贵阳、黔东南,陕西西安、汉中、榆林,河北石家庄,河南郑州、濮阳,山东青岛,内蒙古呼和浩特、呼伦贝尔、锡林郭勒,甘肃兰州、庆阳,黑龙江哈尔滨,吉林白城,辽宁大连

第二节　区域性回流空间选择的影响因素

一、研究方法与变量选择

（一）梯度提升决策树方法

梯度提升决策树（Gradient Boosting Decision Tree, GBDT）方法是研究自变量与因变量之间非线性关系的方法,在城市规划、交通等领域研究中被较多运用于解释个体属性、外在环境因素与个体行为间的非线性关系。GBDT 是一种迭代决策树算法,可以通过最小化损失函数,使预测值接近损失值。本章运用该方法探究回流者个体及城市社会经济环境等自变量与回流空间、回流创业选择行为的非线性关系。

与传统回归模型相比,GBDT 方法有几个明显优点:第一,可以较好地处理缺失值,因为决策树的每个节点只依赖于一个单一值;第二,如果数据中包含不相关的特征,就不会对结果产生额外的干扰;第三,可以处理不同类型的独立变量;第四,有助于缓解多重共线性问题;第五,提高了预测精度,并可有效处理较小的研究样本（Yang 等,2010; Tao 等,2020）。但是,由于 GBDT 方法不产生 p 值,因此不能评估每个自变量的显著性水平,这是该方法的不足之处。

GBDT 的模型计算过程如下。

首先,对模型进行初始化,使损失函数最小化。其中, $L(y, f(x))$ 为损失函数:

$$f_0(x) = argmin_c \sum_{i=1}^{m} (L(y_i, c))$$

其次,对 $t = 1, 2, \cdots T$ 共进行 T 次迭代,其中,每次迭代分为 4 个子步骤:

（1）对样本 $i = 1, 2, \cdots m$ 计算负梯度:

$$r_{it} = -\left[\frac{\partial(L y_i, f(x_i))}{\partial f(x_i)} \right]_{f(x) = f_{t-1}(x)}$$

（2）利用 $(x_i, r_{ti})(i = 1, 2, \cdots m)$ 拟合一棵 CART 回归树,得到第 t 棵回归

树,其对应的叶子节点区域为 R_{tj} , $j = 1,2,\cdots J$。 其中 J 为回归树 t 的叶子节点的个数。

(3)对叶子区域 j = 1,2,…J 计算最佳拟合值:

$$c_{tj} = argmin_c \sum_{x_i \in R_{tj}} L(y_i, f_{t-1}(x_i) + c)$$

(4)更新强学习器:

$$f_t(x) = f_{t-1}(x) + \sum_{j=1}^{J} c_{tj}I, (x \in R_{tj})$$

(5)最后得到强学习器 $f(x)$ 的表达式:

$$f(x) = f_T(x) = f_0(x) + \sum_{t=1}^{T} \sum_{j=1}^{J} c_{tj}I, (x \in R_{tj})$$

最终,本研究使用均方差回归损失函数,即:

$$L(y, f(x)) = (y - f(x))^2$$

学习速率、树的深度以及树的数目是 GBDT 的 3 个重要参数。一般来说,收缩率的参数设置范围为 0.01—0.001 较为合适。收缩率越小,代表模型的效果越好。树的深度即交互的深度,表示树的复杂性;树的数量是迭代次数,迭代次数越多,越可以有效地提高模型的预测效果。但是同时更多的树会导致模型过度拟合。

通过 GBDT 模型,可以得到每个自变量对因变量的贡献率,即相对重要性。同时,GBDT 方法可以对每个自变量的贡献率进行排序,从而可以有效地看出各个自变量对因变量产生的影响。此外,该方法可以得到反映自变量和因变量之间关系的部分依赖图(partial dependence graph),从而有助于对自变量与因变量之间关系的理解。

(二)变量选择

本节先分析区域性回流人口空间选择的影响因素。因变量为"是否回流至本市外县",若是,则取值为 1;若回流至本省外市,则赋值为 0。自变量包括个体变量与城市变量两类,其中,个体变量既包括回流者个体人口学特征,如年龄、性别、文化程度、婚姻状况,也包括其家乡状况及与家乡的联系,如老家所处的地理位置(农村、乡镇、县城等),老家是否有宅基地,个人拥有的土地面积,此外,还将回流者的外出流动经历也纳入模型,如在外流动的时长,是否具有沿海流动经历,以考察其对回流至家乡城市的影响程度。

已有研究发现,家乡经济增长越快,就业机会越多,教育、医疗等公共服务水平越高,越有利于外出人口回流(Makina,2012)。因此,在城市变量方面,重点从社会与经济发展水平角度,研究城市环境因素对区域性回流人口空间选择的影响。具体而言,选择人口密度、国内生产总值、政府财政支出和工资水平等指标衡量城市经济发展状况,选择中小学生均教师数、医院床位数和图书馆藏书量等指标衡量城市的社会发展与公共服务水平。具体因变量与自变量的定义与描述性统计如表4-3所示。

表4-3 回流人口空间选择模型变量定义与描述性统计

变量类型	变量名称	变量定义	均值	标准差
因变量	是否回流本市县外	回流至本市县外=1,回流至本省市外=0	0.37	0.48
个体变量	年龄	单位:岁	35.39	8.90
	男性	男性=1,女性=0	0.57	0.50
	已婚	初婚/再婚=1,未婚/离婚/丧偶/同居=0	0.86	0.34
	文化程度	未上过学=1,小学=2,初中=3,高中/中专=4,专科=5,本科及以上=6	3.49	1.03
	老家所处地理位置	农村=1,乡镇=2,县城=3,地级市/省会/直辖市=4	1.29	0.68
	是否有宅基地	是=1,否=0	0.81	0.40
	个人拥有的土地面积	在老家拥有的承包地面积,单位:亩	1.25	3.07
	在外流动时长	回流前在外流动时间长度,单位:年	10.03	6.66
	沿海务工经历	曾在沿海省份务工,是=1,否=0	0.77	0.42

续表

变量类型	变量名称	变量定义	均值	标准差
城市变量	人口密度	单位:人/km²	522.58	304.31
	国内生产总值	单位:亿元	5665.5	5337.6
	政府财政支出	公共财政支出占GDP的比重,单位:%	0.18	0.08
	工资水平	在岗职工年平均工资,单位:元	69933.7	10642.7
	生均教师数	中小学生均专任教师数,单位:人	0.06	0.02
	医院床位数	每万人医院床位数,单位:张	54.54	20.97
	图书馆藏书量	人均图书馆图书藏量,单位:册	0.80	0.80

分析发现,全国区域性回流人口中,回流至本市外县的人口占37.4%,回流至本省外市的人口占62.6%。区域性回流人口平均年龄为35.39岁,男性占57.4%,已婚的比例达86.3%,文化程度以初中和高中为主。绝大部分回流者的老家位于农村,超过八成回流者在老家有宅基地,但个人拥有的土地面积较小,平均为1.25亩。回流者的平均在外流动时间约为10年,77.1%的回流者曾经在沿海省份务工。

二、影响因素分析

运用GBDT模型分析个体变量、城市变量对区域性回流人口空间选择的影响,得到各自变量对因变量影响的相对重要性(贡献率)及其排序,结果如表4-4所示。所有自变量的贡献率总和为100%,其中,个体变量的贡献率为12.2%,城市变量的贡献率达87.8%。换言之,对于区域性回流人口而言,其选择回到家乡所在市,还是省内其他城市,主要受城市环境的影响,个人属性、与家乡的联系、在外流动经历等个人因素的作用相对较小。

在城市变量中,城市工资水平对于回流人口是否回流本市的影响最大,贡献率达38.0%,其次为政府财政支出水平和国内生产总值,贡献率分别为11.0%和10.0%,其他如医院床位数、图书馆藏书量等公共服务变量对回流空间选择也具有较大影响,贡献率均超过9%。

在个体变量中,年龄对回流人口空间选择的影响最大,贡献率为3.3%。此外,在外流动时长、个人拥有的土地面积、文化程度等变量的贡献率相对较高,而婚姻状况、沿海务工经历、性别、老家所处地理位置、是否有宅基地等变量的重要性相对较低。

表4-4 回流空间选择影响因素的相对重要性及其排序

变量类型	变量名称	相对重要性(%)	排序
个体变量	总计	12.2	—
	年龄	3.3	8
	男性	0.4	14
	已婚	0.2	16
	文化程度	1.8	11
	老家所处地理位置	0.7	13
	是否有宅基地	0.8	12
	个人拥有的土地面积	2.0	10
	在外流动时长	2.7	9
	沿海务工经历	0.3	15
城市变量	总计	87.8	—
	人口密度	4.3	7
	国内生产总值	10.0	3
	政府财政支出	11.0	2
	工资水平	38.0	1
	生均教师数	5.6	6
	医院床位数	9.7	4
	图书馆藏书量	9.2	5

进一步考察个体变量、城市变量与回流人口空间选择的非线性关系。GBDT模型可以反映模型的非线性效应,并反映因变量随自变量在一定阈值内的变化情况。这是选择该方法的一个重要原因。绘制各自变量与空间选择

的依赖图,来说明自变量与因变量之间的关系。结果如图 4-2、图 4-3 所示。

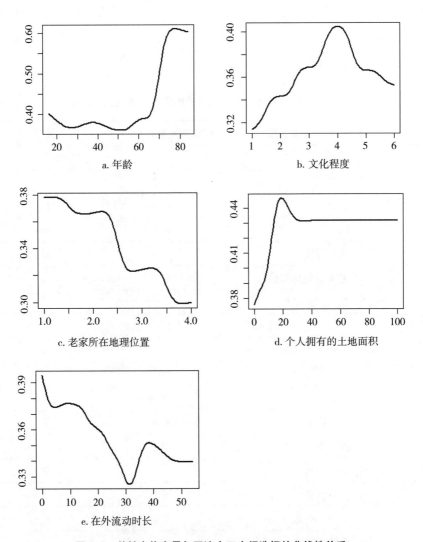

a. 年龄 b. 文化程度 c.老家所在地理位置 d. 个人拥有的土地面积 e.在外流动时长

图 4-2 关键个体变量与回流人口空间选择的非线性关系

　　在个体变量方面,年龄与是否回流本市存在非线性关系,在 60 岁以前,年龄对回流空间选择的影响有限,但 60 岁以后,年龄越大,回流者越倾向于回流到家乡所在城市。60 岁以后意味着进入老年期,回流到家乡所在市与老家及亲属等的距离较近,对老年回流者更有吸引力。文化程度对回流空间选择的影响呈倒 U 型关系。对于文化程度低于高中的回流人口,文化程度越高,他们越倾向于回流至家乡所在市(本市外县),但对于高中以上的回流者,文化程度越高,他们更愿意回流到省内其他城市,而不是家乡所在市。这可能与其他城市具有更高的人力资本回报有关。

老家所在的地理位置与回流空间选择整体呈负相关关系。老家为农村的回流者,回流到家乡所在市的可能性最大。行政等级越高,回流者越不愿意回流到家乡所在市,而更倾向于省内其他城市。个人拥有的土地面积在空间选择的影响存在阈值效应。当回流者的土地面积小于 20 亩时,拥有的土地面积越多,他们更可能回流到家乡所在市,当土地面积大于 20 亩时,其回流概率在小幅下降后趋于平稳。回流到家乡所在市可便于回流者围绕老家土地,开展农业经营等活动。但当土地面积过大时,回流者可通过雇佣他人等形式,从事相关经营。因此土地面积与空间选择呈先正向后平稳的关系。

在外流动时长与回流空间选择存在非线性关系。当流动时长不足 30 年时,时间越长,回流者不愿意回流到家乡所在市。当流动时长达到 30 后,时间越长,他们更倾向于回到家乡所在市。这与回流者的资本积累有关。在外时间越长,回流者的人力资本、物质资本的积累越丰富,就业能力也较强,可在全省范围内择优选择回流目的地,但当流动时间超过 30 年后,回流者已经或即将进入老年,他们更多面临的是养老问题,而不是就业问题。家乡所在市与老家的地理距离、社会与心理距离均较近,对其吸引力更大。因此,他们也更有可能回流到家乡所在市。

与个体变量相比,城市环境变量对区域性回流人口的空间选择起着更为重要的作用。国内生产总值与政府财政支出对回流空间选择的影响方向大致相同,均为达到一定阈值后出现小幅下降,最后趋于平稳的趋势。国内生产总值是衡量城市经济规模与发展水平的重要指标。如图 4-3(f) 所示,在城市GDP 达到约 4000 亿元之前,GDP 与回流到家乡所在市的概率呈正相关关系,即城市 GDP 规模越大,流动人口越有可能回流到家乡所在市。但在 GDP 超过 6000 亿元后,二者呈负相关关系,并在 7500 亿元后趋于平稳。由此可见,当家乡城市经济规模较小时,更大的经济总量对外出人口具有较大的吸引力,但在达到一定规模(5000 亿元)后,这一影响就变得有限。政府财政支出与回

流空间选择的关系也具有相似趋势,其阈值约为 0.6,即公共财政支出占 GDP
的比重为 60%。对于支出比重小于 60% 的城市,更多的财政支出有利于吸引
外出人口回流家乡所在市,但财政支出过高,可能对地方经济产生过多干预,
从而不利于市场经济的繁荣,因此,回流本市的概率降低。

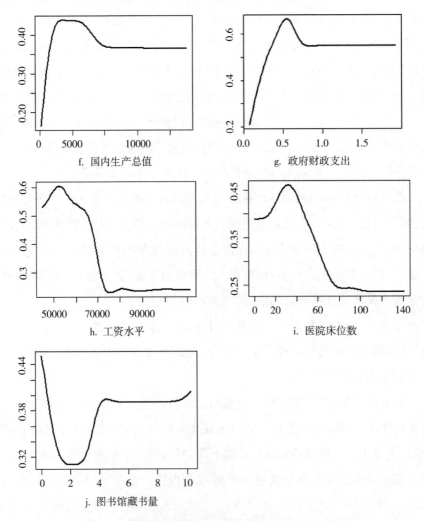

图 4-3 关键城市变量与回流人口空间选择的非线性关系

城市工资水平与回流空间选择同样存在非线性关系。随着工资水平的提
高,外出人口回流到家乡所在市的概率呈先上升后下降、最终趋于平稳的趋
势。工资水平的第一个阈值约为 55000 元,即当在岗职工年平均工资不足

55000 元时,更高的工资水平有利于吸引外出人口回流家乡所在市,但超过这一水平后,更高的城市工资水平会促进外出者回流至省内其他城市。这一结果与已有研究结论差异较大(周传豹等,2016)。可能的原因是,在城市工资达到一定水平后,区域经济发展通常出现均衡发展态势,即其他城市也具有较高的工资水平,从而降低了外出者回流到家乡所在城市的可能性。

医院床位数与回流空间选择的关系也存在非线性关系,其依赖性图走势与工资水平相似。随着医院床位数的增加,外出人口回流到家乡所在市的概率先上升后下降,并逐渐平稳。当每万人医院床位数小于 40 张时,床位数的增加有助于外出人口回流本市,但床位数的进一步增长则对回流起抑制作用。优良的公共服务是吸引人口流动迁移的重要因素,已有大量研究证实了公共服务对人口流入的显著作用(夏怡然、陆铭,2016;洪俊杰、倪超军,2020)。医院床位数反映了城市医疗卫生服务水平。分析证实,较高的医疗卫生服务水平有利于外出人口回流,但在达到一定阈值后,医疗卫生方面投入的增加也导致社会其他公共服务资源被挤占,从而不利于整体社会经济发展水平的提升,因此,二者呈现负相关关系。

图书馆藏书量与回流空间选择总体上呈现 U 型关系。当城市人均图书馆藏书量小于 2 册时,藏书量的增长不利于外出人口回流。但在达到这一水平后,更多的图书馆藏书则能吸引更多的外出人口回流。当在人均藏书量超过 4 册后,藏书量的进一步增加对人口回流的作用变得不再明显。公共图书馆藏书量是反映城市社会文化水平的一个重要指标,其对外来人口的吸引存在着阈值效应。在城市发展初期,图书馆藏书量的增加挤占了用于其他社会经济发展的资源,因此不利于人口的流入,但在达到一定阶段后,藏书量的增加对于提升城市文化水平和文化素养发挥着重要作用,从而吸引了外出人口的回流(彭新万、张凯,2017)。

第三节　区域性回流人口的就业与创业特征

区域性回流人口的就业与创业活动不仅能增加其收入,促进回流人口社会融入和市民化,还能增加城市经济活力,提供就业机会,推动城市创新与经济增长(Wahba 和 Zenou,2012)。因此,研究区域性回流人口的就业与创业活动特征,剖析行为背后的驱动机理,对于实现区域性回流人口充分有效就业,促进回流人口创业均具有重要的现实意义。

首先分析区域性回流人口的就业特征。就业身份方面,根据 2017 年中国流动人口动态监测调查,流动人口的就业身份分为有固定雇主的雇员、无固定雇主的雇员、雇主、自营劳动者、其他 5 类。统计分析发现,全国区域性回流人口的就业身份以有固定雇主的雇员为主,占比达 44.4%,其次为自营劳动者,占比为 36.1%,雇主占 6.7%。对比两类区域性回流人口的就业身份,结果如图 4-4 所示。不难发现,两类回流人口存在一定差异。回流至本省外市人口的雇员(有固定雇主)的比例(46.3%)明显高于回流至本市外县人口(41.1%)。雇主和自营劳动者通常被视为创业者(Démurger 和 Xu,2011)。回流至家乡所在市的流动人口从事自营劳动型创业的比例更高(39.4%)。两类回流人口从事雇主型创业的差别相对较小。此外,从收入看,两类回流人口也存在一定差异。回流至本省外市人口的平均月收入为 4370 元,高于回流至本市外县人口(4015 元)。

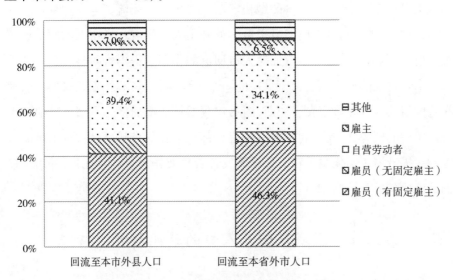

图 4-4　两类区域性回流人口的就业身份对比

　　进一步分析区域性回流人口的创业行为。从总体样本看,全国区域性回流人口的创业比例为42.9%。创业平均月收入为4761.6元。两类区域性回流人口之间存在较大差异(见表4-5)。从创业比例看,回流至本市外县人口的创业比例达46.5%,明显高于回流至本省外市人口(40.7%)。但前者的创业月收入为4470.7元,低于回流至本省外市人口的4944.1元。总体上,回流人口中创业者的收入明显高于雇员收入。两类回流人口的创业类型不存在显著差异。回流至本市外县人口的自营劳动型创业比例为84.9%,略高于回流至本省外市人口,而后者的雇主型创业比例略高。

　　对于雇主型创业而言,两类区域性回流人口之间存在一定差异。回流至本市外县人口的创业时间更短,平均为4.7年,雇佣的领工资人数更少,平均为5人。而回流至本省外市人口的平均创业时间为5.1年,平均雇佣5.6人。两类回流人口雇佣亲属人数相当。从近期经营情况看,回流至本市外县人口的创业企业经营状况好于回流至本省外市人口。前者有15.8%的创业企业近两年增加了员工数量,而后者的这一比例为10.7%。超过两成的回流至本省外市人口创业企业缩减了员工规模。

表4-5　两类回流人口创业状况比较

创业状况＼回流人口类型	回流至本市外县人口	回流至本省外市人口
创业比例(%)	46.5	40.7
月收入(元)	4470.7	4944.1
创业类型	—	—
自营劳动(%)	84.9	84.0
雇主(%)	15.1	16.0
雇主创业时长(年)	4.7	5.1
雇主雇佣亲属人数(人)	0.8	0.8
雇主雇佣领工资人数(人)	5.0	5.6
近两年雇佣人数变化情况	—	—

回流人口类型 创业状况	回流至本市外县人口	回流至本省外市人口
基本不变(%)	66.8	68.2
数量减少(%)	17.4	21.1
数量增加(%)	15.8	10.7

从创业行业来看,批发零售、住宿餐饮、居民服务是全国区域性回流人口创业的主要行业,3个行业的创业占比超过70%。对比两类区域性回流人口的创业行业,结果如图4-5所示。可以发现,两类回流人口的创业行业有所不同。回流至本市外县人口更多从事居民服务行业,占比达17.4%,回流至本省外市人口的这一比例为13.4%。后者的创业行业在批发零售业更为集中,占比达39.0%,回流至本市外县人口的这一比例为35.2%。

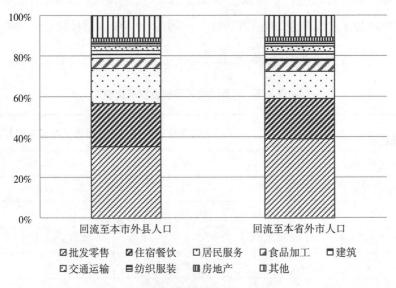

图4-5 两类区域性回流人口创业行业对比

从市域空间来看,不同城市区域性回流人口的创业倾向存在较大差异。这里对比了全国地级尺度的区域性回流人口创业比例,为避免比重数据带来的误差,剔除了区域性回流人口过少(小于10人)的地市样本,结果如表4-6

所示。可以看出,区域性回流人口创业比例较高的地市主要位于河南、湖南、江西等传统人口流出地。如河南驻马店市,区域性回流人口创业比例达96.8%。而创业比例较低的地市主要位于华北、东北地区。如吉林白城市创业比例为0。回流人口的创业活跃程度一方面取决于回流者个体属性,另一方面城市社会经济环境对创业选择也发挥着重要作用。因此,有必要从个体与城市两个方面入手,探究回流人口创业活动的决定因素。

表 4-6　区域性回流人口创业比例的城市分布

创业比例	城市名
15%以下	河北张家口、廊坊、保定,辽宁沈阳,吉林白城,内蒙古赤峰,新疆伊犁州,宁夏石嘴山,青海海西州,山西晋城,河南漯河,四川内江、乐山,江西抚州,广东深圳,浙江衢州,湖南益阳
15%—19.9%	吉林吉林,黑龙江大庆,内蒙古通辽,宁夏银川,陕西宝鸡,山西太原,四川泸州、达州,安徽六安、淮南,海南海口、三亚,福建漳州
20%—59.9%	略
60%—69.9%	湖南永州、娄底、怀化、株洲、岳阳、衡阳,江西上饶、景德镇、萍乡,浙江金华、丽水,贵州黔西南州,河南三门峡、商丘,福建莆田、龙岩,广西河池,湖北荆门,四川阿坝州,安徽亳州,山西大同,甘肃庆阳、定西、平凉
70%—79.9%	河南平顶山、濮阳,湖北孝感、恩施州,江西鹰潭,浙江宁波
80%及以上	河南驻马店、开封、安阳、周口,江西新余,湖南湘西州

第四节　区域性回流人口创业选择的驱动因素

在考察区域性回流人口创业选择的驱动因素时,同样采用 GBDT 模型方法,从回流人口个体和所在城市两个方面入手,研究其与回流人口创业选择的非线性关系。考虑到回流至家乡所在城市(本市外县)和家乡所在省内的其他城市(本省外市)人口在自身特征及对家乡发展前景影响方面的差异,本节对两类区域性回流人口创业选择的驱动因素作对比分析,以期加深对回流人口创业行为发生机制的理解。

一、模型变量选取与描述

在区域性回流人口创业选择模型中,因变量为"是否创业",为二分变量。若回流人口的就业身份为雇主或自营劳动者,则赋值为 1,否则为 0。自变量涉及回流人口个体和所居住的城市两个方面。其中,个体变量包括个体人口学特征、资本禀赋及流动经历等方面。其中人口学特征为年龄、性别、婚姻状况等。人力资本因素主要通过文化程度、家庭规模衡量,物质资本采用家庭月收入衡量,社会资本采用回流人口参加家乡商会的频率衡量,频率越高,表明回流人口的社会网络与资源越丰富。流动经历在一定程度上反映了回流人口的资本积累状况。结合已有研究,选择在外流动时长、沿海流动经历和回流时长 3 个指标衡量回流者的流动经历,考察其对回流创业选择的影响。

创业活动是创业者个体与外在环境相互作用的产物。对于回流人口而言,其创业选择无疑受城市环境的影响和制约。在城市变量的选择上,采用人口密度与人均 GDP 衡量城市的市场规模与经济发展水平,采用失业率、工资水平考察城市劳动力市场状况,采用政府财政支出衡量政府对经济的干预程度。此外,还使用金融发展水平、电信发展水平等指标考察城市融资环境与基础设施状况对回流人口创业选择的影响。创业文化氛围是影响创业参与的另一关键指标,且具有地方性和持久性特点(Fritsch 和 Wyrwich,2017)。运用城市私营个体从业人员占城市从业人员比重来衡量城市的创业文化氛围,比重越高,说明城市创业氛围越浓厚,越能激发潜在创业者开展创业活动。具体因变量与自变量的定义与描述性统计如表 4-7 所示。

对比两类区域性回流人口的个体特征,不难发现二者之间存在一定差异。回流至本市外县人口的创业比例更高,其文化程度相对较低,女性占比更大,家庭规模更大,而家庭收入明显更低。他们在沿海务工的比例更高,但回流家乡的时间更短。两类回流人口所处的城市环境差异更为明显。回流至本省外市人口所在的城市人口密度和人均 GDP 更高,失业率更低,财政支出占 GDP 的比重也更低,这些城市的金融发展水平、电信发展水平也

明显高于回流至本市外县人口所在的城市。两类回流人口所处城市的创业
文化氛围差异不明显。

表 4-7　区域性回流人口创业选择模型变量定义与描述性统计

变量类型	变量名称	变量定义	回流至本市外县人口	回流至本省外市人口
因变量	是否创业	就业身份为雇主/自营劳动者=1,否则=0	0.46	0.41
个体变量	年龄	单位:岁	35.33	35.52
	男性	男性=1,女性=0	0.61	0.64
	已婚	初婚/再婚=1,未婚/离婚/丧偶/同居=0	0.86	0.84
	文化程度	未上过学=1,小学=2,初中=3,高中/中专=4,专科=5,本科及以上=6	3.45	3.55
	家庭规模	同住的家庭成员数,单位:人	3.35	3.25
	家庭月收入	单位:元	6793.8	7477.8
	参加商会频率	2016年以来是否参加过家乡商会,是=1,否=0	0.04	0.04
	外出流动时长	回流前在外流动的时间长度,单位:年	10.02	10.22
	沿海务工经历	是=1,否=0	0.80	0.75
	回流时长	本次流动时长,单位:年	4.46	4.56
城市变量	人口密度	单位:人/km^2	423.8	594.2
	人均国内生产总值	单位:元	51940.8	92772.3
	失业率	单位:%	2.79	2.34
	政府财政支出	公共财政支出占GDP的比重,单位:%	21.0	16.9
	金融发展水平	金融机构贷款余额占GDP的比重,单位:%	79.7	150.9
	工资水平	在岗职工年平均工资,单位:元	64236.7	73093.0
	创业文化氛围	私营个体从业人员占从业人员的比重,单位:%	54.5	55.0
	电信发展水平	每百人移动电话用户数,单位:部	92.7	142.0

二、驱动因素分析

运用 GBDT 模型分析回流者个体变量及其所处城市的环境变量对两类区域性回流人口创业选择的影响,得到自变量对因变量影响的相对重要性及重要性排序,结果如表 4-8 所示。分析发现,两类回流人口的创业选择驱动因素既具有相似性,又存在一定差异。相对而言,回流到本省外市人口创业选择受个体变量的影响更大,而回流至本市外县人口创业受城市变量的影响更大。个体变量对本省外市人口创业的贡献率达 57.8%,对本市外县人口的贡献率为 49.6%。城市变量对本省外市人口创业的贡献率为 42.2%,对本市外县人口的贡献率为 50.4%。总体来看,个体变量与城市变量对两类回流人口的创业选择均具有较大影响。

表 4-8　回流创业选择影响因素的相对重要性及其排序

变量名称		回流至本市外县人口		回流至本省外市人口	
		相对重要性(%)	排序	相对重要性(%)	排序
	总计	49.6	—	57.8	—
	年龄	6.7	6	6.0	6
	男性	1.0	16	0.7	16
	已婚	3.6	15	4.8	8
	文化程度	7.7	4	9.7	2
个体变量	家庭规模	6.1	7	4.1	12
	家庭月收入	13.2	1	19.8	1
	参加商会频率	1.0	16	0.6	17
	外出流动时长	5.1	9	4.7	10
	沿海务工经历	0.5	18	0.2	18
	回流时长	4.7	12	7.2	5

变量名称		回流至本市外县人口		回流至本省外市人口	
		相对重要性（％）	排序	相对重要性（％）	排序
城市变量	总计	50.4	—	42.2	—
	人口密度	5.0	10	3.6	15
	人均国内生产总值	5.0	10	4.3	11
	失业率	4.7	12	5.5	7
	政府财政支出	4.6	14	3.7	14
	金融发展水平	5.6	8	4.8	8
	工资水平	9.4	2	7.4	4
	创业文化氛围	9.0	3	9.1	3
	电信发展水平	7.1	5	3.8	13

在个体变量方面,对回流至本市外县人口创业影响较大的变量依次为:家庭月收入、文化程度、年龄、家庭规模、外出流动时长,对回流至本省外市人口创业影响较大的变量依次为:家庭月收入、文化程度、回流时长、年龄、已婚。对比发现,家庭月收入、文化程度和年龄对两类回流人口均具有较大影响。而家庭规模和外出流动时长对回流至本市外县人口产生了较大影响。回流至本省外市人口创业受回流时长、婚姻状况的影响更大。此外,从贡献率来看,家庭月收入和文化程度对回流至本省外市人口创业的影响更大,而年龄对回流至本市外县人口的影响更大。沿海务工经历、参加商会频率、性别对两类回流人口创业选择的影响较为有限。

在城市变量方面,对回流至本市外县人口创业影响较大的变量依次为:工资水平、创业文化氛围、电信发展水平、金融发展水平,对回流至本省外市人口创业影响较大的变量依次为:创业文化氛围、工资水平、失业率、金融发展水平。对比发现,工资水平、创业文化氛围和金融发展水平对两类回流人口的创业选择均具有较大影响。而电信发展水平对回流至本市外县人口的影响更大,失业率对回流至本省外市人口的影响更大。相对而言,政府财政支出、人均 GDP、人口密度等变量对两类回流人口的影响均较小。

　　进一步考察个体变量、城市变量与两类回流人口创业选择的非线性关系，结果如图 4-6 所示。在个体变量方面，年龄与两类回流人口创业的关系有所不同。对于回流至本市外县人口而言，创业存在两个年龄峰值，约 32 岁和 50 岁，其他年龄阶段特别是 30 岁以前和 50 岁以后，创业概率明显较小。而对于回流至本省外市人口而言，创业并不存在明显的年龄峰值，年龄从 28 岁至 48 岁，其创业一直保持较高概率水平，这一年龄段之外创业概率均较低。对比两类回流人口的依赖图（见图 4-6a）可以发现，虽然回流至本市外县人口创业存在年龄峰值，但其创业概率在 30 岁以前仍维持较高水平，明显高于同一年龄段的回流至本省外市人口。家乡所在市距离回流人口的老家相对较近，他们对所在城市的市场环境等相对熟悉，因此可以较早进入创业领域，而回流至本省外市人口由于距老家较远，需要花费一定时间熟悉所在城市，以便于获取创业资源、减少创业风险等，因此只有年龄达到一定阶段后才进入创业领域。

　　文化程度与两类区域性回流人口创业选择整体呈负相关关系，即随着文化程度的提高，回流人口选择自主创业的概率不断下降。但两类回流人口存在一定差异。回流至本市外县人口的创业概率随文化程度的提升逐级下降，而回流至本省外市人口的创业概率只有在文化程度高于初中后才会不断下降，对于文化程度较低（初中及以下）的回流人口而言，其创业概率不存在明显差异。文化程度越高，回流人口越容易找到满意的工资性工作，因此越不可能创业，这与已有多数研究结论相吻合（宁光杰，2012）。

　　家庭规模与两类回流人口的创业选择均存在非线性关系，且影响趋势较为一致。家庭规模的峰值均为 4 人。当同住的家庭成员小于 4 人时，家庭规模越大，两类回流人口创业概率越高，但当家庭规模过大时，其创业概率则相应下降。流动人口的创业企业一般以小微企业为主，家庭成员通常是其重要的用工来源，这种"家庭式创业"在流动人口创业中较为普遍（Anwar 和 Chan，2016；冯建喜等，2016）。规模较大的回流人口家庭可用于创业活动的劳动力更丰富，用工成本更小，因此更有利于创业的发生。但如果家庭规模过大，劳动力较多时,家庭收入提高可以缓解回流人口的经济压力,从而减小其从事自主创业的可能性。

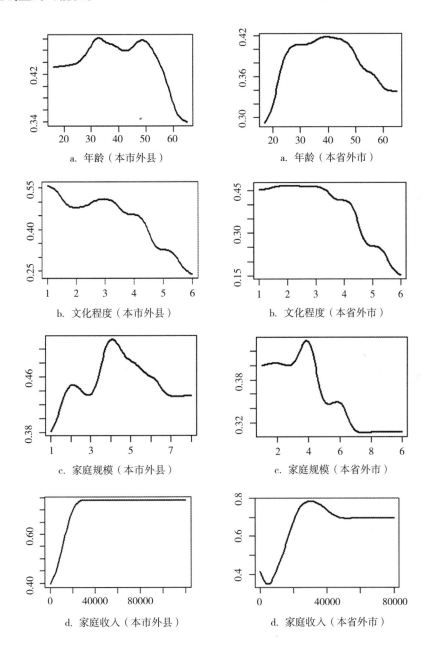

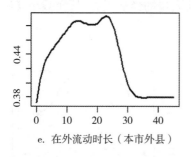 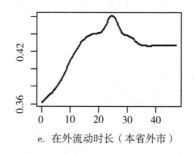

e. 在外流动时长（本市外县）   e. 在外流动时长（本省外市）

图 4-6   个体变量与回流人口创业选择的非线性关系

家庭收入对两类回流人口创业选择的影响大致相同。当家庭月收入不足 35000 元时,家庭收入的增长对提高回流人口创业概率发挥了重要作用。但在家庭收入超过 35000 元以后,这一影响不再明显,对回流至本省外市人口甚至起抑制作用。鉴于两类回流人口家庭月收入平均值在 7000 元左右,可以认为,家庭收入与绝大多数回流人口创业为正相关关系。这与已有研究结论相吻合。家庭收入越高,越能为回流人口的创业活动提供经济支持,以缓解正规金融机构对流动人口的信贷约束,从而促进创业的发生(Frijters 等,2011;张龙耀、张海宁,2013)。但当家庭收入达到一定水平后,回流人口的创业活动对家庭资金的依赖减弱,导致家庭收入对创业选择的影响有限。对于那些回流至本省外市人口而言,较高的家庭收入甚至促使其放弃风险较高的创业活动,转而从事工资性就业。

在外流动时长与两类回流人口的创业选择均存在非线性关系。随着在外流动时间的增长,回流人口的创业概率均呈现先上升后下降的趋势。在外流动时间一定程度上反映了回流人口人力资本、物质资本的积累效果。流动时间越长,回流人口通常能积累更多的工作经验、技能和积蓄,这些均有利于提升其从事自主创业的概率。但如果在外流动时间过长,他们在回流后往往即将或已经进入老年期,更向往稳定的生活,不愿意承担更多风险,因此创业概率下降。研究发现,这一外出时间阈值约为 25 年,超过这一阶段后,其创业概率出现下降趋势,且回流至本市外县人口的创业概率下降得更为明显。

在城市变量方面,工资水平与两类回流人口的创业选择整体呈负相关关系,但二者又存在一定差异。对于回流至本省外市人口而言,当城市在岗职工年平均工资不足 70000 元时,工资越高,回流人口创业概率越低。当工资超过 70000 元后,工资的增加对创业的影响非常有限。在岗职工工资水平越高,越能吸引流动人口从事工资性工作,从而放弃创业活动(王春超、冯大威,2018)。对于回流至本市外县人口而言,随着工资水平的提高,创业概率呈先下降后上升,再下降的关系。创业概率的第一个工资阈值同样为 70000 元,第二个阈值约为 90000 元。对于这一群体而言,较高的城市工资水平意味着城市市场需求旺盛,消费水平高,可以为创业者提供较多的市场机会,因此他们更倾向于放弃家乡城市的高工资工作,转而选择自主创业。

失业率与两类回流人口的创业选择均呈非线性关系。随着城市化失业率的增加,回流人口创业的概率先上升后下降。失业率是反映城市劳动力供需状况的重要指标,失业率增加意味着更多劳动力进入市场,许多失业者被迫从事自主创业活动,因此创业概率随之提高。已有国内外许多研究也得出了这一结论(Armington 和 Acs,2002)。但是,过高的失业率会导致城市经济环境恶化,居民收入下降,市场机会减少,从而不利于创业活动的开展。因此在失业率达到一定水平后二者又呈现负相关关系。两类回流人口也存在一定差异。在失业率超过 10% 后,回流至本市外县人口的创业选择受失业率的影响较小,而回流至本省外市人口仍受失业率的较大影响。换言之,后者的创业选择对失业率变化的敏感度更高。回流至家乡所在市的外出人口往往对家乡环境较为熟悉,其原有的家乡社会关系网络也可延伸至所在城市,因此,即使面临失业,他们进入创业领域的障碍也更小。

金融发展水平与两类回流人口的创业选择整体上呈 U 型关系。当城市金融发展水平较低时,金融机构贷款占 GDP 比重的增加不利于回流人口的创业,但在发展到一定水平(贷款占 GDP 的 20%)后,金融机构贷款的增长可有效提升回流人口创业的概率。在城市金融业发展水平较低时,其金融贷款往往服务于国有、集体企业或规模较大的民营企业,而流动人口创办的企业多以小微企业为主,在融资过程中通常面临信贷约束等难题(马光荣、杨恩艳,2011)。因此,城市贷款的增长对其创业资源形成了挤压,抑制了创业的发生。当城市金融业发展到一定水平后,其金融体系不断健全,小额融资平台逐渐建立,金融机构贷款的增长更能惠及小微企业。因此,二者关系又转为正向促进关系。对比两类回流人口可知,回流至本市外县人口的创业选择受金融发展水平的影响更大。这也从另一个侧面说明这一群体对家乡环境更为熟悉,更能利用地方金融机构的资金资源,以支持其创业活动(Andersson 和 Larsson,2016)。

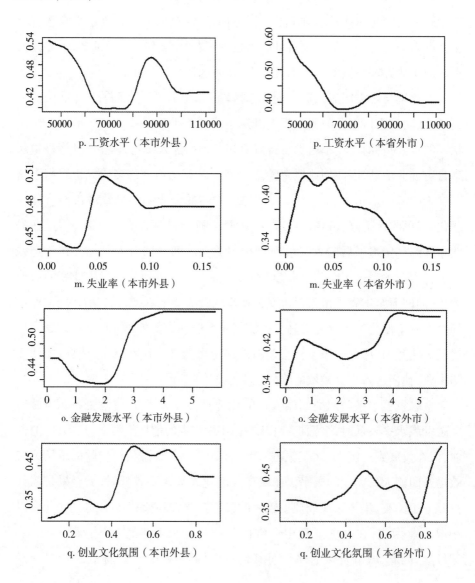

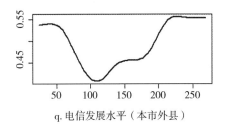

q. 电信发展水平（本市外县）

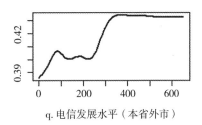

q. 电信发展水平（本省外市）

图 4-7　城市变量与回流人力创业选择的非线性关系

创业文化氛围与两类回流人口的创业选择均存在非线性关系。一个城市在私营个体企业从业的人员越多,回流人口开展创业活动的概率越大,但如果私营个体企业从业人员过多(私营个体从业人员占总从业人员的 50%),回流人口的创业概率则相应下降。创业文化可理解为塑造人们对创业态度的区域文化规范和价值观,它根植于地方文化,具有地方性和持久性等特点(Fossen 和 Martin,2018)。创业文化氛围浓厚的城市,更能容忍失败,并能产生良好的创业示范效应,是创业得以发生的重要因素(Fritsch 和 Wyrwich,2017)。但当城市中从事创业的人员过多时,创业竞争压力增大,对于企业规模普遍较小的回流创业者而言,将产生市场排斥效应,从而不利于其创业的开展。

城市电信发展水平对两类回流人口的创业选择均产生了非线性影响,但其作用趋势存在一定差异。对于回流至本省外市人口而言,电信发展水平对创业选择的影响整体呈正相关关系,在达到较高水平后,这一作用变得有限。但对于回流至本市外县人口而言,电信发展水平对创业选择的影响呈 V 型关系。当城市电信业处于较低发展水平时,二者呈负相关关系,达到一定水平后(每百人移动电话用户数约 100 户),电信发展水平的提升明显促进了回流人口的创业选择。与回流至本省外市人口相比,回流至本市外县人口所在城市通常经济发展水平相对较低,基础设施发展水平仍有待提高。因此,加快中西部地区城市,特别是三、四线城市的电信、互联网等领域基础设施建设,降低电信相关收费,提高城市通信网络连通性、服务可用性,是促进回流人口创业的有效举措。

第五节　小　结

本章运用 2017 年全国流动人口动态监测调查数据,对全国区域性回流人口进行了估算,并对其空间分布格局、就业与创业特征进行了分析。同时采用梯度提升决策树(GBDT)模型方法,研究了个体变量、城市变量与区域性回流人口空间选择、创业选择的非线性关系。

研究发现,全国区域性回流人口占具有省外流动经历人口总量的 13.9%。中西部地区的区域性回流人口比重明显高于东部和东北地区。西部少数民族省份,如西藏、新疆、青海、宁夏的区域性回流比例普遍较高,传统人口流出地,如广西、贵州、湖南、江西等的人口回流也较为活跃。从城市尺度来看,南方城市的回流比例明显高于东北及华北地区的城市。在区域性回流人口内部,回流至本市外县人口占 37.4%,回流至本省外市人口占 62.6%。回流至本市外县人口比例较高的城市除省会城市外,多为经济增长较快的城市。

运用 GBDT 模型分析个体变量、城市变量对区域性回流人口空间选择的影响,发现个体变量的贡献率为 12.2%,城市变量的贡献率为 87.8%。对于区域性回流人口而言,其选择回到家乡所在市,还是省内其他城市,主要受城市环境的影响,个人属性、与家乡的联系、在外流动经历等个人因素的作用相对较小。在城市变量中,城市工资水平对于回流人口是否回流本市的影响最大,其次为政府财政支出水平和国内生产总值。在个体变量中,影响较大的变量依次为年龄、在外流动时长和个人拥有的土地面积。

全国区域性回流人口以有固定雇主的雇员为主,占比达 44.4%,其次为自营劳动者,占比为 36.1%,雇主占 6.7%。两类回流人口存在一定差异。回流至本省外市人口的雇员(有固定雇主)的比例明显高于回流至本市外县人口,后者的自营劳动占比更高。两类区域性回流人口的创业行为存在较大差异。回流至本市外县人口的创业比例达 46.5%,明显高于回流至本省外市人口(40.7%)。但前者的创业月收入为 4470.7 元,低于回流至本省外市人口的 4944.1 元。批发零售、住宿餐饮、居民服务是全国区域性回流人口创业的主要行业,3 个行业的创业占比超过 70%。

　　两类回流人口创业决策的影响因素存在一定差异。回流到本省外市人口创业选择受个体变量的影响更大,而回流至本市外县人口创业受城市变量的影响更大。对回流至本市外县人口创业影响较大的变量依次为:家庭月收入、文化程度、年龄、家庭规模、外出流动时长。对回流至本省外市人口创业影响较大的变量依次是:家庭月收入、文化程度、回流时长、年龄、婚姻状况。在城市变量方面,对回流至本市外县人口影响较大的依次为:工资水平、创业文化氛围、电信发展水平、金融发展水平。对回流至本省外市人口影响较大的依次是:创业文化氛围、工资水平、失业率、金融发展水平。各变量与两类回流人口创业选择多存在非线性关系,但其影响方式有所不同。

第五章　地方性回流人口的职住行为与城镇定居意愿

　　新中国成立以来,我国在城市发展方面一直强调限制大城市的规模,积极发展中小城市(李郇、殷江滨,2012)。但城市实际增长进程却与国家城市发展方针相背离,大城市获得了较快增长,小城镇则并未实现预期的发展(华揽洪,2006;王小鲁,2010)。对于中西部地区小城镇而言,这一趋势更为明显。其中一个重要原因在于,改革开放以来地区间经济差距的不断拉大促使中西部农村人口加快向沿海地区迁移,当地小城镇发展动力逐渐丧失(顾朝林等,1999)。然而,近年来越来越多的迁往东部沿海的农村人口返回家乡农村、乡镇或县城,地方性回流现象日益普遍,为长期以来人力资本匮乏的中西部地区注入了新的发展动力。本章聚焦于地方性回流人口的职住行为,运用陕西省汉阴县的农户调查数据与国家层面的中国综合社会调查数据,研究地方性回流人口的非农就业、居住与消费行为,以及外出经历对回流者城镇定居意愿的影响机制,探讨人口回流与中西部地区县域经济和城镇化发展的内在关系与作用路径。

第一节　地方性回流人口的个体特征

　　本章所使用的数据包括两个部分:一是 2019 年笔者针对陕西省汉阴县的农村入户调查,二是全国范围的 2010 年中国综合社会调查(CGSS2010)。两个数据各有优缺点,汉阴县农户调查数据较新,涉及的变量较丰富,但样本量有限,代表性不及全国层面数据。中国综合社会调查数据样本量大,且涉及全国 25 个省级行政单位、87 个县级行政单位,代表性较强,但数据为 2010 年调查所得,较为陈旧,且人口回流相关变量较少。因此,在分析地方性回流人口的个体特征与职住行为时,采用汉阴县农户调查数据。在定量分析地方性回流对城镇定居意愿的影响机制及群体差异时,采用中国综合社会调查数据。

一、汉阴县农村人口回流调查

地方性回流人口的个体特征与职住行为分析数据来自陕西省汉阴县农村入户调查。汉阴县隶属于陕西省安康市,地处秦巴山区腹地,北枕秦岭,南倚大巴山,凤凰山横亘全县东西,汉江、月河分流其间,地形总体呈“三山夹两川”的空间结构。全县除月河川道外,大部分为浅山丘陵。汉阴县与安康市汉滨区、紫阳县、石泉县、宁陕县和汉中市镇巴县毗邻。距安康市区约 60km,距西安市区约 260km。地理坐标为东经 108°11′~108°44′、北纬 32°38′~33°09′,县境南北长 58km、东西宽 51km。全县辖 10 个镇,141 个行政村,面积 1365km²,总人口 31.3 万人。①

该调查为笔者课题组于 2019 年 12 月实施,采用了入户问卷访谈的方式。首先,根据全县各镇地形地貌特征、经济发展状况和交通区位条件,选择距离县城较远的山区镇漩涡镇、距离较近的山区镇双河口镇,以及位于川道的城关镇和蒲溪镇作为调查镇;其次,根据村庄区位条件和产业发展特点,各镇至少选择 6 个行政村为调查村,并采用随机抽样方式确定调查户。共调查全县 4 镇 35 村(居)委会,调查农户 357 户。

调查问卷以户为单位,包含个人、家庭两个层面。个人层面包括个体人口学特征、外出务工经历、居住状况、就业与创业情况等,家庭层面包括家庭成员基本情况、家庭收入与消费支出结构、土地利用状况、教育与医疗等公共服务消费行为及态度等。

---

① 资料来源:汉阴县人民政府网,《汉阴概况》,2020 年 5 月 1 日,见 http://www.hanyin.gov.cn/Node-23194.html。

二、地方性回流人口的特征分析

汉阴县农村入户调查共涉及回流人口 245 人,正在外出人口 242 人,未外出人口①443 人。回流人口占农村人口总量的 35.6%,占具有外出务工经历人口(回流人口与外出人口之和)的 50.3%。与早期相关调查结果相比,这一比例明显更高。如李郇和殷江滨(2012)于 2010 年对广东省云浮市的调查发现,回流劳动力占农村劳动力总量的 17.8%,占具有外出务工经历劳动力的 35.7%。汉阴县较高的回流人口比例,一方面是因为,随着时间的推移和欠发达地区经济社会的发展,人口回流现象正变得更加普遍;另一方面是因为,东部沿海地区省内流动比例较高,外出人口在流入地城市面临的社会文化差异相对较小,社会融入成本较低,更易实现市民化(宁光杰、李瑞,2016;古恒宇等,2020),因此回流比例相对较低。而中西部地区跨省流动更为普遍,外出人口面临的就业歧视和文化差异更大,社会融入成本更高,随着年龄的增长和就业竞争力的下降(章铮,2006),其回流家乡的比例更高。回流人口占农村人口总量的 1/3 强表明,回流人口已成为中西部地区县域发展的重要力量。

(一)回流人口以青壮年为主,已婚比例较高

人口年龄结构对于地区发展前景具有重要意义。改革开放后,我国中西部农村地区大量年轻劳动力进入城市,极大地改善了当地人口的年龄结构,保障了城市的劳动力供应。但也导致中西部农村地区形成以中老年为主的人口结构。在这一背景下,农村外出劳动力的回流对于改善当地劳动力供给局面,并对农村劳动力市场产生深刻影响。

根据实地调查发现,汉阴县 3 类农村人口的年龄结构存在明显差异(见图 5-1)。外出人口的年龄结构最为年轻,以 20—35 岁的年轻人为主,占全部外出人口的 68.2%。未外出人口年龄结构老化严重,以 50 岁以上的中老年人为主,占未外出人口总量的 65.0%。回流人口的年龄结构介于二者之间,以

---

① 未外出人口不含婴幼儿及在校学生。

35—55 岁的青壮年为主,占比为 56.3%。可见,回流人口是县域人口及劳动力市场上的中坚力量。

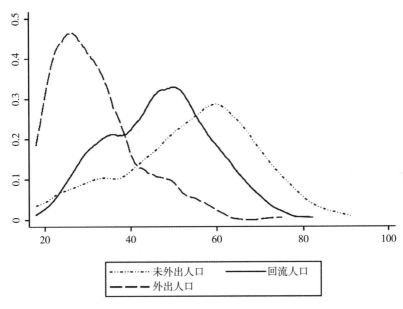

图5-1　汉阴县不同类型人口的年龄密度分布

　　调查显示,汉阴县回流人口的已婚比例达 74.7%,明显高于正在外出人口(53.7%)。他们平均在外流动时间为 11.6 年,回流时的平均年龄为 42.6 岁。这与来自东部地区的调查结果有所不同。李郇和殷江滨(2012)对广东西部山区云浮市的调查发现,回流者平均在外流动时间为 7.01 年,回流时的平均年龄为 30.34 岁。可见,西部山区外出人口的流动时间更长,回流时的年龄更大。这与两种不同的流动模式带来的收入差距有关。与东部省份的农村人口省内流动不同,来自中西部地区的跨省流动人口在劳动力市场上面临的就业歧视与排斥更多(李骏、顾燕峰,2011),务工收入较省内流动者更低。根据新经济迁移理论,外出是家庭的一种生计策略。外出人口以赚钱为目的,一旦他们的收入目标实现,就会选择返回家乡(Piore,1979)。因此,中西部跨省流动人口由于务工收入较省内流动人口更低,为了积累更多的收入,他们选择延长在外务工时间,从而导致流动时间更长,回流时的年龄更大。但即使如此,对于原有人口结构老化的中西部县域而言,回流人口相对年轻的人口结构无疑有助于改善家乡的劳动力结构和生产结构,促进当地经济社会的发展。

(二)回流倾向不存在性别差异,但女性回流时间更早

外出人口流动决策的性别差异往往受到研究者的较多关注。通过调查发现,汉阴县农村外出人口在"是否回流"决策上不存在明显的性别差异,但在流动时长和回流时间上差异明显(见表5-1)。在具有外出务工经历的男性农村人口中,有49.7%选择了回流家乡,而女性的这一比例为51.5%。流动时间方面,男性回流人口的平均在外流动时长为12.6年,明显大于女性的8.4年。男性回流人口回流时的平均年龄为44.4岁,也明显大于女性的37.2岁。回流倾向不存在性别差异意味着不论男女,许多农村外出人口在达到一定年龄后均选择返回家乡,回流是其流动过程中的一个必然选择。而回流时间的差异表明农村家庭中存在明显的家庭分工。女性在照顾老人、小孩等方面承担了较多的家庭事务,往往更早回到家乡。因照顾家庭而回流也是中国城乡移民回流的重要原因(Wang和Fan,2006)。因此,充分考虑回流人口特别是女性回流人口照顾家庭等因素,提供灵活机动的劳动密集型就业岗位(如在家工作、计件工作等),可以有效解决回流人口就业,吸引更多外出人口回流。

表5-1 汉阴县外出人口回流决策的性别差异

情况 \ 样本	总样本	男性	女性
回流比例(%)	50.3	49.7	51.5
在外流动时长(年)	11.6	12.6	8.4
回流时年龄(岁)	42.6	44.4	37.2

(三)文化程度普遍较低,但总体素质好于未外出人口

人力资本是地区经济发展的关键因素。对于中西部地区县域而言,人力

资本水平的提高不仅可以提高农村人口的生产技能、促进农业规模经营和产业化发展,还能有效推动其职业转变,促进县域工商服务等非农产业的发展和城镇化水平的提高(李郇、殷江滨,2012)。汉阴县农户调研发现,回流人口文化程度较低,以小学和初中为主,超过一半的回流者仅有小学文化程度,但文盲比例明显低于未外出人口,总体素质介于外出人口与未外出人口之间(见图5-2)。这一结果与世纪之交的两项农户调查差别较大,但与近期调查结果较为一致。白南生和何宇鹏(2002)基于1999年安徽、四川两省农户调查,Zhao(2002)基于农业部6省农户调查均发现,回流者的文化程度明显低于外出者,而与未外出人口基本相当。但李郇和殷江滨(2012)基于2010年广东云浮市农户调查、任远和施闻(2017)基于2013年中西部7省(市)农村调查则发现回流者的文化程度虽然不及外出者,但明显优于未外出者。说明随着时间的推移,外出人口的整体文化水平在不断提高,部分外出者的回流无疑提升了回流人口的整体文化水平,并改善了县域人口的素质结构与人力资本状况。

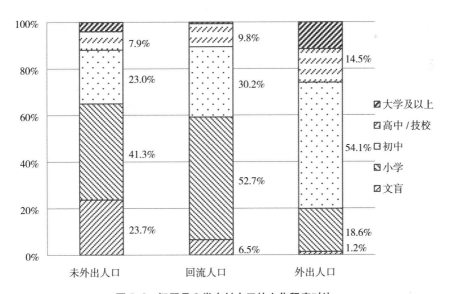

图5-2　汉阴县3类农村人口的文化程度对比

第二节　地方性回流人口的职住行为

回流人口的年龄结构、素质结构均优于未外出人口,加之在城市劳动力市场的工作经验与技能积累,并经历了城市生活方式与价值观念的转变,这些均会影响到其回流后的就业选择、居住与消费等行为,并对地方经济社会发展产生深刻影响。本节利用汉阴县农户调查数据,对回流人口的就业、居住、公共服务消费等进行分析,探讨中西部地区地方性回流人口的职住行为及潜在意义。

一、就业选择

回流人口回流后的就业选择是各界关注的焦点。基于海外回流移民的研究普遍发现,回流者具有较强的就业能力,他们在回流后实现了就业的转变,与未外出者相比,他们更有可能从事非农工作,特别是从事创业活动(Dustmann 和 Kirchkamp,2002;Woodruff 和 Zenteno,2007)。基于摩洛哥的数据,Hamdouch 和 Wahba(2015)发现,回流者中雇主(employer)的比例从迁移前的2%增加至26%,自我雇佣者(self-employed)的比例从19%增加至40%。关于中国国内回流人口就业选择的研究虽然存在一定分歧,但越来越多的研究发现,回流人口在就业选择上向非农行业转移的趋势十分明显(王西玉等,2003;Démurger 和 Xu,2011;Wu 等,2018)。这既得益于其自身在外期间的资本积累,也与近年来沿海地区产业向中西部地区转移及县域经济快速发展有关。

对汉阴县的调查同样发现了回流人口就业转变的明显证据。在外出务工前,汉阴县回流人口的就业状态是近一半务农,超过三成为无业,回流后,纯务农和无业的比例分别下降至17.4%和3.2%,接近八成的回流者从事非农工作(见图5-3)。在社区工厂务工、经商、跑运输、建筑施工等是其非农就业的主要行业。此外,在从事农业经营的回流人口中,还有相当部分从事猕猴桃等经济作物的规模种植,以及猪、牛等的规模养殖。回流人口就业结构的非农化与农业产业化、规模化经营不仅有助于其自身收入的提高,也为农村人口的城镇化和县域经济的发展创造了重要条件。

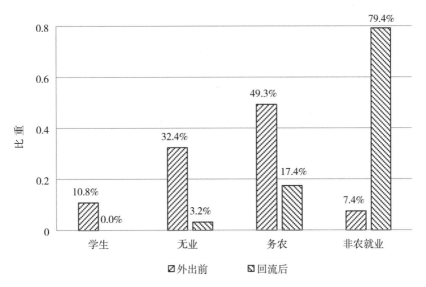

图 5-3　汉阴县回流人口的就业转变状况

　　与未外出人口相比,回流人口也表现出了更强的就业能力。分析汉阴县回流人口与未外出人口的就业身份,结果如图 5-4 所示。可以发现,回流人口从事农业或以农业为主的兼业活动的比例仅为 35.7%,明显低于未外出人口(58.3%)。就业身份为有固定雇主的雇员(如进厂务工等)和无固定雇主的雇员(如建筑零工、散工等)的回流人口比例分别为 23.5% 和 24.5%,两个比例均明显高于未外出人口(分别为 13.9% 和 16.7%)。从事自营劳动的回流人口比例也高于未外出人口。回流人口表现出更强的就业能力与已有多数研究结论相吻合(殷江滨、李郇,2012;杨忍等,2018)。但必须认识到,回流人口所从事的非农工作中有较大部分为无固定雇主的零工、散工等,这些工作一般流动性大、时间不固定、收入不稳定,这些均不利于农村人口的稳定增收和民生改善。

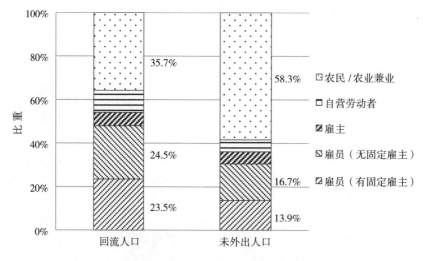

图 5-4 汉阴县两类农村人口的就业身份对比

二、居住与消费选择

(一)居住

城镇化理论认为,农村人口就业结构的非农化通常伴随着居住空间从农村向城镇的集中(Knox 和 McCarthy,1994)。在中国,由于县域空间尺度较小,许多农村人口虽然在城镇从事非农工作,但仍选择在农村居住,他们构成了往返于县域城乡间的通勤人口,这也导致县域居住城镇化落后于就业城镇化,形成"半城镇化"(刘盛和等,2004)。此外,县域就业市场上普遍存在的零工、散工等也使得非农就业人口无论在时间上还是空间上的工作稳定性均较差,从而不利于其居住空间向城镇的集中。在汉阴县的农户调查证实了这一观点。但是,与未外出人口家庭相比,回流人口家庭更倾向于在县城、乡镇镇区居住。其中一个重要原因是,回流者对子女教育的重视程度更高,许多回流者家庭选择在县城或镇区陪读,即由教育驱动实现本地城镇化(蒋宇阳,2020)。另一个原因是,回流者通过外出务工实现了物质资本的积累,可为家庭在城镇居住提供经济支持。

(二)教育

农户调查显示,回流人口家庭对子女教育的需求层次更高。分析回流人口与外出人口家庭子女不同学习阶段的就学地点发现,回流人口家庭子女更倾向于在较高层次学校就读(见表5-2)。如幼儿园阶段,未外出人口家庭大多数选择村幼儿园(41.7%),其次为镇区幼儿园(33.3%);回流人口家庭主要选择镇区幼儿园(63.6%),其次为县城幼儿园(27.3%)。小学阶段,回流人口家庭子女在县城就读的比例(26.5%)比未外出人口家庭更高。初中及高中阶段,回流人口家庭子女更倾向于在市区的学校就读。

表5-2 两类人口家庭子女不同学习阶段的就学地点对比

学习阶段 \ 类别 \ 就学地点		村	镇区	县城	市区
幼儿园	回流人口(%)	9.1	63.6	27.3	0
	未外出人口(%)	41.7	33.3	25.0	0
小学	回流人口(%)	17.6	55.9	26.5	0
	未外出人口(%)	25.0	56.3	18.8	0
初中	回流人口(%)	0	41.7	50.0	8.3
	未外出人口(%)	0	47.1	52.9	0
高中	回流人口(%)	0	0	88.2	11.8
	未外出人口(%)	0	0	91.7	8.3

与未外出人口相比,回流人口对子女教育的期望更高(见图5-5)。分析发现,绝大部分回流人口和未外出人口均希望子女将来能完成大学学习,但有19.1%的回流人口希望子女将来能拿到博士学位,这一比例明显高于未外出人口(8.8%)。这也说明回流人口对基础教育资源与教育设施具有更高的需求。以基础教育为代表的公共服务是县域经济社会发展与城镇化建设的重要内容,县域城镇长期存在公共服务设施建设滞后、结构单一等问题(宁越敏等,2002),制约了对农村人口的吸引和城镇化的健康发展。回流人口对基础教育的更高需求为改善县域公共服务供给状况提供了新的动力。

(三)医疗

医疗卫生是公共服务建设的另一个重要方面。汉阴县调查发现,回流人

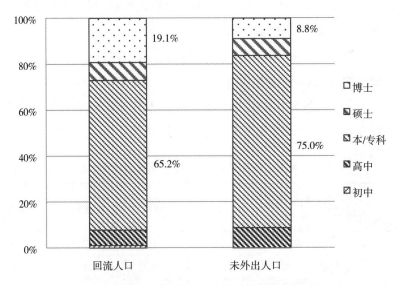

图5-5　汉阴县两类农村人口对子女的教育期望对比

口对医疗资源的需求层次较未外出人口更高。统计发现,无论是看小病,还是看大病,回流人口均更倾向于在更高层次的医院就医(见表5-3)。如在看感冒发烧等小病时,接近一半的未外出人口选择在村卫生室就医,这一比例明显高于回流人口(39.8%)。在看大病时,回流人口选择在县级、市级以上医院就医的比例较未外出人口更高,在村卫生室、镇卫生院的比例更低。

表5-3　回流人口与未外出人口就医地点对比

类别\就医地点		村卫生室	镇卫生院	县医院	市级以上医院
看小病	回流人口(%)	39.8	26.8	30.1	3.3
	未外出人口(%)	49.7	21.0	27.3	2.1
看大病	回流人口(%)	7.6	15.3	66.9	10.2
	未外出人口(%)	10.6	20.5	63.6	5.3

(四)消费支出

对比回流人口与未外出人口的年消费支出,结果如图5-6所示。发现两

类农村人口的消费支出存在较大差异。首先,回流人口消费总支出更多。调
查显示,回流人口家庭年消费支出平均为 52162 元,为未外出人口家庭的
1.57 倍。其次,回流人口家庭在医疗、文化教育、建房购房、食品服装等方面
的支出要明显多于未外出人口家庭。如在文化教育方面,回流人口家庭年支
出 5734 元,为未外出人口家庭的 1.69 倍;医疗支出 8176 元,为未外出人口家
庭的 1.61 倍。

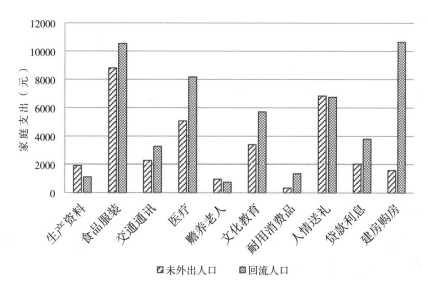

图 5-6　汉阴县两类农村人口家庭的消费支出对比

　　两类农村人口在居住、公共服务与消费支出上的巨大差异一方面与回
流人口家庭相对较高的收入有关,另一方面与其外出务工经历密不可分。
通过在外务工,农村外出人口增长了见识,开阔了视野,其价值观念、社会规
范等发生了转变(Grabowska 和 Garapich,2016),生活方式与消费观念等与
城市居民更为接近,即使回流家乡,这种社会汇款(social remittance)促使其
对文化教育、医疗卫生等表现出更高的需求,并体现在其消费行为上。毫无
疑问,回流人口的这一转变将深刻影响中西部地区的经济发展与城镇化
进程。

第三节　地方性回流对城镇定居意愿的影响

地方性回流已成为国内人口流动的一个重要组成部分,并与县域农村人口的外出流动一起,成为重塑城乡经济社会空间的重要力量。考虑到来自农村地区的流动人口是城市人口增长的重要来源。那么,他们回流到农村是否意味着城市化进程的倒退? 外出务工经历是否会增强回流人口在城镇定居的意愿,从而促进他们在家乡的再城市化进程? 尽管人口回流的研究不断增多,但关于回流和城镇化意愿之间关系的研究仍非常有限。随着近年来我国地方性回流现象的日益普遍,对于上述问题的回答显得尤为必要且紧迫。

从已有国内外文献看,大量研究关注了人口回流的动机、回流后的就业选择与创业行为、回流者的社会融合等(Cassarino,2004;Hagan 和 Wassink,2020;Kveder 和 Flahaux,2013)。相比之下,对于回流人口的城镇化行为了解较少。人口回流对其家乡城镇化具有何种影响,是促进还是抑制了家乡地区城镇化的发展,目前还没有得到充分的研究。此外,现有的实证研究主要集中在海外移民回流,对国内农村外出人口回流的关注不够。来自海外移民回流的结论是否能有效解释内部返回迁移仍存在很大疑问。

因此,笔者通过建构一个人口回流、非农就业与城镇化定居意愿之间的概念模型,以期对当前研究有所助益。关注城镇定居意愿,而不是实际的定居行为,一方面是因为定居意愿和实际行为是同一枚硬币的两面,二者是相互关联的(Bettin 等,2018)。有城镇定居意愿的农村人口更有可能在城镇定居,意愿可以被视为未来定居行为的合理近似(Tezcan,2019)。另一方面,城镇定居意愿本身就具有重要意义:它代表了人们对农村地区居住体验的一般态度,并可以影响定居本身以外的行为——例如房屋投资、创业与就业决策等(Carling 和 Pettersen,2014)。可以说,理解城镇定居意愿具有重要的政策意义和研究价值。

具体来说,拟探讨三个核心问题。首先,回流人口是否比未外出人口更愿意在城镇定居? 非农就业在人口回流与城镇定居意愿之间的关系中扮演何种角色？其次,回流人口的外出工作经历如何影响他们的城镇定居意愿？即人口回流与城镇定居意愿之间存在怎样的群体差异？最后,在不同地域背景下,人口回流对城镇定居意愿的影响有何不同？为了回答这些问题,将使用 2010年全国层面的中国综合社会调查数据和路径分析方法。在内容安排上,第三节基于农村人口总体样本数据,探讨外出务工经历对农村人口城镇定居意愿的影响,在第四节运用回流人口样本数据,研究外出务工经历影响回流人口城镇定居意愿的群体差异。

一、研究回顾与假设

已有关于城镇定居意愿的研究主要集中在城市中的农村流动人口和农村居民,并证实了年龄、教育水平、就业状况、家庭资源禀赋等因素的显著影响(Zhou,2018)。然而,对回流人口的研究还很缺乏,外出务工经历与城镇定居意愿之间的关系还有待进一步分析。

（一）人口回流与居住选择

关于回流人口的居住选择或定居意向的研究相对较少。为数不多的研究得出的结果也存在较大差异。对海外回流移民的研究发现,回流者主要返回城市地区,首都或其他大城市对回流者的吸引尤为明显(Lozano-Ascencio 等,1996)。例如,Labrianidis 和 Kazazi(2006)在对阿尔巴尼亚的研究中发现,大量来自阿尔巴尼亚北部和东部山区农村和小城镇的海外移民回流到首都和沿海地区,加速了该国的城市化进程。Brøgger 和 Agergaard(2019)在尼泊尔的一项研究发现,除了少部分海外移民回流到家乡的城市外,更多的海外移民回流(或打算回流)到首都加德满都或其他贸易中心城市,商业机会和孩子的教育是作出这一决定的重要原因。

关于国家内部农村—城市流动人口回流的结论并不一致。在其他发展中国家,国内乡—城移民主要回流到家乡农村(Anwar 和 Chan,2016;Hirvonen 和 Lilleør,2015)。而在中国,不同时期的回流者在空间选择上存在明显差异。20 世纪 90 年代的大量调查显示,绝大多数农民工回到了自己家乡的农村(白南生、何宇鹏,2002)。而过去 10 年的调查普遍发现,家乡城市或小城镇吸引了越来越多的回流农民工(李郇、殷江滨,2012;罗小龙等,2020;张甜等,2017)。基于河南永城的回流人口调查数据,张甜等(2017)发现,回流农民工居住在村庄的比例由外出前的 63.4% 下降到回流后的 37.9%。居住在城市中心的比例由 12.1% 上升到 33.7%。李郇和殷江滨(2012)对广东云浮市的调查也发现了类似趋势。需要注意的是,相关研究以调查描述和成因探讨为主,外出务工经历与回流后居住选择及城镇定居意愿之间内在机理的探讨还较为缺乏。

对于回流后的居住转变动因,研究人员认为,这与回流者积累的物质资本以及他们的观念、价值观和行为规范的转变有关(King 和 Skeldon,2010;张甜等,2017)。有了工作积蓄,回流人口可以在家乡城镇或城市安家落户。例如,刘云刚和燕婷婷(2013)在对河南省的研究中发现,许多农民工回到家乡,在附近城市购买商业房产。然而,除了带回物质资本之外,回流者还带着从大城市回来的社会规范、行为和身份,这被视为社会汇款(Levitt,1998)。这些社会汇款使农村外出人口回流后模仿城市居民,他们的消费习惯、社会规范和文化取向与城市居民相似(Grabowska 和 Garapich,2016;King 和 Skeldon,2010)。例如,殷江滨(2015)通过对广东省回流人口的调查数据发现,回流人口比未外出者更倾向于在城市购物,并且对子女获得更好教育服务的愿望更强烈。对汉阴县地方性回流人口的调查也发现了类似现象。因此,对于人口回流与居住选择的关系,提出以下假设:

假设 1:与未外出人口相比,回流人口更愿意在城镇定居。

(二)人口回流与就业转变

就业的非农化转变是农村人口居住空间向城镇集中的关键基础(Knox 和 McCarthy,1994)。对于来自农村的人,从事非农业活动并不意味着定居城镇。但是,在城市和城镇往往有非农业就业机会,可以为回流人口提供比传统农业更高的收入。因此,非农就业对农村居民的城市定居意向有很强的影响。在现有的关于人口回流经济结果的研究中,回流者的就业行为是一个重点。对海外回流移民的研究普遍发现,海外回流者比未外出者更具创业精神,实现了个人和家庭就业转型,并通过生产性投资促进了家乡中小企业的发展(Batista

等,2017;Dustmann 和 Kirchkamp,2002;Hagan 和 Wassink,2016)。例如,Arif 和 Irfan(1997)对巴基斯坦的回国移民研究发现,44%的回流者从迁移前从事生产或服务性工作转为回流后从事企业创业活动。Hamdouch 和 Wahba (2015)利用摩洛哥的数据发现,海外回流移民中雇主的比例从移民前的 2% 上升到 26%,个体经营的比例从 19%上升到 40%。

　　然而,关于国家内部人口回流的经验证据很少。Junge 等(2015)在对泰国和越南的国内城—乡回流人口的研究中发现,回流者和未外出者在就业选择上没有显著差异。Hirvonen 和 Lilleør(2015)则得到了与海外回流者相反的结论。通过使用坦桑尼亚的国内回流人口数据,他们发现回流者中自主创业的比例明显低于未外出者,而从事农业的比例则明显较高。在中国,不同时期回流人口的就业表现存在较大差异。白南生和何宇鹏(2002)根据 1999 年对安徽和四川两省回流人口的调查数据发现,只有 2.7%的回流人口从事非农业活动,其就业结构与未外出者没有差别。但随着时间的推移,许多研究发现,回流者比未外出者更具有创业精神。Démurger 和 Xu(2011)利用 2008 年安徽省无为县的数据发现,返乡农民工从事非农活动的比例为 44%,远远高于非农民工 22%的比例。Wu 等(2018)在湖北恩施研究中发现回流人口中创业者的比例为 19%,显著高于未外出者的 11%。

　　对于回流人口就业转变的决定因素,研究人员主要将其归因于回流者在外务工过程中积累的物质资本和人力资本。由于家乡资本市场不完善,特别是在欠发达的农村地区,回流人口通常会遇到信贷限制,而他们在外务工期间积累的储蓄是他们自主创业投资的主要来源(Woodruff 和 Zenteno, 2007;Yu 等,2017)。通过教育、培训或"干中学",外出者获得工作经验和技能,从而帮助他们在回流后创办自己的企业或获得一份有薪水的工作(Ma,2001)。根据人口回流对就业转变的影响,结合非农就业与城镇化的关系,提出以下假设:

　　假设 2:与未外出者相比,回流人口更有可能从事非农就业,从而间接提升其在城镇定居的意愿。

（三）外出务工经历与回流转变

回流人口的外出务工经历对其物质资本和技能的积累，以及社会观念及价值观的转变具有重要影响。外出务工时间和外出工作地点是反映外出者工作经历的重要指标。一般而言，外出时间较长或在发达地区和城市工作的外出者拥有更多的储蓄和技能，他们的价值观、行为规范和做法更接近其务工所在地（Cassarino，2004；Levitt 和 Lamba-Nieves，2011）。

关于外出时间长度与回流者就业转变的关系，实证研究得出了不同的结论。例如，Labrianidis 和 Kazazi（2006）对从意大利或希腊回流的阿尔巴尼亚移民进行研究发现，回流者移民持续时间越长，越有可能成为企业主。然而，另一些研究并不支持这一发现。Gubert 和 Nordman（2011）调查了回流到阿尔及利亚和摩洛哥的海外移民，证明移民时间长度和创业行为之间没有显著的相关性。关于中国国内农民工回流的研究认为，因为农民工主要从事劳动密集型产业，迁移时间越长意味着农民工的年龄越大，他们的就业能力也较低，在外出目的地获得工作机会的概率下降，回流到家乡的概率提高（章铮等，2008）。外出务工地点与回流后就业转变之间的关系得到了证实。De Vreyer 等（2010）利用从 7 个西非国家收集的数据发现，只有从世界经合组织（OECD）国家回国的移民才更有可能成为企业家。若不考虑外出地点因素，回流者比留守者的就业表现更差。Co 等（2000）在匈牙利也有类似的发现。Wang 和 Yang（2013）运用 2006 年中国综合社会调查数据分析发现，从东部地区回流的劳动力从事自我雇佣和工资性就业的可能性更大。

由于数据的限制，无法获得关于回流者在外务工时间的数据。考虑到外出时间与回流时年龄存在较强的相关性；因此，选择回流时年龄作为替代指标。此外，由于我国沿海地区的经济发展水平明显高于其他地区，所以用沿海省份来指代发达地区。根据上述文献综述，对回流者的外出务工经历与城市定居意愿之间的关系提出了以下假设：

假设 3a：回流时年龄越大，回流人口在城镇定居的意愿越低。

假设 3b：在沿海省份工作的回流人口，比在其他地区工作的回流人口更愿意在城镇定居。

（四）地区环境与回流结果

回流人口的就业和居住行为是回流者个体属性与外在环境交互作用的产物。外在环境对回流后结果的影响不应被忽视。由于地区环境的差异，不同地区回流人口居住和就业行为的差异值得关注。然而，很少有研究集中于区域差异对回流结果的影响。零星研究发现，位于经济机会较多的相对繁荣地区的回流人口更有可能成为企业家（Lindstrom，1996）。Piracha 和 Vadean（2010）在对阿尔巴尼亚的研究中发现，沿海地区旅游业的快速发展创造了大量的商业机会，吸引了许多海外移民返回阿尔巴尼亚，全国43%的回流企业家集中在沿海地区，远远高于首都、山区和中部地区的比例。Yu 等（2017）在对中国城乡回流人口的研究中发现，外出务工经历对回流创业的促进作用仅在东部地区显著，对中部地区创业的影响有限，对西部地区创业的影响不显著。作者将此归因于东部地区更具活力的经济和蓬勃发展的市场环境。

由于我国幅员辽阔，各地区在经济发展、城市化水平、人口集中度、地理环境等方面存在较大差异。东部地区的发展水平、人口和人口密度都远高于中西部地区。探讨不同地域环境下人口回流与城市定居意向之间的关系是很有必要的。因此，提出以下假设：

假设4：与中西部地区相比，居住在东部地区的回流人口更愿意在城镇定居。

根据上述假设，提出如下概念模型（见图5-7）。在模型中，人口回流通过两种可能的路径影响城镇定居意愿：直接影响和间接影响。直接影响指回流人口通过外出务工实现收入增长和生活方式的城镇化，回流后有能力有意愿进城定居。间接影响为回流人口由于物质资本和人力资本的积累，具有更强的就业能力，通过就业的非农化促进居住的城镇化。区域环境作为调节变量，调节了人口回流、非农就业与城市定居意愿之间的中介关系。

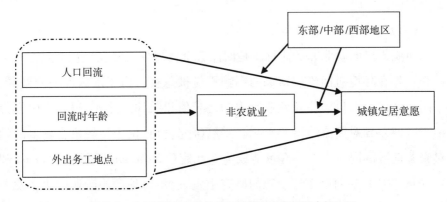

图5-7 人口回流、非农就业与城镇定居意愿概念框架图

二、数据与方法

（一）研究数据

人口回流对城镇定居意愿影响的研究数据来源于中国人民大学于2010年开展的社会调查项目——中国综合社会调查（CGSS2010）。该调查采用多阶段分层概率抽样的方法：首先，采用PPS法，根据各县（区）的综合得分和人口情况，将全国的县分为31层，区分为19层。采用与规模成比例的系统概率抽样方法，考虑每个县（区）的人口，分别从各层中选取两个样本县（区）。选取全国100个区县和北京、上海、天津、广州、深圳五大城市作为初级样本单元（PSU）。从每个选定的非城市初级样本单位PSU中随机抽取4个社区（村），在5个主要城市中抽取80个居委会，最终得到480个二级样本单元（SSUs）。每个SSU（社区或村）共调查25个家庭，每个家庭随机抽取1人进行访谈。最终收集了11783个人的数据。其中，4561人完成了问卷的农村模块，该模块涉及人口回流数据。为了将回流人口与其他农村居民区分开来，遵循了关于中国国内人口回流的现有文献（Wang 和 Fan，2006；Wang 和 Yang，2013；Wu等，2018），将回流人口定义为在家乡县以外工作6个月或更长时间后返回家乡县的人。剔除无效变量数据后，最终筛选出3146个样本（563名回流人口和2583名未外出人口）进行分析，这些样本分布在全国25个省（区、市）的87个县（区、市）。

（二）变量选择

本部分的因变量为城镇定居意愿。CGSS 问卷的受访者被问及他们在未来 5 年内是否愿意在城市或城镇定居，即城镇定居意愿，为二分变量，如果受访者表示打算在未来 5 年内定居，则其定居意愿为 1，如果受访者表示希望留在农村，则其定居意愿为 0。在城市类型的进一步选择上，82.3%的受访者选择定居在家乡的城市或小城镇，只有 7.4%的受访者选择北京、上海等特大城市。

核心自变量有 3 个。其中，在农村总人口样本模型中，自变量为是否回流（二分变量）。在回流人口样本模型中，自变量为回流时年龄（连续变量）和是否曾在沿海省份工作（二分变量）。从事非农就业为中介变量，区域环境是调节变量。将全国划分为东部、中部和西部地区，并选取东部地区作为参照组。此外，还选取了受访者的文化程度、家庭中学龄前儿童的数量、家庭经济水平、家庭土地面积、家庭土地转出面积、家庭外出人员数量作为控制变量。变量的具体定义和描述统计见表 5-4。

表 5-4　城镇定居意愿模型变量定义与描述统计

变量类型	变量名称	变量赋值	均值	标准差
因变量	城镇定居意愿（Urb）	1=5 年内有进城定居计划，0 =5 年内无进城定居计划	0.09	0.28
自变量	外出务工经历（Ret）	1=有外出务工经历，0 =无外出务工经历	0.18	0.38
	回流时年龄（AgeRet）	最小值为 18，最大值为 63	35.1	11.35
	沿海务工（RemRet）	1=沿海务工，0=省内县外务工	0.64	0.48
中介变量	非农就业（Emp）	1=从事非农就业，0=从事农业	0.12	0.33
调节变量	中部地区（Cen）	1=样本为中部地区，其余=0	0.46	0.50
	西部地区（Wes）	1=样本为西部地区，其余=0	0.37	0.48
	回流*中部（Ret·Cen）	1=样本为中部地区回流人口，其余=0	0.41	0.49
	回流*西部（Ret·Wes）	1=样本为西部地区回流人口，其余=0	0.44	0.50

变量类型	变量名称	变量赋值	均值	标准差
控制变量	文化程度(Edu)	1 = 文盲,2 = 小学,3 = 初中,4 = 高中/中专/技校,5=大学及以上	2.20	0.93
	学龄前儿童数(Kid)	最小值为0,最大值为4	0.31	0.57
	家庭经济水平(Eco)	1 = 远低于平均水平,2 = 低于平均水平,3 = 平均水平,4 = 高于平均水平,5=远高于平均水平	2.52	0.78
	家庭土地面积(Lan)	最小值为0,最大值为510.5	10.93	22.55
	转出土地面积(Tra)	最小值为0,最大值为80.8	0.56	2.98
	家庭外出人口数(Mig)	最小值为0,最大值为6	0.74	1.06

(三)实证模型与效应检验

根据概念模型的需要,选择了路径分析方法。路径分析中,自变量除直接影响因变量外,还通过中介变量间接影响因变量。具体而言,在考虑自变量 X 对因变量 Y 的影响时,如果 X 不仅直接对 Y 产生影响,而且还通过变量 M 间接对 Y 产生影响,那么 M 就为中介变量。非农就业是人口回流对城镇定居意愿影响的中介变量。实证分析包括两方面内容:首先在本节对农村人口总样本进行分析,探讨外出务工经历对农村人口城镇定居意愿的影响机理。然后在下一节关注回流人口群体,聚焦其内部差异,分析不同类型回流人口(外出务工地点、回流时的年龄)的城镇定居意愿及其内在机理。借鉴 Baron 和 Kenny(1986)、温忠麟和叶宝娟(2014)提出的中介效应检验方法,构建总体样本的中介效应模型如下:

$$Urb = \alpha_0 + \alpha_1 Ret + \alpha_2 Cen + \alpha_3 Wes + \alpha_4 Ret \cdot Cen + \alpha_5 Ret \cdot Wes + \alpha_6 Edu + \alpha_7 Kid + \alpha_8 Eco + \alpha_9 Lan + \alpha_{10} Tra + \alpha_{11} Mig + \varepsilon_1 \qquad (1)$$

$$Emp = \beta_0 + \beta_1 Ret + \beta_2 Cen + \beta_3 Wes + \beta_4 Ret \cdot Cen + \beta_5 Ret \cdot Wes + \beta_6 Edu + \alpha_7 Kid + \alpha_8 Eco + \alpha_9 Lan + \alpha_{10} Tra + \alpha_{11} Mig + \varepsilon_2 \qquad (2)$$

$$Urb = \lambda_0 + \lambda_1 Ret + \lambda_2 Emp + \lambda_3 Cen + \lambda_4 Wes + \lambda_5 Ret \cdot Cen + \lambda_6 Ret \cdot$$

$$Wes + \lambda_7 Edu + \lambda_8 Kid + \lambda_9 Eco + \lambda_{10} Lan + \lambda_{11} Tra + \lambda_{12} Mig + \varepsilon_3 \qquad (3)$$

式中，Urb 为农村人口城镇定居意愿，对应因变量 Y；Ret 为外出务工经历变量，对应自变量 X；Emp 为非农就业变量，对应中介变量 M；Cen 和 Wes 分别表示中部和西部地区；$Ret \cdot Cen$ 和 $Ret \cdot Wes$ 是回流与中部和西部地区的交互项，为地区调节变量；Edu、Kid、Eco、Lan、Tra、Mig 分别为受访者的文化程度、家中学龄前儿童数、家庭经济水平、家庭土地面积、家庭转出土地面积、家庭外出人口数量，作为控制变量。ε_1、ε_2、ε_3 为随机扰动项，假设其服从均值为零，方差有限的正态分布。

检验中介效应主要有三个步骤：第一步对模型（1）进行回归，检验外出务工经历（Ret）、地区调节变量（$Ret \cdot Cen$、$Ret \cdot Wes$）与农村人口的进城意愿的回归系数（a_1、a_4、a_5）是否显著为正；第二步对模型（2）进行回归，检验外出务工经历、地区调节变量与中介变量非农就业的回归系数（β_1、β_4、β_5）是否显著为正；第三步对模型（3）进行回归，如果 λ_1 和 λ_2 都显著为正且 λ_1 与 β_1 相比出现下降，则说明存在部分中介效应。如果 λ_1 不显著而 λ_2 显著，说明非农就业扮演完全中介的作用。如果 λ_5 和 λ_6 显著，则说明地区变量在模型中起调节作用。

回流人口样本模型除自变量外，其余部分与总样本模型总体一致（具体模型从略）。模型中，本书分别选取回流时年龄和外出务工地点作为自变量，探讨回流群体内部差异对其城镇化意愿的影响。

三、实证分析

（一）描述性统计

总体上看，农村人口进城定居意愿较低，务农人口比重高，绝大部分没有外出务工经历。统计发现，全国总样本中，5 年内有城镇定居意愿的农村人口仅占总量的 9%。有外出务工经历的回流人口占 18%，从事非农就业的占 12%。

回流人口与未外出人口之间存在诸多差异。使用双独立样本 T 检验（见表 5-5）发现，在全国层面，两类农村人口在城镇定居意愿、非农就业、文化程度等方面差异显著。回流人口具有更强的定居意愿，15% 的回流人口 5 年内有进城定居意愿,未外出人口的这一比例仅为 7%。回流者从事非农就业的比重(17%)显著高于未外出者(11%)。回流者的文化程度更高,家中学龄前儿童更多,流转出的土地面积更少。两类人口群体其他变量的差异不显著。

表 5-5　城镇定居意愿模型变量总体描述与地区差异

变量	总样本		东部		中部		西部	
	未外出	回流	未外出	回流	未外出	回流	未外出	回流
城镇定居意愿	**0.07**	**0.15**	**0.08**	**0.22**	**0.05**	**0.09**	**0.10**	**0.17**
非农就业	**0.11**	**0.17**	**0.25**	**0.41**	0.09	0.12	**0.06**	**0.14**
文化程度	**2.12**	**2.55**	2.24	2.65	**2.18**	**2.62**	1.98	2.45
学龄前儿童数	**0.28**	**0.42**	**0.21**	**0.37**	**0.27**	**0.40**	**0.33**	**0.46**
家庭经济水平	2.51	2.55	2.54	2.64	**2.56**	**2.67**	2.44	2.40
家庭土地面积	10.96	10.79	6.02	7.68	**11.70**	**8.11**	12.52	14.30
转出土地面积	**0.62**	**0.31**	**0.61**	**0.28**	0.61	0.47	**0.63**	**0.17**
家庭外出人口	0.73	0.76	0.52	0.75	0.82	0.91	0.72	0.62
样本量	2583	563	468	81	1208	233	907	249

注:标黑项表示该变量在未外出人口与回流人口之间存在显著差异。

在地区层面,三大区域回流人口的城镇定居意愿均显著高于未外出人口,其中,东部地区回流人口的进城定居意愿最高(22%),中部最低(9%)。东部和西部地区回流人口从事非农就业的比重明显高于未外出人口,其中,在东部地区,41%的回流人口从事非农工作,比未外出人口高出 16 个百分点。在中部地区二者差异不显著。

(二)模型结果分析

实证分析分两步进行。首先对农村人口总样本进行分析,探讨外出务工经历对农村人口城镇定居意愿的影响机理。然后聚焦于回流人口,分析不同外出务工经历对回流人口城镇化意愿的作用。这里使用 Mplus7.0 软件进行路径分析,略去结果不显著的回归系数,最终结果如表 5-6、表 5-7 所示。

在农村人口总样本的实证中,根据上述中介效应检验方法,首先验证外出人口回流对城镇定居意愿的影响,通过对表 5-6 模型 I 的回归发现,回归系数显著为正(b=0.378,p<0.01),然后验证回流对非农就业的影响(模型Ⅱ),发现回归系数显著为正后,最后检验非农就业在回流与城镇定居意愿关系中的中介作用。将非农就业模型(模型Ⅱ)与回流变量同时纳入城镇定居意愿模型中,通过对模型Ⅲ的路径分析,结果显示非农就业对进城定居意愿的回归系数0.126,p值小于0.05,说明非农就业的中介效应显著。路径分析模型的比较拟合指数(CFI)为1.000,Tucker-Lewis指数(TLI)为0.999,近似均方根残差(RMSEA)为0.002,均达到判断标准,模型整体拟合优度较高。

表5-6　农村人口总样本模型路径分析结果

变量	城镇定居意愿(Ⅰ)		非农就业(Ⅱ)		城镇定居意愿(Ⅲ)	
	b	SE	b	SE	b	SE
外出务工经历	0.378*** (2.964)	0.128	0.737*** (3.549)	0.208	0.369*** (2.861)	0.129
非农就业	—	—	—	—	0.126** (1.984)	0.064
中部	—	—	—	—	—	—
西部	—	—	-0.377*** (-3.326)	0.113	—	—
回流*中部	-0.441** (-2.246)	0.196	-0.991*** (-4.000)	0.248	-0.399** (-2.007)	0.199
回流*西部	—	—	-0.527* (-1.928)	0.273	—	—
文化程度	0.276*** (5.622)	0.049	0.470*** (9.760)	0.048	0.210*** (3.560)	0.059
学龄前儿童数	0.169** (2.217)	0.076	—	—	0.173** (2.270)	0.076
家庭经济水平	0.166** (2.486)	0.067	0.181*** (2.840)	0.064	0.132* (1.950)	0.068
家庭土地面积	—	—	-0.007*** (-3.213)	0.002	—	—
转出土地面积	0.025*** (3.006)	0.008	0.025*** (2.705)	0.009	0.022*** (2.657)	0.008
外出人口数	—	—	-0.240*** (-5.190)	0.046	—	—

续表

变量	城镇定居意愿（Ⅰ）		非农就业（Ⅱ）		城镇定居意愿（Ⅲ）	
	b	SE	b	SE	b	SE
CFI	—	—	—	—	1.000	—
RMSEA	—	—	—	—	0.002	—
TLI	—	—	—	—	0.999	—

注:括号中的数字为 t 检验值, *** 、** 、* 分别表示显著性水平 1% 、5% 、10% 。

　　在模型 Ⅲ 中,关键自变量回归系数代表了人口回流对城市定居意愿的直接影响,回归系数显著为正。因此,假设 1,即回流人口比未外出人口更有可能在城镇定居,得到了支持。根据模型 Ⅲ,人口回流对城镇定居意愿的直接影响为 0.369,优势比(OR)为 1.466,表明与未外出人口相比,回流人口在城镇定居的意愿高出 44.6%。外出务工使农村移民获得更多的收入,并受到城市生活方式、社会规范和消费观念的影响(刘程等,2004)。虽然他们回到了家乡农村,但其消费模式、文化意识和行为规范与城市居民更为相似(Grabowska 和 Garapich,2016)。因此,他们具有在城市或城镇定居的动机。此外,由于家乡地区城镇和中小城市的生活成本较低,他们在迁移过程中获得的储蓄使其有能力在城镇定居。也就是说,城镇定居在经济上是可行的。因此,回流者比未外出者更有可能在城镇定居。

　　中介效应检验证实了本书提出的假设 2,即外出人口回流通过非农就业作为中介变量对城镇定居产生间接影响。中介效应的系数 $\lambda_2 \beta_1$ 为 0.093,概率比为 1.097,说明通过非农就业中介变量,回流人口比未外出人口进城定居的概率高出 9.7%。回流人口表现出更强的就业能力,由模型 Ⅱ 可知,回流与非农就业的回归系数为 0.737,并在 1%水平上显著。概率比为 2.090,即回流人口比未外出人口从事非农就业的概率高 109.0%。这与已有的关于从海外回流移民的研究结论相似(Dustmann 和 Kirchkamp,2002;Wahba 和 Zenou,2012),但与其他发展中国家的国内回流移民的研究结果不同。例如,在泰国和越南,Junge 等(2015)发现国内回流移民和未外出者之间的就业能力没有显著差异。在坦桑尼亚,回流农村的移民的人力资本水平较低,他们与未外出者相比,从事创业活动的概率更低(Hirvonen 和 Lilleør,2015)。然而,与海外回流移民的就业选择不同,中国的国内回流者更多的是从事工资性就业,而不是自主创业。国内回流人口更强的就业能力为其在家乡从事非农业活动提供了可能。而由于非农就业机会在城镇的集中(王西玉等,2003),非农就业人口与他们最初居住的农村之间的联系逐渐减弱,他们在城市定居的意愿增强。

中部地区作为调节变量,在关键自变量对因变量的直接效应和中介效应中均具有显著影响,假设 4 部分得到支持。在模型 II 和模型 III 中,调节变量(回流 * 中部)对非农就业的回归系数为-0.991,且在 1%水平上显著,变量对城市定居意愿的回归系数为-0.399,在 5%水平上显著。这表明,与居住在中部地区的回流人口相比,居住在东部地区的回流人口更有可能从事非农业工作,更愿意在城市或城镇定居。这与中东部地区发展差距较大有关。东部地区作为我国改革开放后最早发展的地区,也是经济发展和城市建设水平最高的地区。相比之下,中部地区发展水平较低,长期缺乏政策支持,在非农产业发展和城镇建设方面与东部地区存在较大差异(Fleisher 等,2009)。另一个调节变量西部对非农就业有显著的负向影响,但对城镇落户意愿没有显著影响。

此外,对于农村人口而言,文化程度越高、家中学龄前儿童越多、经济水平越高以及流转出的土地越多,越有可能进城定居。家庭土地面积越多、外出人口越多的农村人口,从事非农就业的概率更低,但对城镇定居意愿影响不显著。

由实证分析可知,对于农村人口而言,人口回流对城镇定居意愿存在两条影响路径。除直接提升城镇定居意愿外,还通过非农就业间接增加城市定居意愿。从直接影响的角度看,在 5 年内,回流人口比未外出人口在城镇定居的可能性高出 44.6%。这与回流者积累的储蓄和工作技能以及外出务工期间其意识形态、文化意识、社会规范和生活方式的转变密切相关。一方面,物质资本的积累减少了回流人口在城镇定居的担忧。在中国,大城市相对较高的生活成本和农村—城市流动人口较低的收入是促进流动人口回流的主要原因(Wang 和 Fan,2006)。家乡地区中小城镇的低生活成本使回流人口有可能定居下来。另一方面,来自城市的社会汇款也对回流者的城镇定居意愿产生重要影响。城市的迁移经历,使农民工逐渐接受城市的行为规范、价值观和文化取向(King 和 Skeldon,2010)。虽然由于种种原因,他们回到了家乡,但在城市中形成的生活方式和观念,仍然对其回流后的居住地选择有着深远的影响。家乡地区的中小城镇由于其相对完善的公共设施和公共服务体系,以及处于家乡社会网络中的归属感,成为回流人口城镇定居的首选。

非农就业作为中介变量,间接提高了回流人口的定居意愿。实证研究发现,与未外出人口相比,回流人口从事非农就业的可能性高 109.0%,这导致回流人口在城市定居的可能性高出 9.7%。回流人口这种更大的非农业就业潜力与其他国家内部回流研究结论有所不同,但与海外移民回流者的相关研究更为相似。但需要指出的是,中国国内回流人口和海外回流移民之间存在一些差异。例如,中国的国内回流者更多从事工资性工作,而海外回流移民更倾向于自主创业。这可能是因为大量的中国制造业正从发达城市地区向欠发达地区转移(吴爱芝等,2013)。制造业工厂集中在城镇,促使回流者在城镇从事非农工作。

第四节　地方性回流对城镇定居意愿影响的群体差异

由于在外流动时间、流动地点等方面的不同,地方性回流人口内部存在较大差异。这些必然影响到其回流后的就业与城镇定居选择。本节延续上一节的分析思路、数据及方法,分析回流时年龄和外出务工地点对回流者城镇定居意愿的影响机制。

一、不同年龄回流人口的群体差异

按照模型检验步骤,在第一步和第二步(见表 5-7 模型 I、模型 II)中,回流时年龄与定居意愿、非农就业的回归系数均显著为负(b 值分别为 −0.024、−0.017,p 值均小于 0.01),但第三步非农就业与定居意愿的回归系数不显著,说明非农就业的中介效应不显著。回流人口的回流时年龄对城镇定居意愿的影响主要通过直接效应产生。

表 5-7　回流人口样本模型路径分析结果

变量	自变量:回流时年龄			自变量:沿海地区务工		
	城镇定居意愿(Ⅰ)	非农就业(Ⅱ)	城镇定居意愿(Ⅲ)	城镇定居意愿(Ⅳ)	非农就业(Ⅴ)	城镇定居意愿(Ⅵ)
回流时年龄	-0.024***	-0.017**	-0.023***	—	—	—
沿海务工	—	—	—	0.470***	0.946***	0.436***
非农就业	—	—	-0.019	—	—	0.054
中部	-1.439***	—	-1.417***	—	—	—
西部	—	—	—	—	—	—
回流时年龄*中部	0.028**	-0.009**	0.027**	—	—	—
回流时年龄*西部	—	—	—	—	—	—
沿海务工*中部	—	—	—	-0.637***	-0.953***	-0.622***
沿海务工*西部	—	—	—	-1.038***	—	—
文化程度	0.170**	0.269***	0.161*	0.213***	0.313***	0.182**
学龄前儿童数	—	-0.220*	—	—	-0.101*	—
家庭经济水平	0.279***	—	0.292***	0.282***	—	0.287***
家庭土地面积	0.004**	—	0.004***	0.005***	—	0.005***
外出人口数	—	-0.238***	—	—	-0.340***	—
CFI	—	—	0.945	—	—	0.998
RMSEA	—	—	0.040	—	—	0.008
TLI	—	—	0.813	—	—	0.992

注:***、**、*分别表示在1%、5%、10%水平上显著。

在回流人口群体中,回流时年龄越大,进城定居的意愿越低。根据模型Ⅲ回归结果,回流时年龄与定居意愿的回归系数为-0.023,且在1%水平上显著,概率比为-0.977,即回流时年龄每增加1岁,进城定居意愿下降2.3%。由于城市就业竞争力的下降,许多年老的务工者通常被城市淘汰,回流到农村后往往回到传统经济结构中（白南生、何宇鹏,2002）,进城定居意愿普遍不强。与之不同的是,年轻务工者在外出过程中更多地接受技能培训,他们具有更好的城市适应能力,并对城市生活和市民身份更为向往（刘传江,2010）,因各种原因回流后,相对较强的就业能力和对城市生活的追求促使其更倾向于进入家乡城镇定居。这与王利伟等的调查结果相吻合（王利伟等,2014）。通过对河南周口外出劳动力的调查,他们发现,51 岁以上的外出人员有 85.7%未来会选择"返回本村",而 35 岁以下人员"返回本村"的仅占 29.6%,选择"返回县城""返回市区""返回本乡镇"的分别占 25.4%、8.5%、5.6%,另有26.8%选择"不返回"。可见,年轻的回流者将成为人口输出地城镇化的主力军。

中部地区调节变量对回流者的非农就业和城镇定居意愿产生显著影响。所不同的是,其对非农就业的影响显著为正（b=−0.009,p < 0.05）,而对城镇定居意愿的影响显著为负（b=0.028,p < 0.05）。说明随着回流时年龄的增加,中部地区回流者比东部地区回流者从事非农就业的概率更低,但进城定居的意愿更强。对于前一个结论,推测其与中东部地区经济发展差异有关,东部地区更为发达的地方经济为回流者从事非农就业创造了基础条件。后一个结论与经验认识有所偏差。进一步分析东部和中部地区内部回流时年龄与进城意愿之间的关系,发现在东部地区,二者呈显著负相关关系（p =−0.070,p< 0.01）,但中部地区二者关系不显著。说明在东部地区,随着回流时年龄的增长,回流者进城定居的意愿明显下降（下降幅度快于全国）,但中部回流者的定居意愿并未随年龄增长而减弱。

二、不同外出地点回流人口的群体差异

迁移过程中的工作地点对人口回流的就业结果的影响已被研究人员证实（De Vreyer 等,2010;Wang 和 Yang,2013）。在发达地区的工作经历可让回流者积累更多的物质资本和工作技能,并改变自己的观念、价值观和社会规范。由于沿海省份通常被认为是我国经济最发达的地区,因此将在外务工期间在沿海省份工作作为工作地点的变量,以考察其对回流人口城镇定居意愿的

影响。

　　模型检验发现,沿海务工变量对回流者的非农就业选择和城镇定居意愿均产生显著影响(模型 IV 和 V,b 值分别为 0.470 和 0.946,p 值均小于0.01),但非农就业对定居意愿的影响不显著(模型 VI),未能验证沿海务工通过非农就业影响城镇定居意愿的中介效应,即沿海务工与回流者城镇定居意愿为直接影响关系。直接效应系数为 0.436,结果在 1% 水平上显著,说明与在其他地区务工相比,在沿海务工的回流人口进城定居意愿更强。概率比为1.547,即与其他地区回流者相比,沿海地区回流者愿意进城定居的概率高达54.7%。在发达地区或城市务工可让流动人口获得更高的收入(陈飞、苏章杰,2021),加上在大城市生活导致的观念的转变,回流后他们比其他地区回流者具有更强的城镇定居意愿。

　　中部地区调节变量在非农就业模型和城镇定居意愿模型中均具有显著影响。模型 V 和 VI 中,中部地区调节变量(沿海务工 * 中部)与回流者非农就业选择及城镇定居意愿均为显著负相关(b 值分别为 -0.953 和 -0.622,p 值均小于 0.01),说明相对于东部地区的沿海回流者而言,中部的沿海回流者非农就业概率更低,城镇定居意愿更弱。这进一步表明,通过沿海务工获得的资本和技能,需要当地经济发展提供基础条件才能发挥更大作用。推进回流者进城,离不开地方非农产业和整体经济的发展。

　　总体上,对于回流人口而言,回流时的年龄和外出务工地点主要通过直接效应影响城市定居意愿。换言之,无论他们是否从事非农业工作,回流人口中年龄较轻或在沿海省份工作的人都愿意在城镇定居。较年轻的农村外出人口更容易受到城市文明的影响,他们比年长的外出人口拥有更强的城市认同感,他们的生活方式更接近城市居民(Diehl 等,2016;刘传江等,2010)。回到家乡后,在县城等中小城市定居是他们的一个重要选择。而发达地区提供了更多的机会来积累储蓄和工作技能,以及更现代化的城市文明。因此,从发达地区回流的农民工比从其他地区回流的农民工更愿意城镇化。

第五节 小 结

本章基于陕西省汉阴县农户调查和中国综合社会调查(CGSS)数据,着重分析了地方性回流人口的个体特征、就业、居住与消费行为,并运用路径分析方法,研究了地方性回流对回流者城镇定居意愿的影响机制及其群体差异。

分析发现,地方性回流人口以青壮年为主,已婚比例较高。回流倾向不存在性别差异,但女性回流时间更早。回流者文化程度普遍较低,但总体素质好于未外出人口。通过在外务工期间的资本积累与社会观念的转变,地方性回流人口的非农就业转变十分明显,与未外出者相比,他们表现出更强的就业能力。回流者更倾向于在县城等城镇居住,并对子女教育、医疗卫生等表现出更高的需求。

通过构建以非农就业为中介变量的路径分析模型,探究人口回流对城镇定居意愿的影响机制。发现人口回流影响城镇定居意愿存在两条作用路径,除直接提升城镇定居意愿外,还通过非农就业间接增加城市定居意愿。回流人口在外务工期间积累的储蓄和工作技能以及他们的意识形态、文化意识、社会规范和生活方式的转变均对其回流后的城镇定居意愿产生了积极影响。家乡地区的中小城镇由于其相对较低的生活成本、相对完善的公共设施和公共服务体系,以及处于家乡社会网络中的归属感,成为回流人口城镇定居的首选。而对于回流人口而言,回流时的年龄和外出务工地点主要通过直接效应影响城市定居意愿。换言之,无论他们是否从事非农业工作,回流人口中年龄较轻或在沿海省份工作的人都愿意在城镇定居。

与海外移民回流及其他发展中国家的国内人口回流相比,中国的国内人口回流与城市化进程的关系有其特殊性。对于海外回流移民而言,农村地区不再是他们的主要目的地。城市,特别是就业机会较多的大城市或商业中心是其回流的首选目的地。Labrianidis 和 Kazazi(2006)对阿尔巴尼亚的研究以及 Mccormick 和 Wahba(2003)对埃及的研究都发现了海外移民回流到首都或沿海发达地区的证据。Brøgger 和 Agergaard(2019)对尼泊尔的研究也发现,虽然家乡的小城市是回国者的一个重要的目的地,但首都加德满都更有吸引力。由此推断,国际回流移民会加速移民国城市特别是大城市的人口增长,从而导致不均衡的城市化格局。对其他发展中国家来说,国内人口回流则与城市化背道而驰。Cattaneo 和 Robinson(2020)通过对 31 个发展中国家的研究发现,回流人口与该国的城市化水平呈负相关关系。人口回流比例随着城市化水平的提高而下降。许多回流者回到了传统的农业部门。与未外出者相比,他们没有显示更多的创业倾向(Junge 等,2015),甚至比他们表现更糟(Hirvonen 和 Lilleør,2015),因此,他们没有在家乡实现再城镇化的就业模式和经济能力。

研究结果显示,中国国内回流人口比未外出者更倾向于从事非农业活动,就业表现更积极,更倾向于在城镇定居。这与中国现有的调查结果一致,即回流人口倾向于集中在自己的家乡和城市(罗小龙等,2020;张甜等,2017)。可以说,农村—城市流动人口的回流并不是城市化的倒退,这不同丁其他发展中国家的内部回流。此外,家乡的中小城镇是回流者想要成为城市居民的首选。因此,回流人口虽然减缓了农村流动人口在大城市的集中,但却加快了人口流出地区中小城镇的发展,有利于形成空间上更加均衡的城镇化格局。这也不同于海外移民回流的城市化效应。

值得注意的是,中国的回流人口在就业和居住方面的表现并不是一成不变的。随着家乡经济的增长和城市环境的改善,回流人口从事非农业活动和定居在城镇的比例不断增加(罗小龙等,2020;Wu 等,2018;张甜等,2017)。考虑到人口回流与城镇定居意愿的研究数据为 2010 年调查数据,可以预见,当前和未来的人口回流将对家乡地区的城市化进程产生更加积极的影响。

基于上述研究结论,应充分认识和研究地方性回流人口的个体特征及行为属性,改善地方环境,以最大化地利用回流人口的资本积累优势,为中西部地区特别是县域发展注入内生动力。首先,应加快传统人口流出地区非农产业的发展步伐,增加地区的非农就业机会。吸引位于沿海地区或大城市的产业转移是现阶段地方政府发展经济的重要手段,但由于税收和绩效的考虑,大型资本密集型工业由于产值和税收贡献大,往往更受地方政府欢迎,但这些产业对地方劳动力的吸纳能力有限。因此,应调整现行政策,吸引更多的劳动密集型企业,以提高产业发展对劳动力的吸纳能力。其次,应大力完善城镇教育、医疗、住房、环境卫生等基础设施和公共服务,进一步缩小欠发达地区与大城市的差距,实现基本公共服务均等化,以吸引农村人口特别是外出回流人口的进入。最后,应更加关注中西部地区县域中小城镇的社会和文化建设,促进回流人口的城市价值观和社会规范等示范作用的发挥,改善社会风气,推动县域城镇从传统乡土社会向现代都市生活规范和价值观转变。

第六章　中西部地区经济增长格局与空间异质性

经济增长是区域发展的永恒命题。改革开放以来,中国经济保持快速增长态势,但空间非均衡特征明显。东部沿海地区的经济增速明显快于中西部地区。进入 21 世纪后,西部大开发、中部崛起等区域均衡发展战略相继实施,中西部地区的经济增长步伐加快(李言、毛丰付,2019)。党的十八大以来,随着精准扶贫战略的实施,地处中西部的区位偏远、自然环境恶劣、经济基础薄弱的欠发达地区经济快速增长,并于 2020 年底实现现行标准下农村贫困人口脱贫,历史性地消除绝对贫困。在后扶贫时代,加快中西部欠发达地区经济增长步伐,激发地区发展的内生动力,不仅有助于巩固脱贫攻坚成果,缩小相对贫困地区与全国其他地区的经济差距,还将实现地区转型发展与乡村振兴,推动形成优势互补、高质量发展的区域经济格局(孙久文等,2019)。

本章聚焦于中西部欠发达地区,以 14 个片区为研究区域,从县域尺度切入,旨在总结前一阶段地区经济增长过程、空间特征与规律,并运用地理加权回归模型剖析欠发达地区经济增长的影响因素,揭示各因素的空间异质特征。同时选取在中西部地区具有重要战略地位的秦巴山区作为案例区域,探究其经济增长特征及内在规律。最后从促进中西部欠发达地区经济增长角度,解读并讨论实证结果的政策含义,以期为新时期地区发展提供政策依据。

第一节　经济增长的时空格局

本章对经济增长格局及影响因素的空间异质性探讨分为两个部分。首先研究脱贫攻坚时期全国 14 个集中连片特困地区的经济增长及其动力机制,然后将研究视角聚焦于秦巴山区,探究这一在全国发展格局中占据重要地位的空间单元的经济增长特点,以增进对中西部欠发达地区经济增长特征及动力机制的理解。

一、数据与方法

(一)研究区域与数据

该部分的研究区域为《中国农村扶贫开发纲要(2011—2020 年)》确定的 14 个集中连片特困地区,即六盘山区、秦巴山区、武陵山区、乌蒙山区、滇桂黔石漠化区、滇西边境山区、大兴安岭南麓山区、燕山—太行山区、吕梁山区、大别山区、罗霄山区和已明确实施特殊政策的西藏、四省藏区、新疆南疆三地州。

研究使用的县域行政区划矢量数据来自国家测绘局国家基础地理信息数据库;社会经济数据来自 2011 年和 2018 年《中国县域统计年鉴》和《中国统计年鉴》;年均降水量数据来自中国科学院资源环境科学数据中心;交通路网数据来自中国地图出版社 2011 年版《中国分省系列地图册》,并根据 Arc-GIS10.2 软件对道路网进行矢量化而得,相应交通距离为各县通过不同公路到达相应地点的最短距离。由于部分县级行政单元社会经济变量数据无法获取,故本研究的县域样本量为 669 个。

(二)研究方法

由于只能对参数作全局估计,传统线性回归模型得到的自变量系数会被均质化,难以反映不同地理区域变量间关系的变化。地理加权回归(GWR)基于空间非平稳性数据,将空间相关性和线性回归相结合,对空间数据进行局部回归(Brunsdon 等,1996;Arnio 和 Baumer,2012),可有效揭示经济增长影响因素的空间异质性,其表达式为:

$$y_i = \beta_0(u_i, v_i) + \sum_{i=1}^{k} \beta_k(u_i, v_i) x_{ik} + \varepsilon_i$$

式中,y_i 为 i 县的因变量解释值;(u_i, v_i) 为 i 县的地理坐标;x_{ik} 为 i 县的

自变量解释值；$\beta_0(u_i,v_i)$ 为 i 县回归常数项；$\beta_k(u_i,v_i)$ 为 i 县变量 k 的回归系数；ε_i 为随机误差项。

此外，还运用探索性空间数据分析（ESDA）对欠发达地区县域经济增长的空间关联模式进行检验。该方法是判断空间单元中经济活动是否存在空间集聚、空间分散或空间随机分布的重要定量分析手段，具体表达式已在第一章列出，在此不再赘述。

（三）变量选取

结合经济增长机制与欠发达地区的特殊性及数据的可获得性，将县域经济增长（2011—2018 年人均 GDP 年均增长率）作为因变量，从初始经济水平、产业结构、政府干预、金融发展、交通区位等方面选取自变量，探讨欠发达地区经济增长的决定因素，为避免自变量之间的相互影响带来的估计结果偏差，通过计算方差膨胀因子进行共线性检验，结果如表 6-1 所示，各变量的 VIF 值均远小于 10，表明变量间不存在多重共线性问题。

表 6-1　经济增长模型变量定义与描述性统计

类型	变量	均值	标准差	VIF
经济增长	2011—2018 年人均 GDP 年均增长率(%)	10.54	4.50	—
初始经济水平	2011 年人均 GDP(元)	13065.20	12694.90	1.103
产业结构	2018 年与 2011 年第二产业比重之差(%)	1.81	10.85	2.648
	2018 年与 2011 年第三产业比重之差(%)	6.25	9.39	2.572
农业发展	2011—2018 年农业机械总动力年均增长率(%)	4.61	8.59	1.062
资本投入	2011—2018 年固定资产投资年均增长率(%)	17.80	18.91	1.130
金融发展	2011—2018 年金融机构贷款余额年均增长率(%)	19.67	11.14	1.158
政府干预	2011—2018 年公共财政支出年均增长率(%)	12.43	8.78	1.128
自然地理	年均降水量(毫米)	877.34	526.84	1.204
市场区位	到省会或特大城市的距离(千米)	339.46	254.31	1.153

二、经济增长格局

(一)经济增长的时空特征

已有研究对区域经济增长格局及经济差异进行了大量探讨,但不同尺度、不同区域的研究结论存在明显差异,且缺少对欠发达地区的系统研究。从全国尺度看,基于城市数据的研究普遍发现,中国城市间经济存在绝对趋同现象,即落后城市比富裕城市的经济增长更快(刘华军、贾文星,2019;殷江滨等,2016)。但基于县域数据的研究则发现,全国县域间经济发展差异在不断拉大(李在军等,2016),东南沿海、京津冀等地县域经济增长普遍较快,而广大中部、中南部及西南部地区增长较慢(周扬等,2014)。

从区域尺度来看,在东部发达地区,区域内部经济差距呈现明显缩小趋势。如方文婷等(2014)对2005—2013年福建省67个县研究发现,经济发展空间格局两极分化现象减弱,全省县域经济发展水平差异不断缩小。孟德友等(2014)通过对长三角地区74个县级单元分析同样发现,1992—2010年长三角地区城市经济呈现均衡发展的态势,地区间差异逐步下降。中西部地区的经济增长格局与东部地区具有较大差异。在中原经济区,白书建等(2017)利用人均GDP评价指标对232个县域单元研究发现,区域经济空间分布主要以高值聚集状态为主导,经济总体差异呈现扩大—缩小—扩大的趋势。在新疆,经济发展同样呈现集聚态势,1980—2011年间发展较好的县市从散布无序逐渐集中到资源要素丰富、发展环境良好、交通便捷的地区,经济重心不断向北疆集聚(汪菲等,2014);在云南,陈利等(2017)发现全省县域经济格局演变以极化效应为主,经济发展格局呈现明显的空间二元结构。

对中西部欠发达地区的研究发现,这些地区经济规模较小,经济发展水平总体较低。2018年14个片区GDP总规模为5.37万亿元,占全国总量的5.97%,这一比例远低于户籍人口的占比(17.62%)。欠发达地区县域平均GDP为80.31亿元,与全国县域平均水平(315.79亿元)差距较大。2018年,欠发达地区人均GDP为25679.2元,仅为全国水平(64521元)的40%。表明欠发达地区的经济水平与其他地区仍有较大差距,经济增长将是一项长期而艰巨的任务。

表 6-2　2018 年 14 个片区 GDP 的县区分布

GDP	县区名称
3 亿—5 亿元	西藏日土、札达、噶尔、普兰、革吉、萨嘎、措勤、双湖、定结、岗巴、琼结,青海玛多、称多、甘德、达日、久治、班玛
5 亿—8 亿元	西藏改则、吉隆、聂拉木、尼玛、申扎、聂荣、班戈、错那、措美、洛扎、墨脱、朗县、曲松、亚东、康马、仁布、嘉黎,青海治多、曲麻莱,四川炉霍,山西大宁
8 亿—210 亿元	略
210 亿—260 亿元	江西于都、南康,湖南安化、新化、宜章,湖北丹江口、蕲春、恩施,河南民权、柘城、淮阳、商水、淅川、新蔡,河北平原,安徽利辛、临泉,重庆丰都,陕西南郑,贵州大方、黔西、纳雍
260 亿—380 亿元	河南兰考、太康、郸城、沈丘、镇平、固始、潢川,安徽颍上,湖南石门、涟源,湖北麻城,重庆云阳、奉节,云南昭阳、宣威,四川宣汉,陕西城固,青海格尔木,贵州毕节、威宁、水城

　　从县域层面来看,欠发达地区县域经济规模与经济发展水平的总体格局存在较大差异。各县经济规模差距明显(见表 6-2)。2018 年,经济总量较大的县主要分布于大别山区、秦巴山区、武陵山区和乌蒙山区,GDP 多在 200 亿元以上。而西藏、四省藏区、新疆南疆三地州各县经济总量普遍较小,除格尔木市外,绝大多数县 GDP 不足 50 亿元。相对于经济总量,县域间经济人均量的差距较小(见表 6-3)。2018 年,除少数分布于西藏和四省藏区的县以外,其他各县人均 GDP 均不足 4 万元,分布较为广泛,未形成明显的经济水平高值区或低值区。14 个片区所有县域中低于全国人均 GDP 水平(63521 元)的县达 651 个,占县域总量的 97.3%。

表 6-3　2018 年 14 个片区人均 GDP 的县区分布

人均 GDP	县区名称
5294—8000 元	甘肃东乡、积石山、广河、和政、康乐、泾川、岷县、礼县、宕昌、西和,青海称多,云南镇雄,广西都安

续表

人均 GDP	县区名称
8001—10000 元	甘肃临夏、通渭、渭源、秦安、张家川、康县,青海甘德、达日、囊谦,新疆墨玉、皮山,山西石楼、大宁,安徽临泉,云南威信、彝良,四川美姑、昭觉,广西马山
10001—49999 元	略
50000—64520 元	西藏昌都、墨脱、达孜,四川马尔康、理县,陕西长武、太白、石泉,青海乌兰、都兰、共和,甘肃华池,新疆乌恰,湖北丹江口,河南栾川,河北平原,云南德钦,贵州铜仁,山西吉县
64521—263270 元	西藏措美、波密、林芝、米林、加查、亚东、桑珠孜、墨竹工卡、桑日、乃东、堆龙德庆,青海德令哈、天峻、格尔木,四川汶川、康定,云南香格里拉,陕西麟游

　　自国家将 14 个片区作为脱贫攻坚主战场以来,中西部欠发达地区经济总体上保持了较快增长态势。2011—2018 年间,欠发达地区人均 GDP 增加了 12614 元,年均增长率 10.54%,高于全国平均水平(8.6%),表明国家脱贫攻坚政策取得了显著的成效。统计各县区人均 GDP 年均增长率,结果如表 6-4 所示。从县域层面看,各县经济增长表现出明显的空间分异趋势。位于西藏、滇桂黔石漠化区北部和武陵山区西部各县经济增长速度普遍较快。而四省藏区、六盘山区、燕山—太行山区、大兴安岭南麓山区和大别山区各县经济增长相对较慢,部分四省藏区县甚至出现经济负增长。总体来看,西部县域经济增长快于东部,南方快于北方。

表 6-4　2011—2018 年 14 个片区经济增长的县区分布

年均增长率	县区名称
-9.7%—0%	青海乌兰、天峻、海晏、玛沁、称多,甘肃泾川,新疆阿合奇,黑龙江林甸
0%—3.0%	吉林镇赉、大安、通榆,内蒙古商都、兴和,河南栾川,河北阳原、蔚县、涞源,山西灵丘,湖南花垣、泸溪,四川越西、布拖、普格,西藏萨嘎,青海刚察、湟中、玛多,甘肃庆城,新疆喀什
3.1%—17.0%	略
17.1%—18.0%	贵州印江、凤冈、威宁、黄平、台江、普定、惠水、镇宁、紫云、独山、兴仁,云南贡山、西盟,西藏贡嘎、萨迦、当雄、浪卡子、曲水、达孜,陕西永寿、汉阴、白河、岚皋

年均增长率	县区名称
18.1%—35.7%	贵州道真、务川、正安、江口、石阡、长顺、晴隆、三都、平塘、望谟、册亨,西藏双湖、申扎、措美、那曲、墨竹工卡、堆龙德庆,陕西麟游、平利,新疆乌恰,山西岚县、吉县

（二）经济增长的空间相关性

运用 Geoda 软件对 2011—2018 年中西部欠发达地区县域人均 GDP 增长率进行空间相关模式分析,得到全局 Moran's I 指数为 0.313,P 值通过 1% 的显著性检验。结果表明县域经济增长的空间分布呈现显著正相关性,即经济增长较快的县在空间上相互集聚,增长较慢的县同样如此,相邻县域间经济增长存在相互影响和相互依赖的空间关联特征。同时对欠发达地区人均 GDP 增长率进行局部自相关分析。

结果显示,中西部欠发达地区经济增长高—高集聚类型县主要分布于西藏中部和南部(那曲、拉萨和山南地区)、滇桂黔石漠化区北部(贵州)和武陵山区西部(重庆、贵州),这些地区县域经济增长较快,表现出空间集聚特征。经济增长低—低集聚类型县主要位于四省藏区中部和北部(青海)、燕山—太行山区西部和大兴安岭南麓山区南部,经济增长普遍较慢。高—低集聚区和低—高集聚区范围较小,主要分布于低—低集聚区和高—高集聚区周边。大别山区、罗霄山区,以及吕梁山区、滇西边境山区等地的经济增长未通过空间自相关显著性检验。说明各县经济增长趋势存在较大差异,空间依赖性相对较弱。

第二节　经济增长动因的空间异质性

一、GWR 模型计算结果

中西部欠发达地区县域经济增长具有显著的空间自相关性和空间异质性,传统的普通最小二乘估计(OLS)模型忽略了不同地理区域因变量与自变量间关系的变化。地理加权回归(GWR)模型则可有效解决因空间位置引起的变量间的局部变异问题。为验证 GWR 的优越性，同时使用传统 OLS 模型和 GWR 模型对数据进行回归分析。选取各县县城所在地的投影坐标作为地理坐标，以固定高斯函数为权重函数，以 AIC 法确定带宽，OLS 模型与 GWR 模型对比结果如表 6-5 所示。由表可知，利用 GWR 模型回归得到的拟合优度 R^2 为 0.6589，明显大于 OLS 模型的 0.2996。GWR 模型的赤池信息准则 AICc 值为 -1609.5924，明显小于 OLS 模型，其残差平方和 RSS 也显著下降，表明 GWR 模型对欠发达地区经济增长的拟合性能更优。

表 6-5　OLS 模型与 GWR 模型结果对比

模型＼参数	RSS	AICc	R^2	Adjusted R^2
OLS	4.0840	-1490.1014	0.2996	0.2889
GWR	1.9887	-1609.5924	0.6589	0.5275

GWR 模型中各指标对每个县经济增长影响都有特定的回归系数，模型回归结果的描述性统计如表 6-6 所示。从回归系数的正负值结果看，各指标对经济增长均呈现正负两种效应，且所占比例各不相同，表明影响因素具有较明显的空间不稳定性和空间异质性。第二产业比重变化、金融机构贷款余额增长率对经济增长的影响主要为正相关效应，初始经济水平、到省会或特大城市的距离的影响主要为负相关效应。其他指标的正负向效应范围大致相当，空间差异明显。从回归系数绝对值的平均值看，第二产业比重变化对经济增长的影响最大，其次为初始经济水平、到省会或特大城市距离、金融机构贷款额增长率、第三产业比重变化等指标，相对而言，农业机械总动力增长率、年均降水量、固定资产投资增长率的影响强度较小。

表 6-6　GWR 模型回归结果描述性统计

自变量	最小值	中位数	最大值	平均值	正值(%)	负值(%)
初始经济水平	-2.272	-0.292	0.662	-0.387	22.12	77.88
第二产业比重变化	-0.502	0.375	1.408	0.418	92.08	7.92

续表

自变量	最小值	中位数	最大值	平均值	正值(%)	负值(%)
第三产业比重变化	-0.989	0.054	1.951	0.081	54.56	45.44
农业机械总动力增长率	-0.327	0.007	0.678	0.036	53.06	46.94
固定资产投资增长率	-0.530	-0.001	0.413	-0.051	49.18	50.82
金融机构贷款额增长率	-0.333	0.063	0.674	0.089	69.96	30.04
公共财政支出增长率	-0.640	0.031	2.107	0.077	58.30	41.70
年均降水量	-1.232	0.001	2.265	0.044	50.67	49.33
到省会或特大城市距离	-0.720	-0.101	0.332	-0.118	35.43	64.57

二、空间异质性分析

关于经济增长的影响因素,已有研究从资本投入、产业结构、政府干预、金融发展、交通区位等角度进行了较多探讨。索洛增长模型将经济增长分解为资本、劳动和全要素生产率的增长,高投资加快了资本积累,不仅可以通过资本深化,还可通过提高全要素生产率,以促进经济增长(Romer,1986)。实证研究中虽然大量学者证实了资本投入对经济增长的促进作用(经济增长前沿课题组,2005;王少剑等,2015),但部分研究发现,随着时间的推移,投资的促进作用将逐渐减弱(经济增长前沿课题组,2005),而投资结构的失衡还可能导致经济增长受阻(邱冬阳等,2020)。

产业结构方面,理论上要素投入从低生产率部门向高生产率部门流动,即产业结构的转变是经济增长的核心原因(干春晖等,2011)。实证研究普遍证实了第二产业特别是技术密集型工业对经济增长的积极影响,但第三产业的影响相对较小(孙广生,2006;Zhao和Tang,2015),且过度的服务化倾向还将导致经济的结构性减速(周建军等,2020);政府干预方面,新增长理论将政府公共支出引入Arrow—Kurz模型,通过理论推导得出公共支出占GDP的比例将显著促进经济增长(Barro,1990)。宏观公共财政理论则认为,政府公共支出主要是通过税收融资实现的,而税收具有扭曲性,税收的增加将抑制经济增长(严成樑、龚六堂,2009)。与理论上的分歧相似,关于政府干预与经济增长关系的实证分析结论同样大相径庭(王少剑等,2015;Barro 和 Redlick,2011);金融体系在经济发展中起着关键作用。Mckinnon(1973)和 Shaw(1973)等学者从"金融抑制""金融深化"等理论角度证实了金融发展对经济增长的促进作用。实证上,不同发展水平地区,金融对经济增长的作用存在差异。

社会发展涉及教育、医疗、社会保障等多个方面,也被认为是影响地区经济增长的关键因素,但实证研究尚无定论。例如,李庄园(2000)采用1994—2019 年中国省域数据分析发现,包含教育、医疗因素的公共服务对于经济增长有积极的促进作用。但 Zhang 和 Xu(2011)聚焦于我国的县域尺度,发现教育和卫生服务对于我国西部和边远地区经济发展的直接影响非常有限。交通区位条件意味着市场机会与集聚经济,其对经济增长的影响不容忽视,对于市场规模有限的欠发达地区而言更是如此。基于中国 14 个片区数据,王武林等(2015)研究发现公路交通优势度对经济增长具有明显的推动作用,优势度每提升 1 个百分点,对其经济产出的贡献达到 0.193%。总体上看,虽然经济增长影响因素的研究日益深入,但研究区域主要针对省域或城市尺度,相关结论能否有效解释欠发达地区的经济增长现象尚有待进一步验证。

需要指出的是,上述结论主要基于较大区域尺度(地带、省域)研究得出,缺少基于更小空间单元的细致考察。中国的欠发达地区广泛分布于东北、华北、西北、西南等地区,空间跨度大,不同地区的自然条件、交通区位、产业基础等差异明显,经济增长具有典型的区域性特征。正如习近平总书记所强调的,扶贫开发不是"面上搞大呼隆,而是缩小到州县、地县这样的范围"[①]。新时期欠发达地区发展政策的制定同样需要充分考虑地区发展条件与特点,因地制宜,精准施策。因此,在探讨中西部欠发达地区经济增长过程中,挖掘不同地区影响因素的差异,解释因素作用的空间异质性就显得至关重要。

本章通过地理加权回归方法,分析各要素对中西部欠发达地区经济增长的空间异质性。实证结果表明,初始经济水平对中西部欠发达地区经济增长的影响在 77.88%的县域呈现负向效应,在 22.12%的县域呈现正向效应。负

---

① 《习近平扶贫论述摘编》,中央文献出版社 2018 年版,第78页。

向效应表明初始经济水平越低的县经济增长越快,县域间存在经济趋同趋势,这与全国尺度的城市经济增长趋势相一致,但与县域经济增长趋势不同。周扬等(2014)对1982—2010年间、李在军等(2016)对1998—2013年间全国县域的研究均发现经济差距拉大的证据。推测这一方面与研究时间段有关,另一方面可归因于研究范围的差异。就欠发达地区自身而言,近年来的扶贫开发取得了明显的经济增长效应,经济差异在不断缩小。如在武陵山区,已有研究发现,2000—2011年间区域内部经济差距就呈现出先上升后下降的趋势(丁建军,2014)。初始经济水平的正向效应说明经济基础较差的县域增长越慢,相应区域主要位于西藏南部、四川、西藏与云南三省交界地区,这与陈利等(2017)对云南、耿宝江等(2016)对四川藏区的研究结论相吻合。

产业结构因素对经济增长的影响存在较大差异,第二产业比重变化以正向效应为主,第三产业比重变化的正负向效应大致相当。92.08%的县受第二产业比重变化正向影响,即第二产业比重增加越多,县域经济增长越快。说明工业化水平的提高对欠发达地区经济增长产生了较强的推动作用,这与已有全国或省域尺度的研究结论较为一致(陈利等,2017;Zhao和Tang,2015)。从系数的空间分布看,影响高值区主要分布于四川藏区、秦巴山区和吕梁山区等地。第三产业比重变化仅对54.56%的县具有正向影响,对45.44%的县为负向影响。正向影响说明第三产业比重增加越多,经济增长越快。其高值区主要为四川藏区、滇西边境山区、燕山—太行山区和吕梁山区等地。推测这与当地旅游业较为发达有关。田里和李佳(2018)对四川藏区的研究提供了一定佐证,发现四川藏区第三产业比重较高的县旅游经济水平也较高,服务业水平是导致该地区经济差异的主要因素。负向影响高值区主要位于西藏、四省藏区西部和东部、滇桂黔石漠化区、武陵山区东部和大别山区等地,其第三产业比重的增加不利于经济增长。可能的原因是这些区域第三产业以传统生活性服务业为主,这些部门劳动生产率普遍较低,规模经济效应弱(房灵敏等,2012),因此,服务业的扩张反而不利于地区整体经济发展水平的提高。

农业机械化对多数县域经济增长具有正相关效应,正向影响高值区主要分布于滇西边境山区、四省藏区、武陵山区、罗霄山区和六盘山区东部等地。

农业机械化水平的提高对这些区域经济增长具有较强的促进作用。这与已有多数研究结论相一致(徐建国、张勋,2016)。随着工业化城市化的推进,农业用工成本不断上升,以农业机械化为技术手段的现代化路径是节本增效、提高劳动生产率的关键(魏巍、李万明,2012),并成为地区经济增长的重要驱动因素。负向影响高值区主要分布于新疆南疆三地州和西藏西部,魏巍和李万明(2012)在对新疆的研究时发现,当地农业机械化发展过程中存在农业装备结构不合理,以小型机械为主,作业效率低、低档次机械重复投资、利用率不高等问题。农业机械投资的过快增长挤占了其他要素投入的空间,从而不利于整体经济水平的提高。可见,提高欠发达地区的农业机械化水平不能一概而论,而应当结合各地实际,采取差别化的发展对策。

固定资产投资对欠发达地区县域经济增长的正向与负向影响范围大致相当。正向影响高值区主要位于六盘山区西部、四省藏区北部、秦巴山区南部和新疆南疆三地州等地(49.18%),固定资产投资增长越快,经济增长也越快,说明这些区域的经济增长受投资驱动特征明显。另有一半区域为负向效应区,其高值区主要分布于大兴安岭南麓山区、燕山—太行山区、武陵山区和吕梁山区等地。较快的投资增长不利于这些区域经济水平的提高,表明资本存量已超过了当地经济发展所需的水平,通过固定资产投资促进经济增长不再有效(张晓晖、张传娜,2020),而且不合理的投资结构还将造成投资效率下降,从而抑制经济的增长。基于2013—2017年全国省级面板数据,邱冬阳等(2020)研究证实,虽然总体固定资产投入促进了经济的增长,但这一效应主要来自制造业投资和房地产投资,基础设施投资的影响并不显著。而张晓晖和张传娜(2020)对东北三省的研究则发现,固定资产投资显著抑制了县域经济的增长。

金融机构贷款余额增长率对69.96%的县域经济增长具有正相关效应。正向影响高值区主要分布于滇桂黔石漠化区、乌蒙山区和秦巴山区等地。金融机构贷款的增长为这些区域经济实体提供了重要的金融支持,并提高了资源配置效率,从而推动了地区经济增长。这一结果与已有研究结论较为一致(赵勇、雷达,2010)。另有30.04%的县域经济增长受金融贷款增长率的负向影响,即金融机构贷款增加越快,经济增长越慢。这些区域主要位于大别山区、新疆南疆三地州和西藏西部。相关研究证实了这一结论。王晓润和朱丽丽(2018)通过对安徽大别山区的研究发现,金融支持的规模效率较低,对贫困县经济发展的作用有限。丁志勇(2012)对新疆南疆三地州的研究也发现,信贷资金主要流向其他发达地区,本地使用率低。过快的金融贷款增长反而压缩了本地资金使用规模,从而不利于经济发展。

政府干预对大多数县域经济增长具有正向影响,政府财政支出增长越快,经济增长也越快。六盘山区、秦巴山区西部、新疆南疆三地州和滇桂黔石漠化区西部的影响效应尤为明显。通过基础设施与公共服务供给、税收减免、财政补贴等渠道,政府对这些地区的经济增长产生了积极影响(Markusen 等,1996)。政府干预对少数县域经济增长产生了负向影响,其中影响较大的地区主要为大兴安岭南麓山区、燕山—太行山区、乌蒙山区西部、武陵山区南部等地,较快的政府财政支出阻碍了这些地区的经济增长。说明政府对微观经济活动干预过多,资源配置的行政化扭曲了市场运行机制,导致经济效率下降,经济增长受阻。慕晓飞等(2018)对东北地区的研究印证了这一结论。他们发现,1991—2016 年间东北地区政府财政支出占 GDP 的比例每增加 1%,宏观投资效率则下降 2.73%。因此,对于这些地区而言,有必要规范政府的投资活动,完善市场环境,充分发挥"看不见的手"的导向作用。

年均降水量总体上对中西部欠发达地区县域经济增长具有显著的正向影响,降水量越多,县域经济增长越快。其中,新疆南疆三地州、大兴安岭南麓山区、燕山—太行山区和乌蒙山区受降水量的正向影响强度最大。更多的降水有助于缓解水资源缺乏局面,不仅改善了农业灌溉条件,还能为非农产业发展提供基本保障,使经济增长成为可能。年均降水量对经济增长的负向影响较大的地区主要分布于西藏、四省藏区北部、六盘山区和吕梁山区。更多的降水不利于这些区域经济的增长。推测这与当地降水时空分布不均有关,降水在时间或空间上的集中容易导致暴雨洪涝或干旱灾害,不仅造成直接经济损失,还会对经济生产和人民生活带来巨大的消极影响(刘永林等,2015)。

到省会或特大城市的距离对 64.57%的县域经济增长具有负相关效应。

负向影响高值区主要分布于乌蒙山区、武陵山区、秦巴山区西部和滇桂黔石漠化区西部等地,距离省会或特大城市越近,县域经济增长越快。在这些地区的经济增长过程中,来自省会或特大城市的市场机会以及集聚经济的"扩散效应"较为突出,对县域经济产生了良好的带动作用。这一结果与已有研究结论较为吻合(Holl,2018)。但仍有35.43%的县域经济增长受该变量的正向影响,即到省会或特大城市越近,经济增长越慢。其高值区主要位于罗霄山区、燕山—太行山区、六盘山区北部和秦巴山区东部等地。说明这些地区在经济发展过程中受到较多来自大城市的市场竞争压力,经济机会和人口因被省会或特大城市所吸引而流失,即大城市的"虹吸效应"抑制了县域经济增长。刘浩等(2016)对京津冀地区的研究印证了这一发现。临近北京、天津等核心城市加快了周边地区资源的外流,极化效应远大于外溢效应,导致经济不平衡格局加剧,"灯下黑"现象逐渐显化。因此,对于这一类型地区而言,如何构建与大城市的经济关系,充分发挥大城市的辐射和带动作用,将是地区发展亟待解决的关键问题。

第三节 经济增长的案例分析

秦巴山区是连接和支撑我国长江经济带、黄河流域、汉江生态经济带、成渝城市群、关中天水经济区及中原经济区等的关键区域,在全国区域发展格局中具有特殊重要地位。改革开放特别是党的十八大以来,秦巴山区经济发展取得了长足进步,但与其他地区相比仍存在较大差距。党的十九大明确提出实施区域协调发展战略。习近平指出,要按照客观经济规律调整完善区域政策体系,发挥各地区比较优势,推动形成优势互补、高质量发展的区域经济布局。在经济发展新阶段,研究秦巴山区经济增长问题,解释其增长规律与驱动因素,不仅有助于促进秦巴山区自身的转型发展和居民福利提升,还将为全国其他欠发达地区提供有益示范,并推动长江经济带和黄河流域等国家战略区域的高质量发展。

本节以秦巴山区为研究对象,从县域尺度入手,研究2011—2018年秦巴山区经济增长的空间格局,并运用空间计量模型方法,解析经济增长的驱动因素,以期丰富欠发达地区的经济增长研究,并为新时期地区发展政策制定提供科学依据。

一、秦巴山区经济格局的时空演变

（一）数据与方法

本节研究区域为《秦巴山片区区域发展与扶贫攻坚规划（2011—2020年）》确定的 80 个县（区）。研究时段为 2011—2018 年。秦巴山区跨河南、湖北、重庆、四川、陕西、甘肃六省市,国土面积为 22.5 万 km^2。研究数据主要包括县域社会经济统计数据、自然要素数据、行政区划矢量数据和交通路网数据。其中,社会经济数据主要来自历年《中国县域统计年鉴》和各省市统计年鉴,并对各指标进行指数缩减得到 2011 年不变价的相关变量,自然要素数据主要根据中国科学院资源环境科学数据中心提供的海拔栅格数据提取而得,县域行政区划矢量数据来自国家测绘局国家基础地理信息数据库,交通路网数据来自中国地图出版社 2011 年版《中国分省系列地图册》,并根据 ArcGIS10.2 软件对道路网进行矢量化而得,到最近地级市距离即为路网距离。由于 5 个市辖区社会经济数据无法获取,故空间模型估计的样本量为 75 个。

研究方法主要涉及探索性空间数据分析（Exploratory Spatial Data Analysis,ESDA）和空间计量模型。在计量模型的变量选择上,综合考虑秦巴山区划分起始年份、增长机制、欠发达地区的独特性及研究数据的可获得性,将 2011—2018 年县域人均 GDP 的增长率作为因变量,从经济基础、产业结构、政府投入、社会发展、自然地理、市场区位等方面构建线性回归模型,考察秦巴山区经济水平增长的影响因素。具体自变量包括初始经济水平、第二产业增加值比重、人均公共财政支出、医疗卫生水平、教育发展水平、交通区位和平均海拔（见表6-7）。模型分析前,通过共线性诊断发现变量间 VIF 值均小于 5,不存在多重共线性问题。

表6-7　变量定义与描述性统计

变量	定义	均值	标准差
经济基础	人均GDP(元)	14064	7099
产业结构	第二产业增加值占GDP比重(%)	0.433	0.120
政府投入	人均公共财政支出(元)	4091	1973
社会发展	医疗卫生机构床位数增长率(%)	0.084	0.058
	在校中小学生数增长率(%)	−0.023	0.035
自然地理	平均海拔高度(米)	1055	453
市场区位	到最近地级城市市区的路网距离(千米)	81	44

(二)经济格局的时空演变

从经济规模来看,秦巴山区经济总量较小。2018年共实现GDP约4774亿元,仅占全国总量的0.98%。县域平均GDP约136亿元,仅为全国县域平均水平的43.21%。从经济发展水平看,2018年秦巴山区人均GDP为33182元,约为全国平均水平的一半(51.43%)。总体而言,秦巴山区经济发展与全国其他地区仍有较大差异,经济增长的任务依然艰巨。

秦巴山区县域间经济差距明显。经济总量较大的为陕西安康市辖区(汉滨区)和汉中市辖区(汉台区)、湖北十堰市辖区(茅箭区、张湾区),其GDP均在300亿元以上,规模较小的县为甘肃陇南市两当县和康县、陕西汉中市佛坪县和留坝县,GDP均不足20亿元。总体上,区域东部和南部经济总量较大,西部和北部经济总量较小。就人均GDP而言,陕西省、河南省内各县人均GDP普遍较高(分别为37630元和33733元),甘肃省内各县普遍较低(13740元),省际差异明显。

自2011年国家将连片特困区作为脱贫攻坚主战场以来,秦巴山区经济保持了较快增长态势。2011年秦巴山区县域平均GDP为69亿元;2018年秦巴山区县域平均GDP增长至136亿元(见图6-1)。从经济增长速度看,8年间秦巴山区县域平均GDP增长10.26%,明显快于全国平均增速(9.16%)。人均GDP具有相似的增长趋势。2011年秦巴山区人均GDP为16465元;2018

年,秦巴山区人均 GDP 增长至 33182 元,增长率达 10.53%,明显快于全国水平(8.60%)。

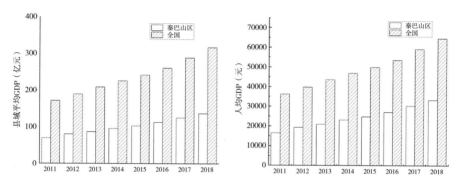

图 6-1 2011—2018 年秦巴山区县域经济与全国县域经济对比

统计秦巴山区县域经济增长情况,结果如表 6-8 所示。从经济增长空间格局看,秦巴山区内部呈现出 3 种类型的增长区域:(1)中部以陕西省、湖北省和重庆市为主要区域,各县(区)经济增速较快,年均增长率达到 12.75%,热点区集中在三省交界处陕西省内安康市汉滨区、汉阴县和紫阳县;(2)东部河南省内县域经济增速较慢,年均增长率为 6.75%,低于全国平均水平,并且出现冷点区,集中在洛阳市洛宁县、嵩县、汝阳县和栾川县;(3)西部四川省和甘肃省经济增速相对缓慢,年均增长率为 9.47%,超过全国平均水平但小于片区平均水平。

表 6-8 2011—2018 年秦巴山区经济增长的县区分布

年均增长率	县区名称
1.6%—8.6%	河南洛宁、汝阳、嵩县、栾川、南召、西峡、镇平、淅川、卢氏,甘肃成县、徽县、康县、礼县、西和,陕西略阳、柞水,四川巴州,湖北茅箭,重庆城口
8.6%—10.5%	四川南江、通江、万源、宣汉、朝天、利州、昭化、旺苍,陕西汉台、勉县、商州,甘肃武都、文县、宕昌,四川平武,河南内乡、鲁山,湖北郧西、竹溪
10.6%—12.6%	四川平昌、苍溪、剑阁、青川、北川、仪陇,陕西南郑、宁强、洋县、丹凤、商南、周至,湖北丹江口、房县、郧阳、张湾、竹山,重庆巫山、巫溪
12.7%—15.0%	陕西汉滨、宁陕、镇坪、太白、城固、留坝、西乡、镇巴、洛南、镇安,湖北保康,重庆奉节、云阳
15.1%—19.8%	陕西白河、汉阴、平利、石泉、旬阳、紫阳、岚皋、佛坪、山阳

二、秦巴山区经济增长的因素分析

（一）空间相关性分析

探索性空间数据分析全局分析结果如表6-9所示，通过计算秦巴山区县域人均 GDP 的 Moran's I 指数发现，各县（区）存在显著的空间正相关性。但随着时间和空间维度的变化，相关性也在发生变化。运用 Matlab 和 Stata 软件计算 2011—2018 年不同距离权重矩阵下 Moran's I 指数，发现：（1）随着时间的推移，不同距离条件下的 Moran's I 指数出现下降趋势，说明各县（区）空间正相关性随着年份演进逐渐减弱，但依然存在显著的正相关关系；（2）从空间维度来看，在不同年份随着权重矩阵距离的增加，指数呈现整体下降趋势，意味着距离带宽越大，县域间空间正相关性越弱。而通过对各县（区）人均 GDP 年均增长率进行全局 Moran's I 指数分析可得，该指数随着空间矩阵距离的增加而减小，但依然显著为正，说明秦巴山区各县（区）人均 GDP 的变化趋势在空间上始终呈现正向集聚，各县（区）之间经济发展相互作用，相互影响。

表 6-9　秦巴山区县域经济 Moran's I 指数表

距离＼年份	2011	2012	2013	2014	2015	2016	2017	2018	2011—2018 年增长率
0—50km	0.582	0.573	0.434	0.521	0.517	0.515	0.512	0.516	0.549
0—100km	0.241	0.223	0.186	0.218	0.230	0.230	0.217	0.219	0.529
0—150km	0.164	0.150	0.130	0.151	0.165	0.167	0.158	0.160	0.391
0—200km	0.127	0.115	0.096	0.113	0.124	0.126	0.119	0.119	0.311
0—250km	0.114	0.104	0.089	0.100	0.110	0.111	0.104	0.105	0.253
0—300km	0.098	0.090	0.076	0.086	0.095	0.096	0.090	0.091	0.206
0—350km	0.093	0.085	0.073	0.083	0.090	0.092	0.086	0.087	0.174
0—400km	0.089	0.081	0.068	0.078	0.086	0.086	0.082	0.082	0.150

（二）空间计量模型结果

空间计量模型分析前，先对线性回归模型作 OLS 估计，以考察不同模型的合理性,然后再进行空间滞后模型(SLM)和空间误差模型(SEM)估计。模型结果如表6-10所示。由表可知,OLS模型的拟合优度为0.326。进一步做SLM和SEM估计,借鉴Anselin等(2004)的判断标准以判断最优模型,两个模型的拉格朗日乘数(LMLAG和LMERR)均显著,但其稳健性(R_LMLAG和R_LMERR)均不显著。进一步对比其他指标,发现两个模型的Log likelihood、AIC和SC值差距较小,但SLM模型的拟合优度更大,综合判断空间滞后模型(SLM)拟合效果更优。

表6-10 秦巴山区经济增长空间计量模型结果

模型 变量	OLS	SLM	SEM
λ	—	—	0.285***
ρ	—	0.265***	—
常数项	0.220**	0.143***	0.291***
初始经济水平	-0.512***	-0.455***	-0.504***
第二产业增加值比重	0.394***	0.341***	0.373***
人均公共财政支出	0.307***	0.258***	0.258***
医疗卫生水平	0.259**	0.228***	0.221***
教育发展水平	-0.133***	-0.125***	-0.143***
平均海拔	0.100***	0.074***	0.074***
到地级城市市区的距离	-0.039***	-0.044***	-0.071***
R^2	0.326***	0.372***	0.365***
Log likelihood	35.814***	37.796***	37.311***
AIC	-55.628***	-57.593***	-58.622***
SC	-37.088***	-36.735***	-40.082***
LMLAG	4.285***	—	—
R_LMLAG	1.677***	—	—
LMERR	2.713***	—	—
R_LMERR	0.104***	—	—

注:*、**、***分别表示在10%、5%、1%水平上显著。

空间滞后系数 ρ 为 0.265,回归结果在 5% 水平上显著,表明秦巴山区县域经济增长存在明显的空间依赖关系,相邻县域经济发展水平的提升也会促进本县经济增长,秦巴山区县域经济增长存在空间溢出效应。这一发现与已有研究结论相吻合。胡鞍钢和刘生龙(2009)对中国 28 个省份经济增长研究也发现,经济发展平均外溢效应系数为 0.206;吴玉鸣(2007)对全国 2030 个县域经济增长进行空间计量分析同样发现,各县人均 GDP 增长在地理空间上表现出较强的溢出效应,各县之间的空间相互关联对于经济增长十分重要。

初始经济发展水平对于秦巴山区县域经济增长具有抑制作用。2011 年县域人均 GDP 与人均 GDP 增长率成负相关关系,回归结果在 1% 水平上显著。说明初始经济水平较低的县经济增长速度要快于初始经济水平较高的县,秦巴山区内部各县经济增长呈现收敛趋势。这一结果与部分已有研究结论存在一定差异。周扬等(2014)对 1982—2010 年间、李在军等(2016)对 1998—2013 年间全国县域的研究均发现,经济差距在不断拉大。推测这与研究的空间范围不同有关。米楠等(2015)将研究范围聚焦到单个欠发达地区,通过对宁夏六盘山区 1991—2010 年人均 GDP 变化分析就发现,各县之间经济发展水平的空间差异呈现逐步缩小的趋势,这与对秦巴山区的研究相一致。改革开放特别是党的十八大以来,欠发达地区特别是县域经济增长取得了显著成效,区域内经济差异不断缩小。

产业结构对秦巴山区经济增长具有显著影响。第二产业占 GDP 的比重越大,经济增长越快,估计结果通过 1% 显著性检验。这与已有研究结论较为一致,王雅竹等(2020)对 1994—2017 年长江经济带的研究也发现,产业结构是经济带县域经济增长的核心驱动力,第二产业比重越高,经济带尤其是中上游地区经济增长越快。陈利等(2017)基于 1986—2014 年云南省统计数据研究发现,工业化水平每增加 1%,县域人均 GDP 提升 0.1291%。秦巴山区整体经济发展水平较低,服务业发展普遍滞后,仍处于工业化中期阶段,经济增长在很大程度上依赖工业驱动。但必须指出的是,秦巴山区作为我国重要的生态功能区,在国家生态环境保护中具有重要的战略地位,因此,在经济发展过程中如何处理工业化发展与生态保护之间的关系,是实现高质量发展的关键。

政府投入对县域经济增长具有显著的促进作用,模型结果在5%水平上显著。政府在县域经济发展当中扮演着重要角色,精准扶贫战略实施以来,政府对贫困地区的教育、医疗、社会保障等公共服务和基础设施的全方位投入取得了明显的经济成效。已有研究关于政府投入对经济增长的影响并没有定论。基于2007—2017年中国省域数据,孙丽(2019)研究表明总体公共财政支出对经济增长的促进作用并不显著。政府投入在提供更好的社会服务的同时,也降低了个人与企业创新的动力。王少剑等(2015)对1990—2010年间广东省区域经济增长的研究则发现,作为简政放权的重要方式,地方财政支出的增加显著推动了地区经济的增长。笔者研究结果与后一种观点相一致。对于秦巴山区这类欠发达地区而言,经济的增长在相当程度上仍有赖于政府的财政支持。

社会发展因素对秦巴山区经济增长的影响得到了部分证实。医疗卫生水平显著促进了经济增长,但教育发展水平的影响不显著。说明各县区社会服务的完善,医疗机构的发展对于经济增长呈现积极作用。可能的原因是,医疗教育等社会公共服务的发展能够吸引人口的流入,从而扩充劳动力资源和市场资源,促进经济活动的发展,带来实际的经济增长。张耀军和张振(2015)运用人口普查数据对京津冀地区的研究证实,教育和医疗水平对于人口密度的增加具有正向影响。而在秦巴山区,发现教育发展水平并不显著,可能由于县级教育资源相较于市级或其他发达地区教育资源仍有较大差距,短时间内无法吸引人口的流入,从而不能迅速带来经济的增长。

平均海拔和距离最近地级城市路网距离对于各县(区)经济水平发展带来的影响不具备统计学意义,并未体现自然地理条件和市场区位因素对于经济增长的影响。关于自然地理条件,可能是因为秦巴山区各县均地处秦岭、大巴山区,从县域尺度上看各县自然地理环境具有较大的同质性。关于市场区位条件,推测其城市发展水平相对较低,对县域经济的扩散效应较弱有关。实地走访调研发现,秦巴山区各县与地级城市市区在经济发展、招商引资等过程中更多表现为竞争关系,而不是互补关系。城市市区的经济规模有限,集聚经济水平较低,尚不能发挥对县域经济的辐射带动作用。

第四节 小 结

经济增长是就业增长的重要保障。在区域均衡发展新阶段,加快中西部地区特别是欠发达地区经济增长步伐,缩小与其他地区的经济差距,不仅有利于扩大就业规模,保障和改善民生,还能有效发挥地区优势,推动形成地区均衡发展格局。本章通过对全国 14 个片区及秦巴山区的经济增长格局及驱动机制的分析,剖析其经济增长特征与内在规律,为地区发展政策制定提供科学借鉴。

分析发现,中西部欠发达地区经济规模较小,经济水平较低,与全国其他地区仍有较大差距。地区经济发展仍是一项长期而艰巨的任务。在欠发达地区内部,虽然县域间经济总量差距明显,但人均经济规模差距较小,各地经济发展水平普遍较低。

2011—2018 年间,中西部欠发达地区经济保持了快速增长态势,但具有明显的空间分异特征。8 年间人均 GDP 年均增长 10.54%,高于全国平均水平(8.6%)。经济增长较快的县主要位于西藏、滇桂黔石漠化区北部和武陵山区西部,增长较慢的县主要位于大兴安岭南麓山区、燕山—太行山区、六盘山区、大别山区和四省藏区等地,总体上,西部地区增长快于东部,南方快于北方。对秦巴山区的分析发现,8 年间秦巴山区人均 GDP 年均增长 10.53%,明显快于全国平均水平。陕西省、湖北省和重庆市为主要区域,各县经济增速较快,三省交界区域为增长热点区。河南、甘肃及四川省内各县增长相对较慢。

地理加权回归分析发现,各指标对全国 14 个片区县域经济增长的影响呈现出明显的空间异质性。其中,第二产业比重变化、金融机构贷款余额增长率对经济增长的影响主要为正向效应,初始经济水平、到省会或特大城市的距离的影响主要为负向效应。其他指标的正负向效应范围大致相当,空间差异明显。从影响强度看,第二产业比重变化对经济增长的影响程度最大,其次为到省会或特大城市距离、金融机构贷款额增长率等指标,相对而言,农业机械总动力增长率、年均降水量、固定资产投资增长率的影响程度较小。影响因素的空间异质特征表明在欠发达地区经济发展政策制定过程中,应充分考虑不同指标影响程度的空间差异,因地制宜、精准施策,以提高决策的针对性和科学性。

探索性空间数据分析发现,秦巴山区县域经济发展呈现空间集聚现象,随着距离的增加和时间发展,集聚趋势逐渐减弱。空间滞后模型分析表明,初始经济发展水平与县域经济增长显著负相关,秦巴山区县域经济发展水平呈现收敛趋势。第二产业比重、人均公共财政支出、医疗卫生水平对秦巴山区经济增长具有显著促进作用。教育发展水平、平均海拔和到地级城市市区的交通区位对县域经济增长的影响不显著。

实证研究表明,对于秦巴山区这一特殊且重要的空间单元而言,其经济增长及驱动因素与其他欠发达地区相比,既具有相似性,又存在一定的独特性。因此,在新时期地区经济发展政策制定过程中,应充分认识其自身特点。例如,首先,应处理好秦巴山区经济发展与生态环境保护之间的关系,进一步调整产业结构,高效利用当地自然条件,发挥资源优势与特色,促进环境友好型、劳动密集型产业的发展,避免工业的过度重型化和污染型企业进入。其次,应持续加大对秦巴山区的财政支出力度,提高财政转移资金的使用效率,遵守市场规律,将财政资金用在培育持续发展的产业和实业上,同时带动社会资本投入,增强欠发达地区的自我"造血"功能。最后,应增加对秦巴山区的公共服务特别是医疗卫生等领域的投入,推动基本公共服务均等化,通过公共服务水平的提升,吸引农村人口进城与外出务工人员回流,改善秦巴山区的人力资本不足状况,为地区经济发展注入内生动力。

第七章 中西部地区工业化发展及其交通贡献

工业化是指由传统农业社会向现代工业社会转变的过程。工业化不仅包括工业产业本身发展水平的提高,还泛指由工业增长引起的,体现为人均国民收入增加和产业结构高级化的经济发展和经济现代化过程(黄群慧,2018)。改革开放特别是进入21世纪以来,随着"西部大开发""东北振兴""中部崛起"等区域战略的实施,中西部地区工业得到了快速发展,工业生产能力大幅提升,工业体系不断完善,工业分工格局逐渐优化,但产业结构、产业组织水平、绿色经济发展等方面仍存在诸多问题,与东部沿海地区的差距较明显(毛中根、武优勐,2019;姚鹏、张明志,2019)。特别是作为农村剩余劳动力和回流人口的重要承载空间,中西部地区县域的工业化水平仍然不高,对劳动力的吸纳能力有限,制约了县域新型城镇化和乡村振兴战略的实施。因此,加快中西部地区县域工业化进程,提高工业化发展水平,增加非农就业岗位,对于中西部地区持续健康发展具有重大现实意义。

交通基础设施投资是促进工业发展与经济增长的重要政策手段(Cantos等,2005)。我国的"西部大开发"等区域均衡发展战略实施过程中,交通设施投资均是重要举措之一。在欧洲,欧盟同样投入大量资金用于交通设施建设(如泛欧交通网 TEN-T),旨在通过大规模、广覆盖的交通投资,增加落后地区的经济机会,促进地区产业发展(殷江滨等,2016)。然而,交通投资与工业发展的关系无论在理论上,还是实证上都较为复杂,研究分歧较大。而且,关于交通与中西部县域工业增长的关系,已有研究仍然较为薄弱。进入21世纪以来,中西部地区的交通投资如何影响地区的工业化进程,仍有待进一步回答。

考虑到近年来国家对中西部欠发达地区的巨大投入,本章以中西部13个片区为研究区域,以县域为研究单元,分析中西部欠发达地区的工业化发展进程与空间格局,并运用空间面板模型方法,重点探讨交通可达性对欠发达地区工业增长的影响,以期增进对中西部地区工业化进程及其动力机制的理解,并为新时期地区产业发展政策制定提供有益借鉴。

第一节　数据与模型

一、研究区域与数据

本章研究区域为《中国农村扶贫开发纲要(2011—2020年)》确定的连片特困地区。由于西藏的工业总产值等关键指标数据缺失较多,故将西藏县域样本剔除,以剩余的13个片区为研究样本,即六盘山区、秦巴山区、武陵山区、乌蒙山区、滇桂黔石漠化区、滇西边境山区、大兴安岭南麓山区、燕山—太行山区、吕梁山区、大别山区、罗霄山区和已明确实施特殊政策的四省藏区、新疆南疆三地州。

考虑到中部和西部欠发达地区在市场区位、地理条件等方面存在较大差异,在对总样本进行实证分析的基础上,进一步对中部和西部地区样本分别构建空间计量模型,以探讨交通条件的改善对工业增长的影响。具体在进行区域划分时,将大兴安岭南麓地区、燕山—太行山区、吕梁山区、大别山区、罗霄山区5个片区划为中部片区,将新疆南疆三地州、四省藏区、六盘山区、秦巴山区、武陵山区、乌蒙山区、滇西边境山区、滇桂黔石漠化区8个片区划为西部片区。

本章研究数据为面板数据,涉及2000、2005、2010和2015年4个年份,主要包括相应年份的道路交通数据、社会经济统计数据和自然数据。道路交通数据是以中国基础地理信息数据库为基础,以中国地图出版社2000年、2005年、2010年、2015年出版的《中国交通地图册》数据为依据,使用ArcGIS软件进行叠加和数字化处理,建立交通网络空间数据库。社会经济统计等数据来源于相应年份的《中国县域统计年鉴》《中国统计年鉴》和各省统计年鉴。其中计量模型中的社会经济数据以 2000 年为基期,根据国家统计局 PPI 指数和 GDP 平减指数,对规模工业指数、固定资产投资、财政支出进行平减。自然要素数据来源于中国科学院资源环境科学数据中心下载的海拔、降水数据以及对 1km DEM 计算得到的坡度数据。由于个别县级行政单元的社会经济数据无法获取,故本章的县域样本量为 603 个。

二、空间面板模型

考虑到地方工业增长可能存在的空间溢出效应和空间外部性,本章选择空间计量模型方法进行实证分析,以弥补传统模型忽视空间依赖性估计的不足。具体来说,选择空间面板计量模型,以避免空间截面计量模型因忽视要素影响的时间滞后效应的不足。空间面板计量模型由于增加了指标数据的数量,满足了渐近性质对大样本的需求,模型充分利用了数据信息,准确性较高,已在社会科学领域得到了广泛应用(席强敏、李国平,2015;王振波等,2019)。常用的空间面板模型包括空间面板滞后模型(Spatial Panel Lag Model,SPLM)、空间面板误差模型(Spatial Panel Error Model,SPEM)和空间面板杜宾模型(Spatial Panel Durbin Model,SPDM),其中杜宾模型公式为:

$$y = \rho W y + X \beta_1 + W X \beta_2 + \varepsilon$$

其中,y 为被解释变量,ρ 为因变量空间滞后系数,X 为解释变量和控制变量的向量,β_1 为解释变量的系数,β_2 为解释变量空间溢出效应下的系数,ε 为随机误差项。W 为 $n \times n$ 的空间权重矩阵(n 为地区数),若地区 i 和 j 边界相邻,W 中的元素 W_{ij} 的值为 1,否则为 0。

在选择不同的空间计量模型时,首先通过 Wald 和似然比 LR 检验判断该模型是否可以简化为空间滞后模型,若不可以简化,则通过 Hausman 检验确定空间面板杜宾模型是固定效应还是随机效应。由于同时包含了内生交互效应(Wy)和外生交互效应(Wx),某个解释变量对被解释变量的总效应与其系数大小并不相等,此时总效应包括两部分:自身的直接效应和其他单元引起的间接效应(空间溢出效应)。为解决系数难以解释的问题,LeSage 和 Pace(2009)提出直接效应(DE)、间接效应(IE)和总效应(TE)。杜宾模型可以转换为：

$$y_t = (I - \rho W) - 1(\alpha + x_t\beta_1 + Wx_t\beta_2)$$

则

$$E(y_t \mid x_t) = (I - \rho W)^{-1}(\alpha + x_t\beta_1 + Wx_t\beta_2)$$

其中，I 为单位矩阵，E 为期望，其余同上。此时，直接效应为由期望构成矩阵的对角元素的平均值，体现某地区自变量对因变量的直接影响大小。间接效应为矩阵非对角元素的行平均值，体现对某地区自变量对邻近地因变量的影响。总效应为直接效应和间接效应之和（王鹤、周少君，2017）。

三、变量选取

工业发展不仅受到自然环境的影响，还受到区域社会经济发展条件的作用。本章主要讨论交通可达性对工业发展时空格局的影响，所以因变量选取规模以上工业总产值表征工业发展水平。自变量参考相关研究（黄晓燕等，2012；龙小宁等，2014），主要包括 3 类：一是交通发展条件类变量，包括公路可达性、人口加权铁路可达性、GDP 加权铁路可达性（到最近地级市）、县铁路网密度；二是县域尺度的规模和经济发展变量，包括县年末总人口数、县财政支出、县固定资产投资；三是自然特征变量，包括平均海拔、平均坡度、平均气温。各变量定义如表 7-1 所示。

表 7-1　工业增长模型变量定义

变量名称	符号	操作性定义及说明
规模以上工业总产值	I	被解释变量，根据 PPI 指数，以 2000 年为基期，对其余年份的工业产值进行修正
公路可达性	$Road$	解释变量，通过公路（国道、省道、铁路）到最近地级市的时间加权
人口加权铁路可达性	RP	解释变量，通过铁路到最近地级市的时间加权
GDP 加权铁路可达性	RG	解释变量，GDP 以 2000 年为基期对其余年份进行修正
县铁路网密度	RN	控制变量
县年末总人口	P	控制变量

变量名称	符号	操作性定义及说明
县财政支出	Fi	控制变量,如 GDP 以 2000 年为基期对其余年份进行修正
县固定资产投资	In	控制变量,如 GDP 以 2000 年为基期对其余年份进行修正
平均海拔	Al	控制变量
平均坡度	Sl	控制变量
平均气温	T	控制变量

第二节　工业化发展的时空特征

根据钱纳里的工业化阶段理论,经济体从传统社会到现代社会需经历前工业化阶段、工业化初期、工业化中期、工业化后期和后工业化时期 5 个阶段(Chenery 等,1986)。根据对工业化水平指数的跟踪计算和预测,黄群慧(2018)认为中国在 2011 年以后已进入工业化后期,但中国工业化进程中的区域发展不平衡问题较为突出。京津沪等已进入后工业化阶段,多数东部沿海省份也已进入工业化后期,但大部分中西部省份仍处于工业化中期,产业转型升级压力较大(陶长琪等,2019)。

工业发展格局对区域发展具有重要影响。已有研究运用工业总产值、工业增加值、就业人数等指标,从不同地区、不同行业的地理分布与集聚程度等角度对工业发展的空间格局进行分析,并发现中国工业在整体上存在显著的空间集聚现象,同时在区域层面呈现"东高西低"的不平衡地理格局(贺灿飞、胡绪千,2019)。例如罗胤晨和谷人旭(2014)通过计算中国 19 个制造业的区位基尼系数发现,中国的产业集聚程度普遍较高,多数产业集中分布于东部沿海省份,如江苏、山东、广东、浙江等地,中西部地区(除河南、四川外)制造业规模小,分布相对分散。总体上,工业经济空间格局呈现东部、中部、西部地区逐步降低的梯度差距(黄群慧,2018)。

纵观中国的工业化进程,改革开放以来,工业空间格局经历了"分散—集聚—再分散"的变化趋势。20世纪80年代,广东、浙江、江苏等沿海省份工业快速发展,其增长势头明显快于传统工业中心,如辽宁、吉林、黑龙江、四川、湖北等,全国的工业格局整体呈分散态势。1990年以后,随着改革开放的不断深入,工业空间由中西部地区向东部沿海的长三角、珠三角、环渤海地区集聚的态势更加明显,这一趋势一直持续至2004年(罗胤晨、谷人旭,2014;贺灿飞、胡绪千,2019)。2004年以后,沿海发达地区的工业开始向东部欠发达地区(如广东珠三角外围地区、江苏北部、山东西部等)转移,并进而向安徽、湖南、河南、四川等中西部地区转移,"西快东慢"的工业增长空间新格局逐渐形成,东部沿海地区工业占比不断下降,中西部地区工业占比上升,工业空间呈现由东部向中西部"再分散"态势(胡伟等,2019;贺灿飞、胡绪千,2019)。

需要指出的是,在产业转移与工业空间格局变化过程中,不同区域、不同产业之间存在明显差异。从区域角度看,东部沿海地区的产业向中部地区转移的幅度明显大于向西部地区转移的幅度,换言之,产业转移具有较强的梯度性特征(黄群慧,2018)。从产业角度看,劳动密集型和资本密集型产业向中西部地区集聚的趋势比技术和知识密集型产业更为明显(章屹祯等,2019)。总体而言,在全球化、市场化和分权化等多种力量的共同作用下,中国工业空间结构正在发生着深刻变化(贺灿飞、胡绪千,2019),并为中西部地区尤其是欠发达地区县域工业发展带来了新的机遇。

本节运用规模以上工业总产值、第二产业增加值、从业人数等数据,研究中西部欠发达片区整体及县域尺度的工业化发展格局,剖析进入21世纪以来欠发达地区的工业增长进程,并与全国工业化进程进行对比,总结中西部欠发达地区工业化发展的时空特征。

一、工业化发展格局

基于2015年县域统计数据,对中西部13个片区工业化发展格局进行分析,结果如表7-2所示。可以发现,与全国相比,中西部欠发达地区工业化水平仍然较低,工业化发展仍有较大的提升空间。2015年,13个片区第二产业占 GDP 的比重为 38.9%,低于全国水平(40.5%)。第二产业从业人数为 2182.2 万人,占全国第二产业从业总人数的 9.6%,这一比例明显低于户籍人口的占比(17.0%)。13 个片区第二产业从业人数占地区总人口的 9.3%,与全国平均水平(16.8%)相比仍有较大差距。可见,中西部欠发达地区工业产业发展相对滞后,工业的劳动力吸纳能力有限,对经济增长的贡献度不高。

表 7-2　2015 年 13 个片区工业化发展格局

片区	规上工业总产值/亿元	第二产业占GDP 比重/%	第二产业从业人数/万人	二产从业人数占总人口比重/%
大别山区	7590.1	40.3	499.7	13.4
大兴安岭南麓山区	1118.8	36.8	42.3	6.2
滇桂黔石漠化区	4205.2	35.9	201.9	6.9
滇西边境山区	1431.2	32.7	65.6	4.6
六盘山区	2381.2	39.0	146.2	7.2
罗霄山区	2656.9	42.9	193.5	16.4
吕梁山区	413.2	37.7	40.4	9.9
秦巴山区	6609.4	44.7	330.3	10.0
四省藏区	1102.3	44.9	21.6	3.7
乌蒙山区	1820.4	38.7	141.4	6.5
武陵山区	4353.1	37.0	336.6	10.7
新疆南疆三地州	184.6	25.8	36.5	4.9
燕山—太行山区	1865.7	38.3	109.0	10.7
13 个片区总计	35732.1	38.9	2182.2	9.3
全国	—	40.5	22693	16.8

　　13 个片区的工业发展规模与工业化水平存在明显差异。工业发展规模较大的地区为大别山区、秦巴山区、武陵山区、滇桂黔石漠化区等,规模以上工业总产值均超过 4000 亿元,其中大别山区规模最大,达 7590.1 亿元。4 个地区工业总产值占 13 个片区总量的 63.7%。工业发展规模较小的地区为新疆南疆三地州、吕梁山区、四省藏区、滇西边境山区、大兴安岭南麓山区,其规模以上工业总产值均不足 1500 亿元。从第二产业比重看,工业占比较高的地区

为四省藏区、秦巴山区、罗霄山区和大别山区,占比均在 40% 以上,工业占比较低的地区为新疆南疆三地州、滇西边境山区,占比均不超过 35%。其他片区工业占 GDP 的比重均在 35%—40% 之间,差距较小,各地区工业化水平普遍较低。从第二产业就业看,就业规模较大的地区为大别山区、武陵山区、秦巴山区,第二产业从业人数均超过 300 万人,就业规模较小的地区为四省藏区、新疆南疆三地州、吕梁山区和大兴安岭南麓山区,第二产业从业人数均不足 50 万人。第二产业从业人数占总人口的比重普遍较低,13 个片区的第二产业就业比重均在全国平均水平以下。比重最高的地区为罗霄山区,占比16.4%,其次为大别山区、武陵山区等,占比最低的地区为四省藏区、滇西边境山区和新疆南疆三地州,占比均在 5% 以上。总体上,欠发达地区第二产业对就业的带动能力较弱。

　　对比中西部 13 个片区县域工业发展规模与工业化水平,结果如表 7-3 和表 7-4 所示。从发展规模看,工业规模较大的县主要位于大别山区、罗霄山区和秦巴山区东部、武陵山区东部。如大别山区县域规模以上工业总产值的均值为 210.9 亿元,中位数为 202.2 亿元,明显高于其他地区县域水平。工业规模较小的县主要位于四省藏区、新疆南疆三地州、滇西边境山区等地,如四省藏区县域规模以上工业总产值的均值为 22.1 亿元,中位数为 7.0 亿元。新疆南疆三地州县域均值为 8.4 亿元,中位数为 4.7 亿元。总体上,中部欠发达地区县域工业发展规模较大,西部地区规模较小。

表 7-3　13 个片区县域工业发展规模

工业总产值	县区名称
0.2 亿—2.0 亿元	新疆阿合奇、疏附、麦盖提、墨玉、皮山、于田、泽普,四川炉霍、巴塘、雅江、乡城、得荣,甘肃积石山、临潭、两当、舟曲,青海天峻、同德,云南贡山、福贡,山西大宁,内蒙古阿尔山,贵州雷山,广西乐业
2.1 亿—4.0 亿元	新疆巴楚、洛浦、和田,四川马尔康、喜德,甘肃华池、正宁、康乐、卓尼、灵台、迭部,青海刚察、河南,云南绥江、西盟,山西永和,贵州务川,广西东兰、凤山,陕西佛坪,宁夏隆德
4.1 亿—200 亿元	略

工业总产值	县区名称
200.1 亿—250 亿元	河南宁陵、柘城、潢川、光山,安徽颍上、霍邱、潜山、宿松,湖南石门、涟源、宜章,江西于都,湖北蕲春,重庆黔江,陕西勉县,贵州玉屏,甘肃永登
250 亿元以上	河南兰考、民权、太康、洛宁、淮阳、郸城、商水、沈丘、镇平、淅川、固始,湖北丹江口、麻城,江西赣县、南康,青海格尔木、湟中,内蒙古兴和,水城,广西靖西

不同于工业发展规模在空间上明显的集聚分布格局,欠发达地区县域工业比重较高的县域在空间上分布相对分散,而工业比重较低的县域在空间上相对集中。总体来看,第二产业增加值占 GDP 的比重较低的县域主要位于六盘山区、新疆南疆三地州、滇西边境山区,以及武陵山区西部等地,其第二产业占比多在 20%以下。第二产业占比较高的县分布较为分散,其中甘肃华池县、陕西麟游县、四川黑水县、陕西兴县的第二产业比重均超过 70%。对比工业发展规模与第二产业比重可以发现,工业规模和比重均较低的县域主要位于新疆南疆三地州、滇西边境山区等地,二者均较高的地区主要位于罗霄山区、大别山区等地。这与全国工业发展的总体格局较为一致。

表 7-4　13 个片区县域工业化水平

第二产业占GDP 比重	县区名称
3.2%—12.0%	甘肃积石山、夏河、正宁、康乐、通渭、临潭、张家川、两当,山西五寨、石楼、大宁,四川石渠、甘孜、色达,贵州黄平、望谟、册亨,新疆墨玉、皮山
12.1%—16.0%	甘肃临夏、渭源、卓尼、清水、舟曲、武都,新疆莎车、策勒、于田、民丰,四川马尔康、炉霍、道孚,贵州江口、石阡、三都,云南福贡、勐腊,山西神池,陕西绥德
16.1%—58.0%	略
58.1%—65.0%	陕西长武、柞水、镇安、旬阳、汉阴、南郑、白河,四川九龙、雷波、古蔺,山西繁峙、岚县,湖南沅陵、中方,广西德保、靖西,河北涞源,青海化隆,内蒙古化德,贵州龙里,甘肃合水
65.1%—79.8%	四川黑水、茂县、理县、汶川,青海格尔木、湟中、贵德、尖扎,陕西麟游、石泉、平利,甘肃华池、庆城,山西兴县

二、工业化发展进程

进一步分析21世纪以来中西部欠发达地区的工业化发展进程,通过统计2000年和2015年13个片区的第二产业增加值占GDP的比重,结果如表7-5所示。不难发现,欠发达地区与全国整体的工业化进程存在明显差异。2000—2015年,13个片区第二产业比重从30.3%上升至38.9%,15年间增加了8.6个百分点。而全国整体则由50.9%下降至40.5%,下降了10.4个百分点。可见,进入21世纪以来,全国处于工业化中期向后期过渡阶段,第二产业的增长势头明显慢于第三产业。而中西部欠发达地区总体上处于工业化初期向中期过渡阶段。按照工业化与经济发展规律推测,全国其他地区特别是东部沿海地区工业增长将明显减速,第三产业的主导地位日益突出。而中西部欠发达地区的工业发展仍将保持较快增长势头,其在地方经济中的地位将不断增强。

表7-5 2000年和2015年13个片区工业化水平及与全国水平对比

片区	2000年	2015年	变化值(%)
大别山区	32.1	40.3	8.2
大兴安岭南麓山区	26.5	36.8	10.4
滇桂黔石漠化区	28.0	35.9	7.8
滇西边境山区	22.6	32.7	10.2
六盘山区	33.0	39.0	6.0
罗霄山区	27.0	42.9	15.9
吕梁山区	27.8	37.7	10.0
秦巴山区	33.4	44.7	11.3
四省藏区	33.7	44.9	11.2
乌蒙山区	31.5	38.7	7.2
武陵山区	31.0	37.0	6.0
新疆南疆三地州	13.7	25.8	12.1
燕山—太行山区	33.9	38.3	4.4
13个片区总计	30.3	38.9	8.6
全国	50.9	40.5	-10.4

　　对比不同地区的工业化发展进程发现,各地区的工业发展变化存在一定差异。罗霄山区的第二产业占 GDP 的比重提升幅度最大,15 年间第二产业比重提高了 15.9 个百分点。此外,新疆南疆三地州、秦巴山区、四省藏区的提升幅度也较大。这些地区工业在地方经济发展中扮演着越来越重要的角色。相对而言,燕山—太行山区、六盘山区、武陵山区等地的提升幅度较小,第二产业在地方经济中的地位依然较低。

　　从工业增长速度来看,中西部欠发达地区工业增长速度明显快于全国水平。2000—2015 年间,13 个片区规模以上工业总产值从 1475.9 亿元增加至35733.1 亿元,年均增长率达 23.7%,这一速度明显快于全国整体工业增速(12.6%)。不同于工业发展规模与工业化水平的显著差异,各地区间工业增长速度的差异相对较小(见图 7-1)。增长最快的为吕梁山区和罗霄山区,年均增速分别达 30.3% 和 30.1%。增长较慢的为新疆南疆三地州、乌蒙山区和滇西边境山区,但其增速仍明显快于全国水平。总体上看,各地区均处于工业快速增长阶段。

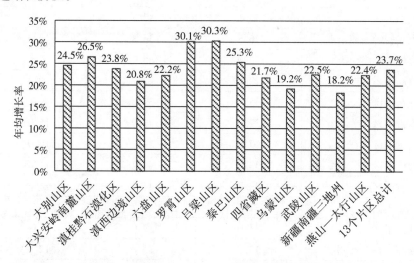

图 7-1　2000—2015 年 13 个片区工业增长对比①

_____

　　①　由于缺少 2015 年全国层面的规模以上工业总产值数据,因此,全国工业增速根据两个年份的工业增加值数据计算得出。

进一步分析欠发达地区县域工业增长与第二产业比重变化情况,结果如表 7-6 和表 7-7 所示。从工业增长情况来看,除个别县出现负增长外,欠发达地区县域工业均实现了稳定增长。增速较快的县域主要位于秦巴山区、罗霄山区、吕梁山区等地,其规模以上工业总产值年均增速多在 50% 以上。增长较快的县大致可分为两类:一类为资源丰富的县,如位于吕梁山区的县,依靠丰富的煤炭资源和高企的煤炭价格,其工业在这一时期实现了快速增长;另一类为临近发达地区或大城市的县域,如罗霄山区等地,借助来自珠三角等发达地区的产业转移,地方工业得到了较快增长。工业增长较慢的县主要位于新疆南疆三地州、六盘山区和滇西边境山区等,这些区域距离中东部市场较远,加之自身资源条件不突出,工业增长相对缓慢。

表 7-6 2000—2015 年 13 个片区县域工业增长状况

工业总产值增长率	县区名称
-8.7%—10.0%	新疆疏附、麦盖提、墨玉、皮山、泽普、和田,广西环江、凤山、大化、马山,甘肃庆城、临潭、玛曲,山西广灵、大宁,云南昭阳、梁河,贵州务川、雷山,湖南龙山,陕西略阳,青海尖扎,宁夏隆德,内蒙古阿尔山
10.1%—13.0%	甘肃华池、静宁、泾川、陇西、灵台,山西天镇、阳高、浑源、灵丘,云南绥江、兰坪、元阳,四川巴塘、喜德,湖北利川、来凤,黑龙江富裕,新疆巴楚,青海天峻,宁夏西吉,贵州黔西,广西三江
13.1%—40.0%	略
40.1%—45.0%	陕西长武、麟游、宁陕、商南、山阳、汉阴、白河、紫阳,贵州万山、黄平、丹寨,四川松潘、小金,山西兴县,江西安安,河南商水,河北沽源,云南丘北,广西靖西,甘肃永靖
45.1%—71.1%	陕西佳县、米脂、子洲、丹凤、平利,四川黑水、金川、白玉、雷波,贵州习水、凤冈、贞丰,云南德钦、永善、南涧,内蒙古扎赉特、兴和,吉林大安,新疆塔县,宁夏海原

从第二产业比重变化来看,2000—2015 年间,有 25.7% 的县域第二产业占 GDP 的比重出现下降。下降较快的县域主要位于六盘山区、滇西边境山区、武陵山区西部、滇桂黔石漠化区北部等地,其第二产业比重多下降 10 个百

分点以上。其中,下降最快的为陕西略阳县,下降 27.9 个百分点。第二产业比重明显增加的县域主要位于秦巴山区、罗霄山区、滇桂黔石漠化区南部及四省藏区的部分地区,其第二产业占 GDP 的比重多提升了 30 个百分点以上。可见,尽管欠发达地区整体上工业化程度不断提高,但其自身产业结构调整已经开始,一些工业基础薄弱,工业发展条件较差的县侧重于发展第三产业,其工业占比不断下降,第三产业比重则不断攀升。

表7-7   2000—2015 年 13 个片区县域工业化水平变化

第二产业比重变化	县区名称
-27.9%——-15.0%	甘肃永登、积石山、广河、武山、玛曲,山西神池、石楼、汾西、大宁,广西环江、大化,贵州赫章、镇宁,湖南龙山,湖北长阳,陕西略阳,青海同仁,宁夏隆德
-15.1%——-10.0%	甘肃榆中、临夏、张家川、西和,贵州施秉、贵定、平坝、望谟,山西阳高、大同,湖南凤凰、会同,湖北大悟、五峰,云南兰坪、会泽,陕西佳、绥德,河南南召,河北阳原,青海尖扎,广西罗城
-9.9%—30.0%	略
30.1%—40.0%	陕西长武、千阳、柞水、镇安、石泉、岚皋,四川平武、南江、金川、苍溪、平昌、布拖,青海贵德、兴海、玛多、达日,江西赣县,安徽颍上,云南德钦,新疆疏勒,内蒙古化德,贵州贞丰,广西资源,甘肃环县
40.1%—60.0%	陕西麟游、汉阴、白河、紫阳、平利,四川黑水、木里、雷波、金阳,青海湟中、玛沁,广西德保、靖西,甘肃华池、合水,山西兴县,云南永善

第三节   交通可达性对工业化发展的影响

一、面板数据检验与模型选择

由于面板是由时间序列和截面数据混合而成,可能存在用非平稳时间序列建立回归模型,从而造成"伪回归",因而需要首先进行平稳性检验,即单位根检验,常用的检验方法有 LLC 检验、ADF 检验、IPS 检验、PP 检验、NT 检验等,由于是短面板数据,故选用 ADF 检验和 NT 检验。表7-8 结果显示,本研究的主要变量均通过平稳性检验,故可以进行空间面板模型。

表 7-8　平稳性检验结果

变量名称	ADF-Fisher	NT 检验
规模以上工业总产值	18.24***	3.80***
公路可达性	17.41***	3.67***
人口加权铁路可达性	14.81***	3.01***
GDP 加权铁路可达性	18.14***	3.27***
铁路网密度	15.44***	2.57***

注：*** 表示在 1%水平上显著。

对于选择空间面板模型中的空间滞后、空间误差还是空间杜宾模型，具体的方法如下：

（1）空间滞后与误差面板模型的选择。如表 7-9 所示，OLS 估计显示 LMLAG 和 LMERR 均显著，以及 R_LMLAG 和 R_LMERR 也均显著，参考 Anselin（2004）的判别标准，空间误差模型的 R^2 和对数似然值 Log likelihood 均更大，且 AIC 和 SC 均更小，因而空间滞后模型拟合效果优于空间误差模型，故选择空间滞后面板模型。

（2）判断空间杜宾面板模型是否可简化为空间滞后模型。通过空间滞后模型的 Wald 和似然比（LR）检验，二者的值分别为 41.910 和 38.534，且均通过 1%的显著性检验，因而拒绝原假设，空间杜宾面板模型不可以简化为空间滞后模型。因此最终选择空间杜宾面板模型。

（3）固定与随机效应的选择。通过空间 Hausman 检验，结果为 0.59，P 值为 0.4426，未通过 1%的显著性检验，拒绝原假设，故选择随机效应。综上，选择随机效应的杜宾面板模型。

表 7-9　OLS 和 SEM 模型比较

参数 \ 模型 \ 年份	2000—2005			2005—2010			2010—2015		
	OLS	SLM	SEM	OLS	SLM	SEM	OLS	SLM	SEM
Log likelihood	−857.83	−833.55	−832.626	−841.87	−840.55	−841.87	−828.37	−825.021	−825.136

续表

年份\模型\参数	2000—2005			2005—2010			2010—2015		
	OLS	SLM	SEM	OLS	SLM	SEM	OLS	SLM	SEM
AIC	—	1673.10	1669.25	1687.73	1687.1	1687.73	1660.74	1656.04	1654.27
SC	1719.67	1686.30	1678.05	1696.53	1700.3	1696.53	1669.54	1669.24	1663.07
Moran's I	—	—	—	2.650***	—	—	3.32***	—	—
LMLAG	1728.46	—	—	9.72***	—	—	8.61***	—	—
R_LMLAG	—	—	—	5.84***	—	—	0.48	—	—
LMERR	10.91***	—	—	5.25**	—	—	8.20***	—	—
R_LMERR	97.33***	—	—	5.36**	—	—	8.69**	—	—

注：*、**、***分别表示在10%、5%、1%水平上显著。

二、总体样本分析

工业产品需要通过运输才能到达市场，产品市场的需求引致企业的劳动力需求及配置调整。如果交通更加便捷，不仅会提高地方通行效率，并且能加强地域之间的经济社会联系。交通基础设施是工业发展不可忽视的影响因素。古典和新古典区位理论从成本最小化出发，强调运输成本、劳动力成本和市场需求等对产业布局的影响。新经济地理学则强调在不完全竞争市场中，运输成本、市场规模和规模经济在产业区位选择中的作用。国外学者从实证角度分析了新经济地理框架下交通基础设施对新企业的诞生与产业集聚的影响（Weber，1929；Fujita 等，1999；Rosenthal 和 Strange，2001；Cantos 等，2005），但就其影响的程度与形式存在不同的观点。国内学者结合经济全球化和中国发展特点，也对制造业集聚与交通设施的关系进行了研究，认为交通设施对制造业集聚有着显著的影响，运输条件的改善会促使行业在区域上集中（范剑勇、杨丙见，2002；刘春霞等2006；贺灿飞、朱晟君，2008）。

交通可达性刻画的是交通网络中各个节点城市经济相互作用的机会大小。从理论上说，改善交通基础设施、降低运输成本可改变到达产品市场和投入供应市场的可达性。陈松林等（2012）利用福建省28个制造业行业数据计算行业平均集中率,并发现集公路、铁路、港口及机场于一体的加权综合交通可达性除了与资源密集型制造业相关性较低外,与其他各类制造业空间集聚的相关性非常紧密。林善浪和张惠萍(2011)以上海市辖区 265 个邮编区为样本单位,研究城市内部交通可达性对信息服务业集聚的影响,实证检验发现企业更倾向于选址在通达性较好的地理位置,特别是选择城市轨道交通沿线的区位。

本节分析各类交通可达性对中西部地区工业增长的影响。首先对总体样本进行空间杜宾面板估计。分析发现,规模工业总产值的空间滞后为 30%,在 1%水平上显著,表明各县区规模工业总产值存在显著的正向空间溢出效应。在控制了相关变量后,分别加入 4 个交通可达性变量,分别做了 4 个空间杜宾模型。由于主要讨论的是交通条件对工业化发展的影响,省略了控制变量结果,直接将 4 个模型中的交通相关自变量的结果表示在表 7-10 中。

由表 7-10 所示,4 个交通指标均对规模工业总产值具有显著直接影响。这表明公路和铁路可达性越好,路网密度越大的县,规模工业总产值越高。公路可达性每提高 1%,会使本县规模工业总产值增加 0.07%。人口加权的铁路可达性每提高 1%,会使本县规模工业总产值增加 0.32%。GDP 加权铁路可达性每提高 1%,会使本县规模工业总产值增加 0.18%。铁路网密度每提高 1%,会使本县规模工业总产值增加 0.05%。

从间接效应来看,只有铁路网密度对规模工业总产值具有显著的正效应。表明相邻县铁路网密度每提高 1%,会使本县规模工业总产值增加 0.06%。即铁路网密度的增大能促进邻近地区的工业增长。从总效应来看,也仅有铁路网密度显著,表明铁路网密度能显著促进片区整体工业发展。

表 7-10　总体样本空间杜宾面板回归结果

变量	系数值	直接效应	间接效应	总效应
公路可达性	0.08*	0.07**	0.03	0.09
人口加权铁路可达性	0.37***	0.32***	0.27	0.05
GDP 加权铁路可达性	0.26***	0.18**	0.05	0.23

变量	系数值	直接效应	间接效应	总效应
铁路网密度	0.00	0.05***	0.06*	0.10*
$W\ln I$	0.30***	——	——	——

注: *、**、***分别表示在10%、5%、1%的水平上显著。

三、分地区样本分析

将中西部欠发达地区分为中部和西部地区分别进行建模,模型结果如表7-11所示。可以发现,公路可达性对中西部欠发达地区县域工业发展均没有显著效应。人口加权铁路可达性对西部地区县域工业增长产生了显著正效应,但对中部地区县域产生显著负效应。可能的原因是,对于西部欠发达地区,人口规模本身体量较小,交通条件相对较差,铁路的开通带来的可达性提升,对其产业发展具有较强的刺激作用。而对于中部地区来说,交通基础本身已经较为完善,铁路可达性提升能起的作用有限,主要受人口规模的影响,人口较多的县工业发展较慢,主要以农业生产为主,导致模型结果出现人口加权铁路可达性对中部地区县域产生显著负效应。

GDP加权铁路可达性仅对西部地区县域工业发展产生显著正效应,但在中部地区却并未观察到显著效应。在一定程度上表明,对于西部欠发达地区来说,县到地级市铁路的通达性将会促进地级市工业化发展对周边县的溢出效应,从而促进县域工业发展。在西部欠发达地区提高区际交通基础设施水平能促进生产要素在全社会的优化配置。而对于中部地区,提高区际交通基础设施水平更多的是加深发达的大城市对欠发达地区的"虹吸效应"。对于中部地区,可以鼓励经济发展的地级市工业向外布局,利用县到地级市铁路的通达性和地级市经济增长对工业的溢出效应,促进欠发达县域的工业发展。

铁路网密度对西部欠发达县域工业发展产生了显著正效应,但在中部欠发达地区的影响不显著。由于西部地区的县域工业经济规模较小,因此,适当增大铁路网密度,引进优势企业、促进产业聚集形成规模经济,是促进西部资源依赖型工业增长比较合理的选择(杨筠等,2014)。

表 7-11　中西部欠发达片区空间杜宾面板回归结果

变量	中部欠发达片区				西部欠发达片区			
	系数	直接效应	间接效应	总效应	系数	直接效应	间接效应	总效应
公路可达性	0.02	0.02	0.0003	0.02	−0.02	−0.04	−0.12	−0.16
人口加权铁路可达性	−0.70**	−0.75***	−0.36	−1.10*	0.35***	0.34***	0.04	0.38
GDP 加权铁路可达性	0.24	0.29*	0.36	0.65	0.10	0.14	0.19	0.33
铁路网密度	0.02	0.02	0.02	0.04	0.05***	0.06***	0.05*	0.11***
$W\ln I$	0.31	—	—	—	0.30	—	—	—
R^2	0.67				0.27			

第四节　小　结

本章以中西部 13 个片区为研究区域,以县域为研究单元,在分析工业化发展进程与空间格局的基础上,使用空间面板模型探讨了公路和铁路可达性对欠发达地区工业增长的影响。主要结论如下:

(1)中西部欠发达地区工业产业发展相对滞后,工业的劳动力吸纳能力有限,对经济增长的贡献有待提高。2015 年 13 个片区第二产业增加值占 GDP 的比重仅为 38.9%,第二产业从业人数占总人口的 9.3%,与全国平均水平差距较明显。不同于工业发展规模在空间上明显的集聚分布格局,欠发达地区县域工业比重较高的县域在空间上分布相对分散,而工业比重较低的县域在空间上相对集中。

(2)进入 21 世纪以来,欠发达地区与全国整体的工业化进程存在较明显差异。15 年间欠发达地区第二产业比重增加了 8.6 个百分点,而全国整体则下降了 10.4 个百分点。中西部欠发达地区总体上处于工业化初期向中期过渡阶段。按照工业化与经济发展规律推测,全国其他地区特别是东部沿海地区工业增长将明显减速,第三产业的主导地位日益突出。而中西部欠发达地区的工业发展仍将保持较快增长势头,其在地方经济中的地位将不断增强。

(3)公路和铁路可达性越好,路网密度越大的县,欠发达地区的县规模工业总产值越高。且铁路网密度对规模工业总产值具有显著的正向溢出效应。相邻县铁路网密度每提高1%,会使本县规模工业总产值增加0.06%。铁路可达性对欠发达地区县域规模工业总产值的影响存在空间异质性。铁路网密度对西部欠发达地区县域工业增长产生显著正效应,但对中部欠发达地区的影响不显著。

第八章　中西部地区就业增长的
时空分异与驱动机制

就业为民生之本。党的十八大报告提出，推动实现更高质量的就业，实施就业优先战略和更加积极的就业政策。并将实现"就业更加充分"作为全面建成小康社会的重要目标，进一步明确了"劳动者自主就业、市场调节就业、政府促进就业和鼓励创业"的就业方针。党的十九大报告强调，就业是最大的民生，要坚持就业优先战略和积极就业政策，实现更高质量和更充分就业。2020年《政府工作报告》指出，就业优先政策要全面强化。财政、货币和投资等政策要聚力支持稳就业。努力稳定现有就业，积极增加新的就业，促进失业人员再就业。就业作为经济社会发展的基础和居民收入增长的主要来源，受到党和国家的高度重视。

对于中西部地区而言，随着城镇化和工业化的深入，越来越多的农村劳动力从农业生产向非农就业转移，非农就业成为居民收入增长的重要途径（Haggblade等，2010；韩炜、蔡建明，2020）。此外，非农就业收入还可直接用于农业生产领域，提高农业生产效率，降低农业生产不稳定性（Imai等，2015）。国内外大量研究已证实非农就业对于欠发达地区持续发展的重要意义（Lanjouw和Murgai，2009）。在自身人口增长和外出人口回流增加的现实背景下，中西部地区就业压力不断加大。因此，增加中西部地区特别是欠发达地区的就业机会，保障居民充分有效就业，既是改善民生福祉的重要要求，也是加快乡村振兴步伐，推动地区经济社会转型发展的必然选择。本章聚焦于中西部欠发达地区，旨在通过对就业增长时空分异与驱动机制的分析，挖掘就业增长的内在规律，并选择秦巴山区进行案例分析，以期为新时期区域发展政策制定提供有益借鉴。

第一节　就业增长的时空分异特征

在对中西部地区就业增长特征及内在规律的探究中,首先研究全国 14 个片区及不同人口规模县域的就业增长规律,然后选取秦巴山区为案例区域,研究这一空间单元就业增长的特点。旨在更全面掌握欠发达地区就业增长的时空特征与空间规律。

一、数据与方法

(一)研究区域与数据

全国层面的非农就业增长特征及空间规律的研究区域为《中国农村扶贫开发纲要(2011—2020 年)》确定的 14 个连片特困地区,即六盘山区、秦巴山区、武陵山区、乌蒙山区、滇桂黔石漠化区、滇西边境山区、大兴安岭南麓山区、燕山—太行山区、吕梁山区、大别山区、罗霄山区和已明确实施特殊政策的西藏、四省藏区、新疆南疆三地州。

由于非农就业人员等指标统计口径的调整,研究以 2013 年为始,时段为2013—2017 年。研究使用的县域行政区划矢量数据来自国家测绘局国家基础地理信息数据库;非农就业数据和社会经济数据来自历年《中国县域统计年鉴》和《中国统计年鉴》,其中,非农就业人数为第二产业从业人员与第三产业从业人员之和;降水与地形起伏度的基础数据来自中国科学院资源环境科学数据中心;交通区位涉及的路网数据根据 2013 年《中国公路里程地图分册系列》,并对其公路交通及县区进行矢量化处理得到,可达时间为各县通过不同公路到达相应地点的最短时间。由于部分县域数据无法获取,故本章样本量为 669 个。

(二)研究方法

本章涉及的研究方法主要为探索性空间数据分析(Exploratory Spatial Data Analysis,ESDA)和空间滞后模型(SLM)分析。但是,由于本章除分析全国 14 个片区整体外,还根据各县人口规模将其拆分为大县、中等县和小县,并分别研究其就业增长规律。因此,在空间权重设定上与前面略有不同。考虑到欠发达地区县域总样本在空间上整体呈连片分布,选择 Queen 邻近性空间权重矩阵,即 2 个县如果存在共同的边界或交点,则空间权重矩阵的元素设为1,否则为 0。对于不同人口规模样本,由于各县级单元在空间上并非连续,为了检验它们之间的空间关联性,本章根据县域间欧式距离设置了反距离空间权重矩阵(Inverse Distance Spatial Weights Matrix),即县域间距离越远,权重越小,空间单元之间的相互影响越弱。空间滞后模型考虑了周边空间单元因变量观测值对本地区的影响,可有效探讨非农就业增长的空间溢出效应问题,同时还可考察其他外生解释因素对非农就业的影响。模型表达式与前面一致。

(三)变量选取

长期以来,关于就业增长决定因素的讨论主要集中于经济增长、产业结构、资本投入与政府干预等地方性因素(place-based factors),且实证结果存在分歧。根据索洛经济增长模型,就业增长与经济增长的变动趋势在理论上具有一致性,经济增长会推动就业的相应增长(Solow,1956),但许多针对中国的研究发现,中国经济的快速增长并未带来就业的明显增加,"高增长,低就业"现象突出(龚玉泉、袁志刚,2002)。国际上的研究证实产业结构对就业增长具有重要影响,相比于工业特别是资本和资源密集型工业,服务业的就业创造效应更为突出(Blien 和 Wolf,2002;Shearmur 和 Polese,2007),但关于中国的部分研究则发现,第三产业比重只对东部地区就业增长产生显著促进作用,对中西部的影响并不显著(杜传忠等,2011;王晓刚、郭力,2013)。可见,不同产业结构如何影响就业增长,与其发展阶段、区域空间条件等密不可分;在资本投入方面,根据新古典经济增长理论,资本与劳动(就业)存在相互替代关系,即资本投入的增加将抑制就业增长(刘伟、蔡志洲,2014),但刘志雄和梁冬梅(2011)对 1985—2009 年中国省级数据分析发现,虽然全国层面资本投入与就业增长显著负相关,但在东部地区,国内投资的增加则促进了就业的增长;政府可以通过基础设施建设与研发支出、税收减免、财政补贴等渠道干预经济,被认为是促进就业增长的关键因素(Markusen 等,1996)。综上所述,经济增长、产业结构、资本投入与政府干预等地方性因素对就业增长的影响效应和机制尚未形成一致性认识。

　　除地方性因素外,近年来学术界越来越认识到,地理特征与市场区位等地理结构因素(geo-structural factors)对非农就业增长也发挥着不可忽略的作用(Shearmur 和 Polese,2007)。适宜的地理环境有利于吸引企业和人口进入,被认为是促进就业增长的重要因素。Posada 等(2018)在研究西班牙的地方就业时发现,降水和气温等对地方就业增长具有显著影响,降水量较多、一月温度较高地区就业增长更快。Felkner 和 Townsend(2011)对泰国的研究发现,地区海拔高度每增加 1 米,非农企业的收入增长就减少 0.0139%。靠近市场的地理区位对就业增长同样发挥着关键作用(Holl,2018),海岸与生产率及经济增长存在着显著的相关性(Rappaport 和 Sachs,2003),临近大城市可以获得更多的市场机会,大城市的"扩散效应"(spread effects)促进周边地区就业更快增长(Posada 等,2018)。但另一方面,靠近大城市也意味着更大的市场竞争压力,以及就业机会和人口因被大城市吸引而流失的可能,这种"回波效应"(backwash effects)将对周边地区就业增长产生消极影响(Partridge 等,2007)。地理结构因素对就业增长的影响还体现在地区间的空间依赖性上。由于相邻地区企业间互动、空间溢出效应和空间外部性的存在,某一地区的经济与就业增长往往受周边地区的影响(Anselin,2004)。空间效应对就业增长的影响已得到了大量研究证实(Gebremariam 等,2010;Rappaport 和 Sachs,2003;Amara 和 Ayadi,2014)。因此,在考察地区就业增长机制时,如不控制空间相关性因素,必然导致有偏差的估计结果。

　　结合已有研究与欠发达地区的特殊性及数据的可获得性,将县域非农就业增长作为因变量,自变量的选取主要从地方性因素和地理结构因素两方面入手,选取非农就业基础、经济水平、产业结构、政府干预、公共服务、地理区位等变量,以探讨中西部欠发达地区非农就业增长的作用机制(见表 8-1)。具体而言,因变量为 2017 年与 2013 年各县非农就业人数的对数差分。自变量除就业基础选择 2013 年初始就业规模外,经济水平、产业结构、政府干预、公共服务及交通可达时间也选取初始值(Posada 等,2018)。此外,除地形起伏度和赋值为比重变量外,其他变量均作对数化处理。通过计算方差膨胀因子发现,第二产业比重与第三产业比重之间存在较强多重共线性,因此选取两个变量分别构建模型,以考察产业结构因素对非农就业增长的影响。其余各变量不存在多重共线性问题。

表 8-1　自变量定义与描述性统计

类型		变量及计量单位	均值	标准差
地方性因素	就业基础	2013 年初始就业规模(万人)	7.34	9.52
	经济水平	地区生产总值(亿元)	52.82	45.52
		固定资产投资占 GDP 比重(%)	115.90	71.73
		金融机构贷款余额占 GDP 比重(%)	59.11	43.70
	产业结构	第二产业增加值占 GDP 比重(%)	37.93	14.49
		第三产业增加值占 GDP 比重(%)	36.91	11.52
	政府干预	公共财政支出占 GDP 比重(%)	53.00	39.95
	公共服务	每万人中小学生数(人)	1233.36	306.77
		每万人医疗机构床位数(张)	31.04	14.98
地理结构因素	自然地理	地形起伏度(参照封志明等的测算方法)	3.21	2.03
		年均降水量(毫米)	877.34	526.84
	市场区位	到最近海岸线距离(千米)	1271.49	878.93
		到最近地级城市可达时间(分钟)	98.45	79.83
		到最近省会或特大城市①可达时间(分钟)	254.04	212.80

　　需要指出的是,已有研究证实了人口规模是影响就业增长的重要因素,但二者关系相对复杂。从经济增长角度看,内生增长理论认为,人口规模通过"集聚效应"对区域与城市经济和就业增长产生显著促进作用(Romer,1986; Glaeser 和 Resseger,2010)。随着人口规模的扩大,要素报酬不断增加,但空间集聚导致的"拥挤效应"也将逐渐显现,从而引起要素报酬递减,经济增长受阻。因此人口规模对经济增长的影响并非线性的,而是呈倒 U 型关系(Au 和

---

①　特大城市是指城区常住人口 500 万以上的城市。

Henderson,2006)。此外,人口规模还与产业结构、资本投入等地方性因素,以及市场区位等地理结构因素存在着内在关联,两类因素与就业增长的关系受人口规模的影响和制约(Parr,2002),换言之,不同人口规模条件下地方就业增长的影响机制可能是不同的(Shearmur 和 Polese,2007)。已有研究大多仅考察了人口规模对于就业增长的单方面影响,并未区分不同人口规模条件下,非农就业驱动因素的差异性。

考虑到人口规模与就业增长之间的复杂关系,在总样本分析的基础上,进一步根据人口规模,将中西部欠发达地区各县分为大、中、小 3 种类型,探究基于不同人口规模的欠发达地区非农就业增长机制及其差异性。

二、就业空间分布格局

对中西部 14 个片区的非农就业状况进行统计分析,结果如表 8-2 所示。可以发现,中西部欠发达地区非农就业规模较小。2017 年 14 个片区非农就业人数为 5920.62 万,占全国总量的 10.44%,明显低于户籍人口的占比(17.62%)。14 个片区非农就业人数占总人口的比重为 24.2%,远低于全国平均水平(40.8%),说明现阶段欠发达地区非农产业发展水平相对滞后,仍具有较大的增长潜力和发展空间。

表 8-2　14 个片区非农就业状况对比

片区	2013 年就业人数(万)	2017 年就业人数(万)	2017 年就业密度(人/km²)	2017 年就业人口占总人口比重(%)	2013—2017 年就业增长量(万人)	增长率(%)
大别山区	974.28	1154.31	199.11	31.9	180.03	18.48
大兴安岭南麓山区	83.29	117.87	15.81	17.6	34.58	41.51
滇桂黔石漠化区	495.24	603.75	35.90	20.1	108.51	21.91
滇西边境山区	181.23	213.75	14.57	14.5	32.52	17.95
六盘山区	282.00	405.03	64.89	20.0	123.03	43.63
罗霄山区	286.72	454.73	88.58	38.7	168.01	58.60
吕梁山区	73.61	79.60	23.65	19.7	5.98	8.13

片区	2013年就业人数（万）	2017年就业人数（万）	2017年就业密度（人/km²）	2017年就业人口占总人口比重(%)	2013—2017年就业增长量（万人）	增长率（%）
秦巴山区	726.12	918.77	47.74	26.9	192.65	26.53
四省藏区	80.52	90.71	2.22	16.4	10.19	12.66
乌蒙山区	500.92	544.16	51.04	21.8	43.23	8.63
武陵山区	914.72	951.88	64.47	27.4	37.17	4.06
西藏	41.80	48.46	1.41	15.9	6.66	15.94
新疆南疆三地州	46.38	98.19	20.57	12.7	51.81	111.72
燕山—太行山区	233.51	239.39	40.80	21.8	15.88	7.10
14个片区总计	4910.35	5920.62	15.43	24.2	1010.26	20.57
全国	52806	56696	59.06	40.8	3890	7.37

从欠发达地区层面来看，14个片区的非农就业存在明显的空间差异。在就业规模方面，2017年，大别山区、武陵山区、秦巴山区、滇桂黔石漠化区4个地区的非农就业人数均在600万以上，占14个片区非农就业总人数的61.3%。西藏、吕梁山区、四省藏区和新疆南疆三地州非农就业规模较小，人数均不足100万。在就业密度方面，大别山区、罗霄山区、六盘山区、武陵山区非农就业密度较高，均超过60人/km²，西藏、四省藏区、滇西边境山区密度较低，均在15人/km²以下。从非农就业人数占总人口的比重看，罗霄山区、大别山区比重较高，均超30%，但仍低于全国平均水平。而新疆南疆三地州、滇西边境山区等比重较低，不足15%。

表8-3　2017年14个片区非农就业规模的县区分布

就业人数（人）	县区名称
294—1499	西藏日土、札达、双湖、墨脱、岗巴、吉隆、米林、朗县,青海玛多,四川得荣
1500—2999	西藏普兰、亚东、革吉、措勤、聂拉木、错那、定结、仲巴、察隅、聂荣、班戈、洛隆、左贡、林周、丁青,青海久治、班玛、甘德、达日、杂多,新疆民丰,四川炉霍

续表

就业人数（人）	县区名称
3000—299999	略
300000—399999	河南淮滨、兰考、民权、镇平、柘城、新蔡、淮阳、商水、太康,安徽宿松、阜南,江西赣县、宁都、兴国、于都,四川仪陇、巴州、宣汉,湖南溆浦、新化,湖北罗田、利川,贵州正安,重庆奉节
400000—738793	河南沈丘、郸城、固始,安徽寿县、利辛、颍上、临泉,湖北蕲春、麻城,贵州黔西、七星关,江西南康,重庆云阳

从县域层面来看,各县的非农就业规模同样差异较明显(见表8-3)。2017年,非农就业规模较大的县主要位于大别山区和罗霄山区,以及武陵山区、秦巴山区和乌蒙山区的部分地区,就业规模多在30万人以上。西藏、四省藏区、新疆南疆三地州和滇西边境山区各县规模普遍较小,多在3万人以下。非农就业密度的差异更大(见表8-4)。位于大别山区的县非农就业密度明显高于其他地区,非农就业密度多超过150人/km²。此外,罗霄山区的县就业密度也较高。密度较小的县分布较为广泛,除西藏、四省藏区等规模较小地区外,位于大兴安岭南麓山区、滇西边境山区的大多数县非农就业密度均不足25人/km²。非农就业人数比重的总体格局与就业规模大致相似。大别山区、罗霄山区、秦巴山区和武陵山区各县非农就业人口占总人口的比重普遍较高,四省藏区、滇西边境山区等地比重较低,与其他地区差距较大。

表8-4　2017年14个片区非农就业密度的县区分布

就业密度（人/km²）	县区名称
0.01—0.09	西藏日土、札达、双湖、墨脱、革吉、措勤、错那、安多、改则、仲巴、察隅、尼玛,青海玛多、曲麻莱、治多、都兰、杂多,新疆民丰
0.1—0.29	西藏普兰、岗巴、噶尔、工布江达、聂荣、洛隆、昂仁、左贡、吉隆、聂拉木、申扎、米林、丁青,青海格尔木、天峻、久治、囊谦、玉树、达日、称多,新疆塔县,四川石渠
0.3—149.99	略
150—299.99	河南宁陵、淮滨、镇平、新蔡、淮阳、郸城、太康、固始,安徽望江、阜南,四川仪陇、巴州,湖南武冈,湖北孝昌、蕲春,贵州铜仁、黔西,陕西扶风,河北望都,新疆喀什

续表

就业密度 （人/km²）	县区名称
300—1757.17	河南兰考、民权、柘城、商水、沈丘，安徽利辛、颍上、临泉，甘肃临夏，江西南康

三、就业空间增长趋势

中西部欠发达地区非农就业总体上呈快速增长趋势。2013—2017 年间，14 个片区的非农就业人数增加了 1010.26 万人，增长率为 20.57%，明显高于全国平均水平(7.37%)，反映出国家扶贫开发政策的巨大成效。但地区间增长趋势存在较大差异(见表 8-2)。新疆南疆三地州增长最快，达 111.72%。罗霄山区、六盘山区也出现较快增长，增速均超过 40%。而武陵山区、燕山—太行山区增长较为缓慢，增速甚至低于全国水平。从增长量来看，秦巴山区、大别山区、罗霄山区等非农就业基数较大的地区增长较多。

县域非农就业增长表现出明显的空间分异趋势。在增量方面，通过冷热点分析发现，县域非农就业增长的热点区(增量高值的聚集区域)主要为大别山区、罗霄山区以及秦巴山区的东部，这些区域均位于中部省份。而冷点区(增量低值的聚集区域)主要为武陵山区和滇西边境山区。在增速方面，5 年间各县年均增长率为 7.91%，72.05% 的县实现了增长，平均增速为 13.10%，27.95% 的县出现负增长，平均增速为-5.46%。总体上看，非农就业减少的县空间分布相对集中，而非农就业增长较快县分布较为分散(见表 8-5)。

表 8-5　2013—2017 年 14 个片区非农就业增长的县区分布

年均增长率	县区名称
-28.9%——15.0%	云南玉龙、洱源、西盟，四川得荣、炉霍、美姑，青海玉树、格尔木，西藏巴青，宁夏同心
-14.9%——10.0%	西藏双湖、墨脱、米林、洛隆，青海海晏、河南，四川黑水，山西静乐，贵州麻江、独山、罗甸、惠水、纳雍，湖北五峰，湖南绥宁
-10.1%——45.0%	略

续表

年均增长率	县区名称
45.1%—60.0%	河南卢氏、内乡、镇平,江西寻乌、东乡,湖北竹溪、竹山,广西资源,云南盈江、昭阳,贵州瓮安,西藏噶尔,青海贵德、门源、乐都,陕西商南、丹凤,甘肃张家川、西和、礼县,新疆疏勒、喀什,黑龙江克东
60.1%—99.9%	广西融安、马山、都安、三江、忻城,云南丘北,河南民权、柘城,安徽太湖、潜山,青海循化、化隆、互助、民和,甘肃秦安,新疆英吉沙

值得注意的是,边界区位与非农就业增长存在着明显的关联特征。位于欠发达片区边界的县非农就业增长明显快于非片区边界县,而位于省际边界的县增长明显慢于非省际边界县(见图8-1)。统计发现,5年间片区边界县非农就业平均增长率为8.51%,显著高于非边界县(6.65%),而省际边界县平均增长率为7.13%,显著低于非省际边界县(9.03%)。进一步来说,那些位于片区边界但不位于省际边界的县平均增长率为9.50%,远高于位于省际边界但不位于片区边界的县(4.47%)。

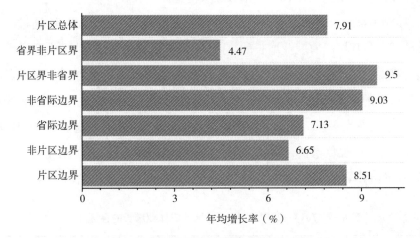

图8-1 14个片区不同边界县非农就业增长率对比

不同人口规模县在空间分布和非农就业增长上均存在显著差异。根据人口规模,将连片地区各县分为人口小县(20万人以下)、人口中等县(20万—50万人)和人口大县(50万人以上)。不同规模县在空间分布上相对集中。其中人口小县229个,集中分布于西藏和四省藏区,非农就业增长呈现两极分

化趋势,出现负增长的县达 31.44%,高于欠发达地区总体水平。中等县 285
个,分布相对较广,主要位于大兴安岭南麓山区、燕山—太行山区、六盘山区、
滇西边境山区、滇桂黔石漠化区、秦巴山区和新疆南疆三地州,中等县实现非
农就业增长的比例最高,达 74.04%。大县 155 个,主要分布于大别山区、罗霄
山区、乌蒙山区和武陵山区,除少数欠发达片区边界县外,多数县非农就业增
长较为缓慢。

2013—2017 年间,中西部欠发达地区县域非农就业的空间差异呈逐年下
降趋势。这里选用人口加权的泰尔指数和变异系数,考察 5 年间欠发达地区
总体及不同规模县域非农就业增长差异的演变趋势。由图 8-2 可知,5 年间
变异系数与泰尔指数不断下降,表明中西部欠发达地区县域非农就业规模的
差异在逐渐缩小。换言之,非农就业规模小县比大县增长更快,县域非农就业
水平出现收敛趋势。进一步采用泰尔指数将片区总体差异分解为不同规模县
的组间、组内差异,以考察总体差异的主要来源与内部结构。分析发现,不同
规模县的组间差异较小,且总体保持稳定,总体差异的缩小主要来组内差异
(由 0.143 降至 0.089)。从组内差异来看,人口小县之间非农就业规模差异

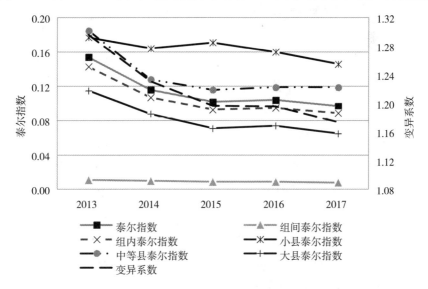

图 8-2 14 个片区县域非农就业差异分解与演变

较大,且变化较小,中等县和大县下降态势明显。可见,欠发达地区县域非农就业差异的下降主要来自人口大县以及中等县内部差异的下降。

第二节　就业增长的驱动机制

一、空间关联模式检验

运用 Matlab 软件,分别计算 2013—2017 年 14 个片区总体及不同规模县域非农就业增速的 Moran's I 统计量,发现片区总体的 Moran's I 为 0.211,人口大县和中等县的 Moran's I 分别为 0.063 和 0.047,P 值均通过 1% 的显著性检验。显著的正向空间自相关说明非农就业增长较快的县在空间上相互集聚,增长较慢的县同样如此,相邻或相近县域之间的非农就业存在相互影响和相互依赖的空间关联特征。

由于 OLS 模型假设样本在空间上是相互独立的,即样本为空间随机分布模式,显然违反了基本事实。因此,针对研究实际,应纳入县域之间非农就业的空间交互效应,采用空间回归模型。此外,Moran's I 检验结果发现人口小县的 Moran's I 为 0.002,未通过 5% 显著性检验,表明人口小县的非农就业增长不存在空间相关性,推测这与小县主要分布于青藏高原地区有关。该地区自然条件恶劣、经济基础薄弱,县域间经济联系较弱,非农就业表现为空间随机分布模式。因此,在分析小县时仍采用 OLS 模型。

二、总体样本分析

由 Moran's I 检验结果可知,14 个片区总体样本应采用空间滞后模型。在进行空间计量模型分析之前,先给出 OLS 模型结果,用于对比空间滞后模型的优越性和合理性。此外,由于第二产业增加值比重与第三产业增加值比重存在明显的共线性,对两个变量分别构建模型,以考察产业结构因素对非农就业增长的作用。模型结果如表 8-6 所示。由模型估计结果可知,分别考虑产业结构因素的模型结果相差无几。

通过对比 OLS 模型(2)和 SLM 模型(4)结果可以发现,空间自回归系数 ρ

显著正相关(0.186),表明县域间非农就业增长存在较强的空间交互影响,即周边县的非农就业增长对本县产生了正向的空间溢出效应。这与已有关于经济和就业增长空间溢出的研究结论相一致(Krugman,1991;Gebremariam 等,2010)。对比 R^2 统计量,空间滞后模型的 R^2(0.3711)高于 OLS 模型的 R^2(0.3485)。此外,空间滞后模型的对数似然值(-455.50)也大于 OLS 模型(-464.50),似然比检验(LR test)结果可知,县域间非农就业增长的空间交互影响非常显著,因此,对于本研究而言,空间滞后模型较 OLS 模型更优。

表8-6 总体样本模型估计结果

变量 ＼ 模型	OLS		SLM	
	(1)	(2)	(3)	(4)
ρ	—	—	0.187*** (0.04)	0.186*** (0.04)
常数项	-2.396*** (0.81)	-2.964*** (0.83)	-2.341*** (0.79)	-2.900*** (0.81)
初始就业规模	-0.473*** (0.03)	-0.471*** (0.03)	-0.449*** (0.03)	-0.448*** (0.03)
地区生产总值	0.437*** (0.05)	0.433*** (0.05)	0.418*** (0.05)	0.414*** (0.05)
固定资产投资占 GDP 比重	0.031 (0.03)	0.019 (0.03)	0.033 (0.03)	0.021 (0.03)
金融机构贷款余额占 GDP 比重	0.125*** (0.05)	0.124** (0.05)	0.124*** (0.05)	0.123*** (0.05)
第二产业增加值占 GDP 比重	-0.638*** (0.17)	—	-0.633*** (0.16)	—
第三产业增加值占 GDP 比重	—	0.616*** (0.19)	—	0.606*** (0.18)
公共财政支出占 GDP 比重	0.031 (0.08)	0.095 (0.08)	0.033 (0.08)	0.097 (0.08)
每万人中小学生数	0.325*** (0.08)	0.337*** (0.08)	0.292*** (0.08)	0.304*** (0.08)
每万人医疗机构床位数	-0.059 (0.04)	-0.079 (0.04)	-0.063 (0.04)	-0.083* (0.04)

续表

模型 变量	OLS		SLM	
	（1）	（2）	（3）	（4）
地形起伏度	−0.099*** (0.02)	−0.114*** (0.02)	−0.086*** (0.02)	−0.101*** (0.02)
年均降水量	0.072** (0.03)	0.072** (0.03)	0.084** (0.03)	0.085** (0.03)
到最近海岸线距离	0.073 (0.05)	0.074 (0.05)	0.069 (0.05)	0.070 (0.05)
到最近地级城市可达时间	−0.016 (0.02)	−0.006 (0.03)	−0.019 (0.02)	−0.009 (0.02)
到最近省会或特大城市可达时间	−0.107*** (0.03)	−0.090*** (0.03)	−0.097*** (0.03)	−0.082** (0.03)
R^2	0.3529	0.3485	0.3757	0.3711
Log likelihood	−462.21	−464.50	−453.06	−455.50
样本量	669	669	669	669

注：*、**、***分别表示在10%、5%和1%显著水平上通过检验；括号内的值为标准误差。

初始非农就业水平对县域非农就业增长具有抑制作用。2013年县域非农就业基数与5年间非农就业增长呈负相关关系，统计结果在1%水平上显著。说明期初非农就业规模越大的县，非农就业增长更慢。各县非农就业水平存在收敛趋势，这与变异系数和泰尔指数分析结果相吻合。这一结果与已有研究结论较为一致。余吉祥等（2011）对中国、Gebremariam等（2010）对美国阿巴拉契亚山区，以及Posada等（2018）对西班牙的研究均发现了地区间就业差距明显缩小的证据。

地方经济发展水平对非农就业增长产生了重要影响。地区生产总值（GDP）与非农就业增长呈显著正相关，经济总量越大，县域非农就业增长越快。说明经济增长对欠发达地区县域非农就业增长仍发挥着重要促进作用。金融发展状况的作用同样重要。金融机构贷款余额占GDP的比重越高，非农就业增长越快。说明金融资本的可获得性是影响欠发达地区非农就业增长的关键因素，通过增加资金供应，满足欠发达地区企业的多样化融资需求，缓解融资约束,可以有效促进企业发展,实现非农就业增长。

产业结构对非农就业增长具有重要作用。其中,第二产业比重与非农就业增长显著负相关,而第三产业比重与非农就业增长显著正相关。这一结果与欠发达地区产业发展特征有关。现阶段欠发达地区第二产业以资源型、原料型产业为主,经济效益低、重型化特征明显,且“国有化”程度较高(王来喜,2007;陈利等,2017),其对就业人口的吸纳能力较弱,较高的第二产业比重对就业产生“挤出”效应,从而抑制了非农就业的增长。而第三产业主要为劳动密集型的传统服务业,单位产值所吸纳的就业人数明显多于第二产业,对就业的带动更为明显(单德朋等,2017),较高的第三产业比重能够通过集聚效应,创造更多的就业机会,促进非农就业的增长。

公共服务水平对非农就业增长的影响得到了部分证实。地方基础教育水平对非农就业增长具有显著正向作用,医疗卫生水平的影响不显著。基础教育已成为推动地方经济和城镇化发展的重要力量。根据《中国流动人口发展报告》,“有利于孩子接受教育”是流动人口愿意落户城镇的最主要原因。[1]基础教育发展较好的地区能够吸引人口流入。如许多农村家庭由于子女陪读的需要进入城镇居住,并就近就业(蒋宇阳,2020),从而改善了县域人力资本不足的状况,促进地方非农就业增长。这与城市尺度的研究结论不同。陈建军和余盈克(2019)利用2003—2015年全国283个城市市辖区的数据研究发现,教育水平(以高等学校密度衡量)与非农就业增长显著负相关,作者认为教育水平越高的城市越适合居住生活,但不利于就业。然而,欠发达地区的基础教育与非农产业发展之间为共生关系,教育水平的提高显著促进而不是抑制了地方非农就业的增长。

地理环境的作用不容忽视。地形起伏度和年均降水量均对非农就业增长产生了显著影响。地形起伏度越小,降水量越多的县,非农就业增长越快,回归系数高度显著。这说明平坦湿润的自然地理环境更有利于非农就业增长。

---

① 国家人口和计划生育委员会流动人口服务管理司:《2010年中国流动人口发展报告》,中国人口出版社2010年版,第68—79页。

与陡峭地区相比,地势平坦的地区企业建设与经济活动的成本更低,企业集聚与非农就业增加的可能性更大,这与 Felkner 和 Townsend(2011)对泰国的企业增长研究结论相一致。由于中国水资源供需矛盾较突出,14 个连片地区更为严重(赵雪雁等,2018),更多的降水有助于改善地区水资源缺乏局面,为非农产业发展提供基本保障,使非农就业增长成为可能。Posada 等(2019)对西班牙的研究也证实,降水量更多的地区更能实现就业增长。

省会或特大城市对县域非农就业增长具有重要作用,地级城市的作用不明显。到最近省会或特大城市的可达时间与非农就业增长显著负相关,即可达时间越短,非农就业增长越快。到最近地级城市可达时间虽为负向影响,但不显著。说明在欠发达地区县域就业增长过程中,来自省会或特大城市的市场机会以及集聚经济的"扩散效应"较为突出,而地级城市并未发挥相应作用。这一结论与全国城市尺度的发现有所不同。肖挺(2016)利用 2003—2014 年中国地级以上城市数据发现,省会周边城市并未因为交通的便捷而出现就业的快速增长,与省会距离适中的城市就业获益更多。可能的原因是,省会(特别是中西部地区的省会)城市与其周边城市的产业结构等较为相近,二者在经济发展、招商引资等方面主要为竞争关系,与省会更近不利于城市的就业增长。而欠发达地区县域与省会在产业发展上主要为互补关系,临近省会城市更能得到市场机会与经济辐射,从而更有助于非农产业发展与就业增长。

政府支出对非农就业增长的正向影响不显著。这与已有针对中国省域层面的研究结论(杜传忠等,2011;王晓刚、郭力,2013)不同,但与美国欠发达地区——阿巴拉契亚山区的结论相似(Gebremariam 等,2010),表明以往政府财政支出模式有待重新评估与调整,从而为地方非农就业增长创造激励因素。此外,与海岸线的交通可达性对非农就业增长的影响也不显著,说明欠发达地区经济开放程度仍然较低,对外贸易在经济发展中的作用不大。

三、不同人口规模县域的对比

将欠发达片区总体样本根据人口规模进行细分,考察不同规模县域非农就业增长驱动因素的差异。由 Moran's I 检验可知,人口小县(<20 万人)仍采

用 OLS 估计,中等规模县(20 万—50 万人)与人口大县(>50 万人)更适用于空间滞后模型。估计结果如表 8-7 所示。

表 8-7　不同规模县域模型估计结果

规模　　模型 变量	<20 万 OLS		20 万—50 万 SLM		>50 万 SLM	
	(1)	(2)	(3)	(4)	(5)	(6)
ρ	—	—	0.714*** (0.23)	0.693*** (0.24)	0.313*** (0.45)	0.293*** (0.46)
常数项	2.173 (1.81)	1.840** (1.91)	-0.346 (1.59)	-0.445 (1.58)	-7.349*** (1.77)	-6.911*** (1.77)
初始就业规模	-0.347*** (0.06)	-0.340*** (0.06)	-0.590*** (0.04)	-0.605*** (0.04)	-0.689*** (0.04)	-0.681*** (0.04)
地区生产总值	0.134*** (0.08)	0.109** (0.08)	0.411*** (0.09)	0.417*** (0.09)	0.811*** (0.13)	0.759*** (0.12)
固定资产投资 比重	0.035 (0.04)	0.022 (0.04)	0.058 (0.06)	0.049 (0.06)	0.044 (0.08)	0.030 (0.08)
金融机构贷款 比重	0.129* (0.09)	0.129* (0.09)	-0.021 (0.09)	-0.032 (0.09)	0.063* (0.05)	0.063* (0.05)
第二产业比重	-0.487** (0.28)	—	-0.358* (0.24)		-0.422 (0.32)	
第三产业比重	—	0.337 (0.31)	—	0.666*** (0.28)	—	0.099 (0.40)
公共财政支出 比重	-0.134 (0.11)	-0.094 (0.11)	0.377* (0.22)	0.363* (0.21)	1.699*** (0.35)	1.729*** (0.36)
每万人中小学 生数	0.176 (0.15)	0.231 (0.15)	0.180* (0.11)	0.141 (0.11)	0.389*** (0.14)	0.391*** (0.14)
每万人医疗机构 床位数	0.077 (0.08)	0.059 (0.08)	-0.006 (0.05)	-0.017 (0.06)	0.079 (0.07)	0.076 (0.07)
地形起伏度	-0.009 (0.03)	-0.020 (0.03)	-0.095*** (0.03)	-0.095*** (0.02)	-0.188*** (0.04)	-0.197*** (0.04)
年均降水量	0.039 (0.07)	0.040 (0.07)	0.122*** (0.04)	0.124*** (0.04)	0.146** (0.06)	0.131** (0.06)
到最近海岸线 距离	-0.129 (0.14)	-0.149 (0.15)	0.051 (0.06)	0.058 (0.06)	0.055 (0.09)	0.064 (0.09)

续表

规模 变量 ╲ 模型	<20 万		20 万—50 万		>50 万	
	OLS		SLM		SLM	
	（1）	（2）	（3）	（4）	（5）	（6）
到最近地级城市 可达时间	-0.017 (0.04)	-0.020 (0.04)	-0.048 (0.04)	-0.034 (0.04)	-0.033 (0.04)	-0.027 (0.04)
到最近省会或特 大城市可达时间	-0.168*** (0.06)	-0.147*** (0.06)	-0.099** (0.05)	-0.094** (0.05)	-0.046 (0.07)	-0.047 (0.07)
R^2	0.199	0.192	0.447	0.469	0.712	0.711
Log likelihood	-175.61	-174.90	-153.15	-151.39	-50.31	-51.15
样本量	229	229	285	285	155	155

注：*、**、*** 分别表示在 10%、5% 和 1% 显著水平上通过检验；括号内的值为标准误差。

  人口小县的非农就业增长不存在空间自相关，即周边县未对本县的就业增长产生影响。初始就业水平和地区生产总值对其非农就业增长具有显著影响，这与欠发达地区总体模型结果一致，但影响程度明显小于总体模型。第二产业比重同样对人口小县的非农就业增长产生了显著负向作用。金融机构贷款余额占 GDP 的比重、到省会或特大城市交通可达性的影响同样显著，但影响程度比总体模型更大。说明金融资本可获得性、省会或特大城市的辐射带动对人口小县的非农就业增长发挥着举足轻重的作用。与总体模型不同的是，地形起伏度、降水量、第三产业比重和教育发展水平的影响并不显著。可能的原因是，人口小县主要分布于地理环境相对独立的青藏高原地区，其地形起伏度、降水量的同质性较高，第三产业发展和教育水平也具有一定的相似性，县域间差异比总体样本更小。

  中等规模县的空间自回归系数 ρ 显著大于 0，说明中等规模县域间非农就业增长存在较强的空间依赖关系，即周边中等县的非农就业增长显著促进了本县的非农就业增长。此外，与总体模型相似的是初始就业水平、国内生产总值、产业结构以及到省会或特大城市交通可达性均对非农就业增长产生了显著影响，地形起伏度、降水量的影响也同样显著。不同的是，金融机构贷款对非农就业增长的影响不显著，而政府支出则产生了显著的正向影响，说明从资金来源来看,来自政府的公共投资对中等规模县非农产业发展的影响更为明显,来自金融机构的资金影响不大。

人口大县同样受到周边大县非农就业增长的正向溢出效应影响。邻县非农就业水平越高,本县的非农就业增长越快。与总体模型相似,国内生产总值、教育水平、地形起伏度和降水量均对人口大县的非农就业增长具有显著影响。金融机构贷款余额占 GDP 的比重与政府财政支出比重的影响均显著为正,说明两类资金在支持人口大县非农产业发展、促进非农就业增长方面发挥了重要作用。与总体模型不同的是,省会或特大城市等市场区位因素的影响并不显著。

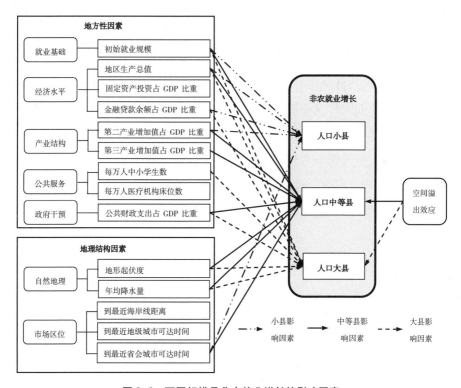

图 8-3　不同规模县非农就业增长的影响因素

对比 3 类县可以发现,就业增长驱动因素的差异性多于相似性。除初始就业水平和经济总量外,其他变量的影响均存在差异。

首先,人口小县的非农就业增长不存在空间依赖效应,中等县和大县则受周边县非农就业增长的空间溢出效应影响。

其次,从资金来源看,小县主要受金融机构贷款影响,中等县受政府财政支出作用更大,大县受两类资金的共同影响,其资金来源更为多样,这从侧面也反映出人口大县具有更强的经济韧性。

再次,教育发展水平只对人口大县产生显著影响。换言之,教育水平对当地非农就业的带动存在一个人口门槛值,人口较多的县公共服务和基础设施配套相对完善,更有利于基础教育作用的发挥。

复次,地形和降水条件只影响了人口大县和中等规模县,对人口小县的影响不显著。这可能与人口小县集中分布于青藏高原地区,地理环境具有较强同质性有关。

最后,到省会或特大城市交通可达性主要影响人口小县和中等县。这说明不同于人口大县自身相对较大的市场体量,小县和中等县自身市场规模不足,其非农产业发展与就业增长更加依赖于大城市的市场机会与经济辐射。

此外,值得注意的是,虽然3种类型县的经济总量均对非农就业增长具有显著正向作用,但其影响程度明显不同。人口规模更大的县,GDP对非农就业增长的影响程度更大。这说明由于集聚经济的存在,人口规模的增加进一步放大了经济发展对就业增长的促进作用。

第三节　就业增长的案例分析

秦巴山区西起青藏高原、东至华北平原,地跨甘肃、陕西、四川、重庆、湖北、河南五省一市,是14个片区中涉及省份最多、面积最大、人口最多的片区之一。片区集大型水库库区、革命老区及自然灾害易发多发区于一体,涉及革命老区县47个,国家扶贫开发工作重点县72个,南水北调中线工程水源保护区42个,三峡库区县4个,生态功能突出、生态环境脆弱、经济发展水平较低,在全国欠发达地区中具有较强的代表性。本节聚焦于秦巴山区,围绕其非农就业增长的时空演变特征、就业增长的影响因素开展有针对性的研究,这对于秦巴山区自身,以及全国欠发达地区的区域发展科学决策均具有重要意义。

本节研究区域来自《秦巴山片区区域发展与扶贫攻坚规划(2011—2020年)》。研究时段为 2013—2017 年。研究数据主要为县域社会经济统计数据、自然要素数据、行政区划矢量数据和交通路网数据。其中,社会经济数据主要来自历年《中国县域统计年鉴》和各省市统计年鉴,自然要素数据主要根据中国科学院资源环境科学数据中心提供的海拔、降水、地貌类型等栅格数据提取而得,县域行政区划矢量数据来自国家测绘局国家基础地理信息数据库,交通路网数据来自中国地图出版社 2013 年版和 2017 年版《中国各省地图册》,并根据 ArcGIS10.2 软件对道路网进行矢量化而得,考虑到省道、国道、高速公路不同等级道路的速度差异,根据《中华人民共和国公路工程技术标准(JTGB-2006)》对于不同层级道路速度规定,按照省道 60km/h、国道 80km/h、高速 100km/h 设定,并最终测算各县域的道路可达性水平。在研究方法上,选择空间计量模型方法进行实证分析。

一、秦巴山区非农就业的时空格局

(一)非农就业的空间分布特征

对秦巴山区各县区非农就业规模及就业密度进行统计,结果如表 8-8、表8-9 所示。分析发现,秦巴山区非农就业规模在空间上呈现"东多西少、南强北弱"分布格局。非农就业的空间分布不均衡现象较明显。非农就业人数较多的县主要集中于片区南部和东部县(区),西部、中部与北部县(区)较少。南部的四川省巴中市、南充市、达州市,重庆市云阳县、奉节县,东部的湖北省十堰市市辖区、河南省南阳市整体非农就业规模较大。巴中市巴州区、南充市仪陇县、达州市宣汉县、南阳市镇平县的非农就业人数均在 30 万人以上,相对较多。位于中部、北部及西部的陕西、甘肃境内各县非农就业规模普遍较少。陕西省留坝县、佛坪县、太白县、镇坪县,甘肃省两当县的非农就业人数不足2 万人。总体来看,秦巴山区的非农就业人数在空间上呈现由南部、东部向北部、西部递减的趋势。

表 8-8   2017 年秦巴山区非农就业规模的县区分布

就业人数（人）	县区名称
5213—50000	陕西宁陕、镇坪、太白、佛坪、留坝、镇巴、柞水，四川青川，甘肃康县、两当、文县，河南鲁山，湖北房县、郧西
50001—100000	陕西白河、汉阴、平利、石泉、紫阳、岚皋、略阳、西乡、洋县、丹凤、洛南、山阳、商南，四川朝天、昭化、北川、平武，甘肃成县、徽县、礼县、西和、宕昌，河南卢氏，湖北保康，重庆城口
100001—150000	陕西汉滨、旬阳、城固、勉县、宁强、商州、镇安、周至，河南洛宁、汝阳，湖北郧阳、竹山，重庆巫溪
150001—200000	四川万源、剑阁、利州、旺苍，陕西南郑，河南嵩县、栾川、南召、西峡、淅川，湖北丹江口、竹溪，重庆巫山
200001—522099	四川巴州、南江、平昌、通江、宣汉、苍溪、仪陇，陕西汉台，甘肃武都，河南内乡、镇平，湖北茅箭、张湾，重庆奉节、云阳

秦巴山区非农就业密度空间分布呈现"极点突出、连片较弱"特征。县域间非农就业密度的差异较大。密度较高的地区除位于南部的边界县外，仅有少量市辖区较为突出。如汉中市汉台区，十堰市张湾区、茅箭区等，其非农就业密度均在 500 人/km² 以上。此外，河南镇平县、重庆市云阳县密度也较高。而片区其他县（区）就业密度均较低。63 个县（区）的就业密度在片区均值以下，占片区县（区）总量的 78.8%。总体上呈现高密度区高度集中，而低密度区连片分布的特征。

表 8-9   2017 年秦巴山区非农就业密度的县区分布

就业密度（人/km²）	县区名称
2.9—15.0	陕西宁陕、镇坪、太白、佛坪、留坝、镇巴，四川青川、平武，甘肃康县、两当、文县，河南卢氏，湖北房县、郧西
15.1—30.0	陕西平利、岚皋、略阳、西乡、洋县、洛南、山阳、柞水，甘肃徽县、礼县、宕昌，四川北川，河南鲁山，湖北保康，重庆城口
30.1—50.0	陕西汉滨、石泉、旬阳、紫阳、勉县、宁强、丹凤、商南、商州、镇安、周至，四川万源、朝天、剑阁，甘肃成县、武都、西和，湖北郧阳、竹山、竹溪，重庆巫溪
50.1—80.0	陕西白河、汉阴、城固、南郑，四川南江、通江、旺苍、昭化，河南洛宁、嵩县、栾川、南召、西峡、淅川，湖北丹江口，重庆奉节、巫山

就业密度 （人/km²）	县区名称
80.1—678.1	四川巴州、平昌、宣汉、苍溪、利州、仪陇,陕西汉台,河南汝阳、内乡、镇平,湖北茅箭、张湾,重庆云阳

秦巴山区非农就业空间集聚呈现"南北两极分化"态势。运用局部 Moran's I 指数考察秦巴山区各县（区）非农就业的空间集聚分布格局,结果如表 8-10 所示。可以发现,非农就业的高值集聚区主要分布于片区南部,而低值集聚区主要分布于片区北部,其空间上的"南北两极分化"态势较为明显。非农就业的高—高分布区包括四川省巴中市巴州区、南江县、通江县、平昌县和南充市仪陇县,重庆市巫溪县和奉节县,河南内乡;低—低分布区包括陕西省安康市宁陕县、石泉县、汉阴县,汉中市佛坪县、洋县,商洛市镇安县,宝鸡市太白县和西安市周至县,汉中市略阳县与甘肃省陇南市徽县。总体而言,高值集聚区主要为巴山以南区域,低值集聚区则主要位于秦岭腹地。

表 8-10　2017 年秦巴山区非农就业的空间集聚分布

集聚类型	县区名称
高—高集聚	四川南江、通江、巴州、平昌、仪陇,重庆奉节、巫溪,河南内乡
高—低集聚	甘肃武都
低—高集聚	无
低—低集聚	陕西太白、周至、佛坪、宁陕、镇安、洋县、石泉、汉阴、略阳,甘肃徽县
不显著	略

（二）非农就业的空间增长趋势

2013—2017 年,秦巴山区非农就业人数增加了 192.65 万,增长率为 26.53%,远高于全国平均水平（7.37%）,反映出精准扶贫战略实施以来秦巴山区就业增长取得的巨大成效。但县区间增长趋势存在较大差异（见表 8-

11）。片区东部和西部的部分县区增长明显快于其他县区。河南南阳市、湖北十堰市、陕西商洛市和甘肃陇南市所辖各县的非农就业增长总体较快,许多县区非农就业年均增长率超过 30%。相对而言,四川省、重庆市及陕西省内的大部分县区非农就业增长较为缓慢,部分县区甚至出现负增长,其中西安市周至县、洛阳市洛宁县、广元市青川县的非农就业降幅均在 5% 以上。从增长量来看,通过冷热点分析发现,县域非农就业增长的热点区主要为河南、湖北、陕西三省交界区域,这一区域各县非农就业增长量较大,且在空间上呈现集聚分布。片区内其他县区非农就业增长的空间集聚趋势不明显。

表 8-11　2013—2017 年秦巴山区非农就业增长的县区分布

年均增长率	县区名称
-8.7%—0%	陕西镇坪、紫阳、岚皋、略阳、西乡、商州、周至,四川平昌、青川,甘肃成县、徽县、两当,河南洛宁、汝阳、嵩县,重庆巫溪
0%—3.0%	陕西汉滨、汉阴、平利、太白、城固、佛坪、留坝、勉县、南郑,四川南江、万源、宣汉、朝天、利州、旺苍,甘肃康县、文县,湖北郧西、保康,重庆奉节、巫山、云阳
3.1%—6.0%	四川巴州、通江、苍溪、剑阁、昭化、北川、仪陇,陕西石泉、旬阳、镇巴、镇安、柞水,河南栾川、鲁山,甘肃宕昌,重庆城口
6.1%—30.0%	陕西白河、宁陕、汉台、宁强、洋县、洛南、山阳,湖北丹江口、房县、茅箭、郧阳、张湾,甘肃武都,四川平武
30.1%—59.0%	河南南召、内乡、西峡、镇平、淅川、卢氏,陕西丹凤、商南,湖北竹山、竹溪,甘肃礼县、西和

二、秦巴山区就业增长的影响因素

（一）空间相关性检验

运用 Matlab 软件计算历年秦巴山区县域非农就业的全局 Moran's I 指数,结果如表 8-12 所示。可以发现,2013—2017 年全局 Moran's I 指数分别是 0.473、0.412、0.441、0.443、0.444,5 年 Moran's I 指数 P 值均为 0.01,并且 Z 得分大于 2.58,因此在置信度 99% 的情况下,Moran's I 指数为正,可以显著拒绝零假设,且数据具有空间正相关性,数据集用于分析的值与空间聚集度呈正比。Moran's *I* 指数先下降,后增加,并保持稳定状态。空间显著正相关表明非农就业规模较大的县在空间上相互集聚,规模较小的县同样如此,相邻县域之间相互影响、相互依赖。因此,最小二乘估计(OLS)的随机独立假设显然有误,应采用空间计量回归方法。

表8-12　秦巴山区历年非农就业 Moran's *I* 指数变化

指数 \ 年份	2013	2014	2015	2016	2017
Moran's*I*	0.473	0.412	0.441	0.443	0.444
P 值	0.001	0.001	0.001	0.001	0.001
Z 值	6.956	5.812	6.362	6.009	6.313

（二）空间计量模型结果分析

用空间计量模型分析前,先对线性回归模型作 OLS 估计,以考察不同模型的合理性,然后再进行空间滞后模型(SLM)和空间误差模型(SEM)估计。略去统计上不显著的系数,模型结果如表8-13所示。由表可知,OLS 模型的拟合优度为0.446。进一步作 SLM 和 SEM 估计,借鉴 Anselin 等(2004)的判断标准以判断最优模型,两个模型的拉格朗日乘数(LMLAG 和 LMERR)均显著,但其稳健性(R_LMLAG 和 R_LMERR)均不显著。进一步对比其他指标,发现两个模型的 Log likelihood、AIC 和 SC 值差距较小,但 SLM 模型的拟合优度更大,综合判断 SLM 模型的拟合效果更优。

空间滞后系数 ρ 为0.447,回归结果在1%水平上显著,表明秦巴山区县域非农就业增长不仅取决于本县自身特征,还取决于邻近县的特征。本县与邻近县存在较强的空间依赖关系,邻近县的非农就业增长对本县非农就业增长产生了正向溢出效应。邻县非农就业每增长1%,本县的非农就业就相应增长0.447%。这与 Gebremariam 等(2010)的研究结果相似。后者对美国欠发达的阿巴拉契亚山区研究也发现,县域就业增长存在向邻县溢出的趋势。

表 8-13　秦巴山区非农就业增长空间计量模型结果

模型 变量	OLS	SLM	SEM
λ	—	—	0.486 ***
ρ	—	0.447 ***	—
常数项	3.842 ***	2.916 ***	3.400 ***
初始就业规模	−0.272 ***	−0.217 ***	−0.245 ***
GDP 增长率	—	—	—
财政支出比重	—	0.865 ***	—
固定资产投资比重	—	—	—
医疗卫生水平	0.014 ***	0.014 ***	0.012 ***
地形起伏度①	−0.245 ***	−0.182 ***	−0.193 ***
水资源丰富度②	—	—	—
到地级城市交通可达性	0.451 ***	0.386 ***	0.485 ***
R^2	0.446 ***	0.556 ***	0.551 ***
Loglikelihood	−41.792 ***	−35.607 ***	−36.389 ***
AIC	95.583 ***	85.214 ***	84.779 ***
SC	109.407 ***	101.343 ***	98.603 ***
LMLAG	11.565 ***	—	—
R_LMLAG	1.309 ***	—	—
LMERR	11.047 ***	—	—
R_LMERR	0.791 ***	—	—

注：*、**、*** 分别表示在 10%、5% 和 1% 水平上显著。

初始非农就业规模对秦巴山区县域非农就业增长具有抑制作用。2013年县域非农就业基数与 5 年间非农就业增长呈负相关关系,统计结果在 1% 水平上显著。这说明期初非农就业规模越小的县,非农就业增长更快,各县非农就业水平存在收敛趋势。这一结果与已有研究结论较为一致。余吉祥等

————————

① 地形起伏度测算方法参见封志明、唐焰、杨艳昭等:《中国地形起伏度及其与人口分布的相关性》,《地理学报》2007 年第 10 期。

② 水资源丰富度数据参见李九一:《中国水资源短缺及其风险评价与管理对策研究》,博士学位论文,中国科学院研究生院 2009 年。

(2011)对中国、Posada 等(2018)对西班牙的研究均发现了地区间就业差距明显缩小的证据。分析发现,就业规模小县的快速增长源于其"后发优势",通过模仿、引进、吸收、学习,就业规模小县可以利用自身独特的资源、劳动力、土地等比较优势,发挥技术性和制度性的后发优势,从而实现就业的更快增长(刘培林、刘孟德,2020)。

　　经济增长因素对非农就业增长的影响得到了部分证实。政府财政支出增长对非农就业增长具有显著正向影响,但 GDP 增速和固定资产投资变化的影响不显著。财政支出占 GDP 的比重增加越多,非农就业的增长越快。地方政府通过基础设施建设、购买服务等形式,对于企业创造、改善地方市场环境等方面发挥了较为关键的作用,对县域非农就业增长产生了积极影响(Markusen 等,1996)。GDP 增速和固定资产投资增长对非农就业增长影响不显著,更快的经济与固定资产投资增长并未带来非农就业的显著增加。这可能与地方产业结构有关。许多欠发达地区在招商引资、发展经济过程中,倾向于选择资本密集型的重化工业,由于这些产业对就业的吸纳带动作用有限,即出现资本对劳动的"挤出效应"和"替代效应",从而导致"低就业增长"甚至"零就业增长"(殷江滨、李郇,2012;黄浩,2016)。

　　作为衡量社会公共服务水平的一项重要指标,县域医疗卫生水平对非农就业增长具有显著促进作用。医疗卫生水平越高的县,非农就业增长越快,回归结果在 10%水平上显著。公共服务是影响人口迁移和就业配置的重要因素,地方公共基础设施与公共服务不仅能够直接创造就业机会,增加就业需求,还可以通过"用脚投票"机制,吸引人口向公共服务水平较高地区迁移(夏怡然、陆铭,2015)。对于秦巴山区而言,医疗卫生等公共服务水平较高的县更能吸引农村人口和外出务工人员进入县内城镇务工定居,从而为长期以来人力资本不足的欠发达地区注入新的发展动力(李一花等,2017),改善人力资本状况,从而促进县域非农企业发展和就业增加。

　　自然地理条件对非农就业增长的影响得到了部分证实。地方起伏度对非农就业增长具有显著负向作用,水资源丰富度的影响不显著。地形起伏度越大的县,非农就业增长越慢,回归系数在 1%水平上显著。作为反映区域地形地貌特征的重要指标,地形起伏度大的地区厂房建设与企业经济活动的成本更高,企业集聚与非农就业增加的可能性相对较小,这与 Felkner 和 Townsend (2011)对泰国的研究结果相似。通过对泰国农村企业的研究,他们发现,地区海拔高度每增加 1 米,非农企业的收入增长就减少 0.0139%。水资源丰富度的影响不显著,这不同于 Posada 等(2018)对西班牙的研究结论。通过对西班牙全国层面的研究,Posada 等发现,地区降水量对就业增长具有显著正向作用,降水量越多的地区就业增长更快。这可能与秦巴山区整体水资源较为丰富,县域间差异较小有关。秦巴山区内秦岭与大巴山脉横贯东西,降水量丰富,长江、黄河、淮河三大水系穿境而过,径流资源十分丰富,是国家重要的水源涵养生态功能区(曹诗颂等,2015)。由于县域间水资源禀赋同质性较高,导致其对就业增长的影响不显著。

市场区位条件对县域非农就业增长产生了显著影响。到最近地级城市可达性改善越明显的县,非农就业增长越快。相对区位条件的改善对非农就业增长的促进主要有两条路径:一方面,由于秦巴山区县域规模普遍较小,市场规模有限。临近城市可以获得更多的市场机会和集聚效应,从而降低企业的交易成本,促进本地企业扩大生产规模,并吸引更多的外来企业进入,以此实现县域非农企业发展和就业增长(Holl,2018);二是城市可达性提升可以降低片区各县居民的出行成本,吸引农村人口及外出人口流入,以扩大县域劳动力市场规模与就业供给(陈建军、余盈克,2019)。换言之,到城市区位条件的改善从需求和供给两方面促进了秦巴山区县域非农就业的增长。但随着交通距离的增加,城市对县域经济的辐射带动作用逐渐减弱。

第四节 小 结

本章基于中西部 14 个片区县域尺度数据,在精细刻画地区非农就业增长时空特征的基础上,进一步厘清非农就业增长的驱动因素及不同人口规模县域的差异。同时,聚焦于秦巴山区这一独特空间单元,剖析其就业增长的空间特征与驱动机制。

　　分析发现,中西部欠发达地区非农就业在空间上表现出较强的非均衡性。大别山区、武陵山区、秦巴山区和乌蒙山区等集中了欠发达地区大部分非农就业,而西藏、四省藏区、新疆南疆三地州和滇西边境山区非农就业规模小、密度低,且占总人口的比重不高。对于秦巴山区而言,其非农就业的空间分布也极不均衡,在规模上呈现"东多西少,南强北弱"分布格局,在密度上呈现"极点突出,连片较弱"特征,在空间集聚上则出现就业高值集聚区分布于南部,低值集聚区分布于北部的"南北两极分化"态势。

　　2013—2017年间,欠发达地区的非农就业增长取得了巨大成效,但存在明显空间分异趋势。5年间14个片区非农就业人数增长了20.57%,明显快于全国平均水平(7.37%)。非农就业增长的热点区主要位于大别山区、罗霄山区、秦巴山区东部等中部省份,冷点区主要位于武陵山区、滇西边境山区等地。边界区位与非农就业增长存在重要关联。位于欠发达片区边界的县非农就业增长明显快于非片区边界县,而位于省际边界的县非农就业增长明显慢于非省际边界县。县域间非农就业差异呈逐年下降,非农就业水平出现收敛趋势。秦巴山区的非农就业增长更快,增速达26.53%。但县区间增长趋势差异较大,片区东部和西部的部分县区增长明显快于其他县区。就业增加量的热点区位于河南、湖北、陕西三省交界区域,其他县区就业增长的空间集聚趋势不明显。

　　中西部欠发达地区县域间非农就业增长存在较强的空间依赖性,地方性因素与地理结构因素共同影响了地区的非农就业增长。对于14个片区而言,周边县的非农就业增长对本县产生了正向溢出效应。地方性因素中初始就业规模、地区经济水平、金融资本的可获得性、产业结构、基础教育水平均对非农就业增长产生显著影响。地理环境的作用不容忽视,平坦湿润的自然环境更有利于非农就业增长。邻近省会或特大城市的市场区位条件对县域非农就业增长具有重要作用。对于秦巴山区而言,县域间同样存在较强的空间依赖关系,邻近县的非农就业增长对本县非农就业增长产生了正向溢出效应。初始非农就业规模对秦巴山区县域非农就业增长具有抑制作用。政府财政支出的增长对非农就业增长具有显著正向影响,但GDP增速和固定资产投资变化的影响不显著。县域医疗卫生水平对非农就业增长具有促进作用。地方起伏度对非农就业增长具有显著负向作用,而水资源丰富度的影响不显著。到达城市的相对区位改善对非农就业增长产生了显著影响。

对不同人口规模县域的实证研究表明,各类县域非农就业增长的驱动因素存在显著差异。空间溢出效应仅存在于人口大县和中等县的非农就业增长过程中,人口小县则不受周边单元的影响。大县受金融机构贷款和政府财政支出的双重影响,资金来源更加多元化。省会或特大城市可达性主要影响人口小县和中等县,而教育水平仅影响人口大县的非农就业增长。平坦湿润的地理环境促进了人口大县和中等县的非农就业增长,但对小县的影响不显著。

中西部欠发达地区的非农就业增长是亟须深入的研究领域。随着绝对贫困的消除和全面小康社会的建成,中国已经进入解决相对贫困,进一步缩小地区间差距的新阶段,针对欠发达地区非农就业增长格局及动力机制开展针对性研究显得尤为紧迫。实证研究表明,欠发达地区非农就业增长具有自身独特性,产业结构、政府干预、市场区位等因素对其非农就业增长的影响明显不同于省域或城市地区,来自其他区域的研究结论难以直接解释欠发达地区的就业增长现象。

结　语

围绕中西部地区的人口与就业这一关键问题,首先探讨了地区人口分布与人口增长的空间规律,并从省域、山区、经济区和大城市等入手分析了人口增长的尺度差异。然后聚集于地区发展的核心动力——回流人口,解析区域性回流人口的空间格局与就业创业行为,研究地方性回流人口的职住特征与城镇定居意愿。最后从地区经济增长、工业化发展和非农就业增长的角度,详细剖析了中西部欠发达地区的发展格局、过程与驱动机理,以期为新时期地区转型发展提供决策参考。

研究发现,中国人口分布与空间增长在地区间、省域间、市域间及欠发达地区县域间均存在较大差异。与人口分布的"东多西少、东密西疏"格局不同,人口增长呈现空间多样化趋势,但欠发达地区人口增长总体较慢。对于西藏等3片区而言,人口增长主要受道路基础设施改善及自然地理条件的影响,而其他11个片区更多受经济发展与产业结构调整的影响。与东部沿海地区相比,中西部地区各尺度的人口空间增长趋势均表现出自身特点。在省域层面,人口增长呈现"小集聚、大收缩"趋势。在山区层面,人口增长呈现"外围快、内部慢"的空间特点。在经济区层面,人口呈现向大城市城区和县城两个空间方向集聚的特点。在大城市层面,出现中心核心区与远郊区人口向近郊区集中的趋势。中西部地区人口增长的独特性要求在制定人口相关政策过程中应加强研究,充分掌握不同地区、不同尺度的人口发展趋势,以提高政策的针对性和科学性。

全国区域性回流人口的比例达13.9%,中西部地区的回流比例明显高于东部和东北地区,西部少数民族聚居地区、传统人口流出地区区域性回流最为活跃,回流人口成为地方发展的重要力量。超过六成的区域性回流人口回流到本省外市。超过四成的回流者从事批发零售、住宿餐饮等自主创业活动。城市环境变量是影响区域性回流人口空间选择的主导因素,个人因素的作用相对较小。城市工资水平、政府财政支出和城市经济规模是影响区域性回流人口空间选择的主要城市变量。但在创业决策过程中,城市环境和个体因素均对区域性回流人口发挥着重要作用。所不同的是,回流到本省外市人口受个体变量的影响更大,而回流到本市外县人口受城市变量的影响更多。

陕西省汉阴县农户调查表明,地方性回流人口占农村人口总量的35.6%,已成为县域发展的关键性力量。回流者以青壮年为主,已婚比例高,回流倾向不存在性别差异。虽然文化程度普遍较低,但总体素质优于未外出人口。他们表现出较强的就业能力,并对子女教育、医疗卫生等表现出更高需求。通过构建路径分析模型并进行实证分析发现,人口回流对回流者的城镇定居意愿存在两条影响路径:除直接提升定居意愿外,还通过参与非农就业间接增加定居意愿。在外务工期间积累的储蓄和工作技能以及他们的意识形态、文化意识、社会规范和生活方式的转变均对其回流后的城镇定居产生了积极影响。对于回流人口而言,无论是否从事非农业工作,其中年龄较轻或在沿海省份工作过的人都愿意在城镇定居。人口回流为中西部地区县域城镇化发展注入了内生动力。

现阶段中西部欠发达地区经济规模与就业规模较小,工业化水平较低,与东部地区差距较明显。但近年来保持快速增长势头,经济增长速度明显快于全国平均水平。在地区经济增长过程中,产业结构变化、大城市的市场区位、金融资本可获得性等因素起着重要作用,但各因素的影响存在明显的空间异质性。交通条件的改善是促进地区工业增长的关键因素。作为中西部地区持续发展的根本保障,县域间非农就业的增长存在较强的空间溢出效应。地方性因素和地理结构因素共同影响了地区就业增长进程。初始就业水平对就业增长具有抑制作用,而地区经济总量、金融资本可获得性、产业结构、基础教育水平、邻近省会或特大城市的市场区位条件、平坦湿润的地理环境等因素均显著促进了就业增长。不同规模县域就业增长的决定因素存在显著差异。

　　随着区域性与地方性回流人口的不断增多,中西部地区人口空间格局将进一步发生深刻改变。回流人口在为地区发展注入新动力的同时,也给地区就业带来越来越大的压力。根据实证研究结果,提出相关政策建议。

　　第一,加快中西部城市与县域经济发展步伐,壮大经济规模,吸引发达地区产业特别是劳动密集型产业转移,增加地区的非农就业机会,同时大力完善中西部地区城市与县城的教育、医疗、住房、环境卫生等基础设施和公共服务,缩小与发达地区的差距,实现基本公共服务均等化,吸引更多外出人口回流;加大对回流人口的金融扶持力度。充分考虑回流人口就业创业特点,完善地方金融体系,通过搭建小额融资平台,有针对性地扶持回流人口的小微企业创业。同时完善地区的电信等通信基础设施建设和职业技能培训体系,提高培训的针对性和实用性,充分发挥回流人口在外技能积累的优势,促进回流人口的创业技能提升与就业转变。

　　第二,强化对中西部地区的财政支持力度,财政转移支付更多向人口规模较大的县倾斜,提高规模较小县的财政资金使用效率,支持地方优势特色产业发展;以基础教育为重要抓手,增加对中西部地区特别是人口规模大县的基础教育投入,提升基础教育质量,以基础教育带动提升地方公共服务水平,吸引农村进城人口及外出农民工回流务工,改善地区人力资本状况,为产业发展与经济增长注入内生动力;加大对中西部地区的金融扶持力度,引导更多的金融资本投入非农产业发展中,进一步发挥金融对经济增长的杠杆效应;进一步改善地区对外交通状况,尤其应加大西部地区的铁路等大运力交通基础设施建设,强化与省会及特大城市的交通联系和市场连接,以更好发挥中西部地区广大腹地的特色资源优势,促进大城市各类经济要素向欠发达地区转移和扩散,有效带动非农产业发展与就业增长。

　　第三,充分研究中西部不同地区的人口与就业增长特点和内在规律,认识不同因素对各地区影响的空间异质性。因地制宜、精准施策,以提高政策的针对性和有效性。例如,对于大兴安岭南麓山区、燕山—太行山区等地而言,继续扩大固定资产投资和政府财政支出规模,可能扭曲市场运行机制,从而与经济增长目标背道而驰。但对于新疆南疆三地州、西藏等地而言,促进固定资产投资,增加政府财政支出则是促进当地经济增长的有效举措,而盲目投资农业机械的效果可能适得其反。金融资本的可获得性对促进中西部地区经济与就业增长作用明显,但在大别山区、新疆南疆三地州等地,更应提高信贷资金的使用效率,而不是单纯追求贷款的增加。改善对外交通状况,强化与大城市的交通联系和市场连接是多数地区经济与就业增长的重要手段,但对于燕山—太行山区、罗霄山区、六盘山区等地而言,重新构建与大城市的经济关系,形成功能互补、良性互动的经济格局则更为紧迫。

参考文献

一、中文

[1]韩俊:《中国农民工战略问题研究》,上海远东出版社 2009 年版。

[2]华揽洪:《重建中国:城市规划三十年(1949—1979)》,生活·读书·新知三联书店 2006 年版。

[3]任志远、李晶、周忠学等:《关中天水经济区人口发展功能区划研究》,科学出版社 2012 年版。

[4]盛来运:《流动还是迁移——中国农村劳动力流动过程的经济学分析》,上海远东出版社 2008 年版。

[5]殷江滨:《产业转移、土地流转与农村劳动力回流》,陕西师范大学出版总社 2015 年版。

[6]张善余:《人口地理学概论》,华东师范大学出版社 1999 年版。

[7]李九一:《中国水资源短缺及其风险评价与管理对策研究》,博士学位论文,中国科学院研究生院,2009 年。

[8]安树伟、张晋晋:《2000 年以来我国制造业空间格局演变研究》,《经济问题》2016 年第 9 期。

[9]白南生、何宇鹏:《回乡,还是外出? 安徽四川二省农村外出劳动力回流研究》,《社会学研究》2002 年第 3 期。

[10]白书建、郑新奇、梁宇:《中原经济区县域经济空间格局演化研究》,《水土保持研究》2017 年第 2 期。

[11]伯娜、殷李松、胡长玉等:《中国省际就业格局时空演变研究》,《贵州财经大学学报》2020 年第 1 期。

[12]曹诗颂、赵文吉、段福洲:《秦巴特困连片区生态资产与经济贫困的耦合关系》,《地理研究》2015 年第 7 期。

[13]陈飞、苏章杰:《城市规模的工资溢价:来源与经济机制》,《管理世界》2021 年第 1 期。

[14]陈国阶:《对中国山区发展战略的若干思考》,《中国科学院院刊》2007 年第 2 期。

[15]陈建军、余盈克:《中国交通基础设施与城市就业增长时空演变研究》,《东南大学学报(哲学社会科学版)》2019年第2期。

[16]陈利、朱喜钢、杨阳等:《基于空间计量的云南省县域经济空间格局演变》,《经济地理》2017年第1期。

[17]陈培阳、朱喜钢:《基于不同尺度的中国区域经济差异》,《地理学报》2012年第8期。

[18]陈松林、陈进栋、韦素琼:《福建省综合交通可达性格局及其与制造业空间分布的关系分析》,《地理科学》2012年第7期。

[19]陈午晴:《产业转移与返乡务工人员的择业理性:以中原地区某县返乡打工妹为例》,《学术研究》2013年第11期。

[20]陈曦、席强敏、李国平:《城镇化水平与制造业空间分布》,《地理科学》2015年第3期。

[21]成升魁、沈镭:《青藏高原人口、资源、环境与发展互动关系探讨》,《自然资源学报》2000年第4期。

[22]丁建军:《武陵山片区经济增长益贫性与空间差异演变》,《地理研究》2014年第5期。

[23]丁菊红、邓可斌:《政府干预、自然资源与经济增长:基于中国地区层面的研究》,《中国工业经济》2007年第7期。

[24]丁志勇:《欠发达地区经济发展与金融支持研究》,《新疆社会科学》2012年第5期。

[25]杜传忠、韩元军、杨成林:《中国影响就业因素的区域差异分析》,《当代财经》2011年第5期。

[26]段学军、王书国、陈雯:《长江三角洲地区人口分布演化与偏移增长》,《地理科学》2008年第2期。

[27]范剑勇、杨丙见:《美国早期制造业集中的转变及其对中国西部开发的启示》,《经济研究》2002年第8期。

[28]方文婷、滕堂伟、陈志强:《福建省县域经济差异的时空格局演化分析》,《人文地理》2017年第2期。

[29]房灵敏、江玉珍、贡秋扎西等:《当前西藏产业结构存在的问题及原因分析》,《西藏大学学报(社会科学版)》2012年第1期。

[30]封志明、唐焰、杨艳昭等:《中国地形起伏度及其与人口分布的相关性》,《地理学报》2007年第10期。

[31]封志明、杨玲、杨艳昭等:《京津冀都市圈人口集疏过程与空间格局分析》,《地球信息科学学报》2013年第1期。

[32]冯建喜、汤爽爽、杨振山:《农村人口流动中的"人地关系"与迁入地创业行为的影响因素》,《地理研究》2016年第1期。

[33]冯健、周一星:《近20年来北京都市区人口增长与分布》,《地理学报》2003年第

6 期。

［34］干春晖、郑若谷、余典范：《中国产业结构变迁对经济增长和波动的影响》，《经济研究》2011 年第 5 期。

［35］高更和、曾文凤、刘明月：《省际流动农民工回流区位及影响因素》，《经济地理》2017 年第 6 期。

［36］高向东、吴文钰：《20 世纪 90 年代上海市人口分布变动与模拟》，《地理学报》2005 年第 4 期。

［37］葛美玲、封志明：《中国人口分布的密度分级与重心曲线特征分析》，《地理学报》2009 年第 2 期。

［38］耿宝江、庄天慧、蒲波：《四川藏区县域经济空间结构演变与政策启示》，《农村经济》2016 年第 2 期。

［39］龚玉泉、袁志刚：《中国经济增长与就业增长的非一致性及其形成机理》，《经济学动态》2002 年第 10 期。

［40］古恒宇、孟鑫、沈体雁等：《中国城市流动人口居留意愿影响因素的空间分异特征》，《地理学报》2020 年第 2 期。

［41］顾朝林、蔡建明、张伟等：《中国大中城市流动人口迁移规律研究》，《地理学报》1999 年第 3 期。

［42］郭敏、饶烨、于伟等：《北京都市区人口空间发展的新特征与启示》，《城市发展研究》2013 年第 6 期。

［43］国务院发展研究中心课题组：《农民工市民化进程的总体态势与战略取向》，《改革》2011 年第 5 期。

［44］韩峰、晏狄：《中国省域劳动就业影响因素的空间计量分析》，《经济与管理》2011 年第 7 期。

［45］韩炜、蔡建明：《乡村非农产业时空格局及其对居民收入的影响》，《地理科学进展》2020 年第 2 期。

［46］郝俊卿、曹明明、王雁林：《关中城市群产业集聚的空间演变及效应分析》，《人文地理》2013 年第 3 期。

［47］贺灿飞、胡绪千：《1978 年改革开放以来中国工业地理格局演变》，《地理学报》2019 年第 10 期。

［48］贺灿飞、朱晟君：《制造业地理集聚的区域差异研究》，《地理科学》2008 年第 6 期。

［49］洪国志、胡华颖、李郇：《中国区域经济发展收敛的空间计量分析》，《地理学报》2010 年第 12 期。

［50］洪俊杰、倪超军：《城市公共服务供给质量与农民工定居选址行为》，《中国人口科学》2020 年第 6 期。

［51］胡鞍钢、刘生龙：《交通运输、经济增长及溢出效应》，《中国工业经济》2009 年第 5 期。

［52］胡伟、陈晓东、李传松：《改革开放以来中国工业经济发展空间格局演化》，《江苏

社会科学》2019年第2期。

[53]黄汉权、徐春铭:《中国西部地区农村工业竞争力分析及政策建议》,《中国农村观察》2005年第6期。

[54]黄浩:《中国制造业资本深化与劳动力就业关系实证检验》,《统计与决策》2016年第14期。

[55]黄群慧:《改革开放40年中国的产业发展与工业化进程》,《中国工业经济》2018年第9期。

[56]黄晓燕、曹小曙、李涛:《中国城市私人汽车发展的时空特征及影响因素》,《地理学报》2012年第6期。

[57]金煜、陈钊、陆铭:《中国的地区工业集聚:经济地理、新经济地理与经济政策》,《经济研究》2006年第2期。

[58]蒋丽、吴缚龙:《2000—2010年广州人口空间分布变动与多中心城市空间结构演化测度》,《热带地理》2013年第2期。

[59]蒋宇阳:《从"半工半耕"到"半工半读"》,《城市规划》2020年第1期。

[60]经济增长前沿课题组:《高投资、宏观成本与经济增长的持续性》,《经济研究》2005年第10期。

[61]敬博、李同昇、温伯清等:《基于地形因素的秦巴山区人口——经济空间格局及其影响机制研究》,《地理科学》2020年第5期。

[62]赖德胜、包宁:《中国不同区域动态就业弹性的比较》,《中国人口科学》2011年第6期。

[63]李建新、刘瑞平:《我国省际人口负增长趋势的差异性分析》,《人口学刊》2020年第6期。

[64]李健、宁越敏:《1990年以来上海人口空间变动与城市空间结构重构》,《城市规划学刊》2007年第2期。

[65]李晶、林天应:《基于GIS的西安市人口空间分布变化研究》,《陕西师范大学学报（自然科学版）》2011年第3期。

[66]李俊莉、王慧、曹明明:《20世纪90年代西安市人口空间变化与郊区化动向》,《中国人口·资源与环境》2006年第3期。

[67]李俊莉、王慧、曹明明:《西安市人口的分布变动研究》,《人文地理》2005年第1期。

[68]李骏、顾燕峰:《中国城市劳动力市场中的户籍分层》,《社会学研究》2011年第2期。

[69]李双成、蔡运龙:《地理尺度转换若干问题的初步探讨》,《地理研究》2005年第1期。

[70]李伟、贺灿飞:《劳动力成本上升与中国制造业空间转移》,《地理科学》2017年第9期。

[71]李小建、时慧娜:《务工回乡创业的资本形成、扩散及区域效应》,《经济地理》2009

年第 2 期。

[72]李小建、樊新生:《欠发达地区经济空间结构及其经济溢出效应的实证研究》,《地理科学》2006 年第 1 期。

[73]李郇、殷江滨:《劳动力回流:小城镇发展的新动力》,《城市规划学刊》2012 年第 2 期。

[74]李言、毛丰付:《中国区域经济增长与经济结构的变迁:1978—2016》,《经济学家》2019 年第 2 期。

[75]李扬、刘慧、汤青:《1985—2010 年中国省际人口迁移时空格局特征》,《地理研究》2015 年第 6 期。

[76]李一花、李静、张芳洁:《公共品供给与城乡人口流动》,《财贸研究》2017 年第 5 期。

[77]李在军、张雅倩、胡美娟等:《新时期中国经济增长的空间格局》,《地理科学》2016 年第 8 期。

[78]李庄园:《公共服务在中国经济增长中的作用》,《人口研究》2020 年第 5 期。

[79]梁昊光、刘彦随:《北京市人口时空变化与情景预测研究》,《地理学报》2014 年第 10 期。

[80]林李月、朱宇:《中国城市流动人口户籍迁移意愿的空间格局及影响因素:基于 2012 年全国流动人口动态监测调查数据》,《地理学报》2016 年第 10 期。

[81]林李月、朱宇、柯文前:城镇化中后期中国人口迁移流动形式的转变及政策应对》,《地理科学进展》2020 年第 12 期。

[82]林善浪、张惠萍:《通达性、区位选择与信息服务业集聚》,《财贸经济》2011 年第 5 期。

[83]刘程、邓蕾、黄春桥:《农民进城务工经历对其家庭生活消费方式的影响》,《青年研究》2004 年第 7 期。

[84]刘传江:《新生代农民工的特点、挑战与市民化》,《人口研究》2010 年第 2 期。

[85]刘春霞、朱青、李月臣:《基于距离的北京制造业空间集聚》,《地理学报》2006 年第 12 期。

[86]刘达、林赛南、李志刚等:《"人口回流"视角下的中部地区乡村振兴》,《地理科学》2020 年第 1 期。

[87]刘浩、马琳、李国平:《1990 年以来京津冀地区经济发展失衡格局的时空演化》,《地理研究》2016 年第 3 期。

[88]刘虹、赵延德、封志明:《基于 ESDA 分析的关中城市群县域经济空间分异研究》,《干旱区资源与环境》2012 年第 4 期。

[89]刘华军、贾文星:《中国区域经济增长的空间网络关联及收敛性检验》,《地理科学》2019 年第 5 期。

[90]刘开迪、杨多贵、周志田:《中国经济与人口重心的时空演变及产业分解研究》,《工业技术经济》2019 年第 6 期。

[91]刘培林、刘孟德:《发展的机制:以比较优势战略释放后发优势》,《管理世界》2020年第5期。

[92]刘盛和、陈田、蔡建明:《中国半城市化现象及其研究重点》,《地理学报》2004年第1期。

[93]刘盛和、邓羽、胡章:《中国流动人口地域类型的划分方法及空间分布特征》,《地理学报》2010年第10期。

[94]刘望保、闫小培、陈忠暖:《基于EDSA-GIS的广州市人口空间分布演化研究》,《经济地理》2010年第1期。

[95]刘伟、蔡志洲:《产业结构演进中的经济增长和就业》,《学术月刊》2014年第6期。

[96]刘永林、延军平、岑敏仪:《中国降水非均匀性综合评价》,《地理学报》2015年第3期。

[97]刘云刚、燕婷婷:《地方城市的人口回流与移民战略》,《地理研究》2013年第7期。

[98]刘振、戚伟、齐宏纲等:《1990—2015年中国县市尺度人口收缩的演变特征及影响因素》,《地理研究》2020年第7期。

[99]刘志雄、梁冬梅:《中国就业增长的实证分析与地区比较》,《工业技术经济》2011年第1期。

[100]刘子鑫、殷江滨、曹小曙等:《基于不同尺度的关天经济区人口格局时空变化特征与差异》,《人文地理》2017年第1期。

[101]芦蕊、马廷:《中国市级人口增长的多因素空间建模分析》,《地球信息科学学报》2018年第7期。

[102]陆铭、欧海军:《高增长与低就业:政府干预与就业弹性的经验研究》,《世界经济》2011年第12期。

[103]罗奎、方创琳、马海涛:《中国城市化与非农就业增长的空间格局及关系类型》,《地理科学进展》2014年第4期。

[104]罗小龙、曹姝君、顾宗倪:《回流城镇化:中部地区城镇化开启新路径》,《地理科学》2020年第5期。

[105]罗胤晨、谷人旭:《1980—2011年中国制造业空间集聚格局及其演变趋势》,《经济地理》2014年第7期。

[106]吕晨、樊杰、孙威:《基于ESDA的中国人口空间格局及影响因素研究》,《经济地理》2009年第11期。

[107]马光荣、杨恩艳:《社会网络、非正规金融与创业》,《经济研究》2011年第3期。

[108]马明义、李桦:《秦巴山区农户多维贫困测度及精准扶贫对策研究》,《干旱区资源与环境》2019年第1期。

[109]毛中根、武优劢:《我国西部地区制造业分布格局、形成动因及发展路径》,《数量经济技术经济研究》2019年第3期。

[110]孟德友、李小建、陆玉麒等:《长江三角洲地区城市经济发展水平空间格局演变》,《经济地理》2014年第2期。

［111］米楠、卜晓燕、米文宝：《宁夏六盘山区县域经济空间结构演化》，《经济地理》2015年第4期。

［112］米瑞华、高向东：《陕西省人口分布影响因素的空间计量分析》，《干旱区地理》2020年第2期。

［113］米瑞华、石英：《城镇化背景下西安市城乡人口分布变动及其趋势预测》，《西北人口》2015年第4期。

［114］缪小林、王婷、高跃光：《转移支付对城乡公共服务差距的影响》，《经济研究》2017年第2期。

［115］慕晓飞、孙绪、滕佳颖：《东北地区宏观投资效率影响机制研究》，《企业经济》2018年第8期。

［116］宁光杰、李瑞：《城乡一体化进程中农民工流动范围与市民化差异》，《中国人口科学》2016年第4期。

［117］宁光杰：《自我雇佣还是成为工资获得者?》，《管理世界》2012年第7期。

［118］宁越敏、项鼎、魏兰：《小城镇人居环境的研究》，《城市规划》2002年第10期。

［119］彭新万、张凯：《中部地区农民工回流趋势与政策选择》，《江西社会科学》2017年第6期。

［120］戚伟、赵美风、刘盛和：《1982—2010年中国县市尺度流动人口核算及地域类型演化》，《地理学报》2017年第12期。

［121］戚伟、刘盛和、周亮：《青藏高原人口地域分异规律及"胡焕庸线"思想应用》，《地理学报》2020年第2期。

［122］齐宏纲、刘盛和、戚伟等：《广东跨省流入人口缩减的演化格局及影响因素研究》，《地理研究》2019年第7期。

［123］覃成林、熊雪如：《我国制造业产业转移动态演变及特征分析》，《产业经济研究》2013年第1期。

［124］秦贤宏、魏也华、陈雯等：《南京都市区人口空间扩张与多中心化》，《地理研究》2013年第4期。

［125］邱冬阳、彭青青、赵盼：《创新驱动发展战略下固定资产投资结构与经济增长的关系研究》，《改革》2020年第3期。

［126］任远、施闻：《农村外出劳动力回流迁移的影响因素和回流效应》，《人口研究》2017年第2期。

［127］单德朋、王英、郑长德：《专业化、多样化与产业结构减贫效应的动态异质表现研究》，《中国人口·资源与环境》2017年第7期。

［128］石智雷、杨云彦：《金融危机影响下女性农民工回流分析》，《中国农村经济》2009年第9期。

［129］宋全成：《简析欧洲移民历史进程及移民类型》，《天津社会科学》2006年第4期。

［130］孙丽：《公共财政支出与实际经济增长》，《宏观经济研究》2019年第4期。

［131］孙广生：《经济波动与产业波动（1986—2003）》，《中国社会科学》2006年第

3 期。

［132］孙久文、张静、李承璋等:《我国集中连片特困地区的战略判断与发展建议》,《管理世界》2019 年第 10 期。

［133］孙庆先、李茂堂、路京选等:《地理空间数据的尺度问题及其研究进展》,《地理与地理信息科学》2007 年第 4 期。

［134］孙铁山、李国平、卢明华:《京津冀都市圈人口集聚与扩散及其影响因素》,《地理学报》2009 年第 8 期。

［135］陶长琪、陈伟、郭毅等:《新中国成立 70 年中国工业化进程与经济发展》,《数量经济技术经济研究》2019 年第 8 期。

［136］田里、李佳:《四川藏区贫困地区旅游经济差异及其影响因素》,《广西民族大学学报(哲学社会科学版)》2018 年第 6 期。

［137］田野、任云英:《西安城市空间结构发展研究(1998—2011)》,《建筑与文化》2015 年第 4 期。

［138］汪菲、杨德刚、张新焕等:《新疆县域经济格局及其内部差异演化和机理分析》,《干旱区地理》2014 年第 4 期。

［139］王超、阚瑷珂、曾业隆等:《基于随机森林模型的西藏人口分布格局及影响因素》,《地理学报》2019 年第 4 期。

［140］王春超、冯大威:《中国乡—城移民创业行为的决定机制》,《经济学(季刊)》2018 年第 1 期。

［141］王芳、高晓路:《内蒙古县域经济空间格局演化研究》,《地理科学》2014 年第 7 期。

［142］王芳莉、党国锋:《近 25 年甘肃省人口分布的时空格局及影响因素》,《干旱区地理》2020 年第 2 期。

［143］王沣、张京祥、罗震东:《西部欠发达地区城镇化困局的特征与机制》,《经济地理》2014 年第 9 期。

［144］王鹤、周少君:《城镇化影响房地产价格的"直接效应"与"间接效应"分析》,《南开经济研究》2017 年第 2 期。

［145］王慧:《开发区发展与西安城市经济社会空间极化分异》,《地理学报》2006 年第 10 期。

［146］王劲峰、徐成东:《地理探测器:原理与展望》,《地理学报》2017 年第 1 期。

［147］王静:《关中—天水经济区经济差异及产业空间构建》,《西北大学学报(自然科学版)》2010 年第 5 期。

［148］王来喜:《西部民族地区"富饶的贫困"之经济学解说》,《社会科学战线》2007 年第 5 期。

［149］王利伟、冯长春、许顺才:《传统农区外出劳动力回流意愿与规划响应》,《地理科学进展》2014 年第 7 期。

［150］王露、封志明、杨艳昭等:《2000—2010 年中国不同地区人口密度变化及其影响

因素》,《地理学报》2014 年第 12 期。

[151]王少剑、王洋、赵亚博:《1990 年来广东区域发展的空间溢出效应及驱动因素》,《地理学报》2015 年第 6 期。

[152]王武林、杨文越、曹小曙:《中国集中连片特困地区公路交通优势度及其对经济增长的影响》,《地理科学进展》2015 年第 6 期。

[153]王西玉、崔传义、赵阳:《打工与回乡:就业转变和农村发展》,《管理世界》2003 年第 7 期。

[154]王晓刚、郭力:《产业转移、经济增长方式转变与中国就业变动机制的区域差异分析》,《统计与决策》2013 年第 7 期。

[155]王晓润、朱丽丽:《连片特困区的金融支持效率研究》,《沈阳大学学报(社会科学版)》2018 年第 2 期。

[156]王雅竹、段学军、王磊等:《长江经济带经济发展的时空分异及驱动机理研究》,《长江流域资源与环境》2020 年第 1 期。

[157]王振波、梁龙武、王旭静:《中国城市群地区 PM2.5 时空演变格局及其影响因素》,《地理学报》2019 年第 12 期。

[158]王争鸣:《关中城市群城际铁路建设发展战略研究》,《铁道运输与经济》2013 年第 12 期。

[159]魏巍、李万明:《新疆农业机械化发展的特征和困境与农机工业发展战略》,《农业现代化研究》2012 年第 3 期。

[160]温忠麟、叶宝娟:《中介效应分析:方法和模型发展》,《心理科学进展》2014 年第 5 期。

[161]吴爱芝、孙铁山、李国平:《中国纺织服装产业的空间集聚与区域转移》,《地理学报》2013 年第 6 期。

[162]吴宏安、蒋建军、周杰等:《西安城市扩张及其驱动力分析》,《地理学报》2005 年第 1 期。

[163]吴瑞君、薛琪薪:《中国人口迁移变化背景下农民工回流返乡就业研究》,《学术界》2020 年第 5 期。

[164]吴文恒、徐泽伟、杨新军:《功能分区视角下的西安市发展空间分异》,《地理研究》2012 年第 12 期。

[165]吴文钰、马西亚:《多中心城市人口模型及模拟:以上海为例》,《现代城市研究》2006 年第 12 期。

[166]吴玉鸣:《县域经济增长集聚与差异:空间计量经济实证分析》,《世界经济文汇》2007 年第 2 期。

[167]伍振军 郑力文、崔传义等:《中国农村劳动力返乡:基于人力资本回报的理论和实证分析》,《经济理论与经济管理》2011 年第 11 期。

[168]习近平:《推动形成优势互补高质量发展的区域经济布局》,《求是》2019 年第 24 期。

［169］席强敏、李国平：《京津冀生产性服务业空间分工特征及溢出效应》，《地理学报》2015 年第 12 期。

［170］夏怡然、陆铭：《城市间的"孟母三迁"》，《管理世界》2015 年第 10 期。

［171］肖挺：《中国城市交通基础设施建设对本地就业的影响》，《中国人口科学》2016 年第 4 期。

［172］谢勇、周润希：《农民工的返乡行为及其就业分化研究》，《农业经济问题》2017 年第 2 期。

［173］徐建国、张勋：《农业生产率进步、劳动力转移与工农业联动发展》，《管理世界》2016 年第 7 期。

［174］徐瑞、刘军：《中国制造业工业总产值增长影响因素分析》，《改革与开放》2015 年第 11 期。

［175］许学强、李郇：《珠江三角洲城镇化研究三十年》，《人文地理》2009 年第 1 期。

［176］薛东前、姚士谋、张红：《关中城市群的功能联系与结构优化》，《经济地理》2000 年第 6 期。

［177］严成樑、龚六堂：《财政支出、税收与长期经济增长》，《经济研究》2009 年第 6 期。

［178］严善平：《城市劳动力市场中的人员流动及其决定机制》，《管理世界》2006 年第 8 期。

［179］杨成凤、韩会然、李伟等：《四川省人口分布的时空演化特征研究》，《经济地理》2014 年第 7 期。

［180］杨洪焦、孙林岩、吴安波：《中国制造业聚集度的变动趋势及其影响因素研究》，《中国工业经济》2008 年第 4 期。

［181］杨筠、孙丽萍、王旭霞：《基于面板数据的西部人口城市化与经济增长相互关系分析》，《重庆师范大学学报（哲学社会科学版）》2014 年第 2 期。

［182］杨强、李丽、王运动等：《1935—2010 年中国人口分布空间格局及其演变特征》，《地理研究》2016 年第 8 期。

［183］杨忍、徐茜、张琳等：《珠三角外围地区农村回流劳动力的就业选择及影响因素》，《地理研究》2018 年第 11 期。

［184］杨胜利、高向东：《我国劳动力资源分布与优化配置研究》，《人口学刊》2014 年第 1 期。

［185］杨艳昭、赵延德、封志明等：《长三角都市区人口集疏过程及其空间格局变化》，《西北人口》2013 年第 6 期。

［186］姚鹏、张明志：《新中国 70 年中国中部地区工业发展》，《宏观质量研究》2019 年第 2 期。

［187］殷江滨、黄晓燕、洪国志等：《交通通达性对中国城市增长趋同影响的空间计量分析》，《地理学报》2016 年第 10 期。

［188］殷江滨、李郇：《产业转移背景下县域城镇化发展》，《经济地理》2012 年第 8 期。

［189］尹怀庭、刘科伟：《西安城市问题及其新世纪城市空间发展构想》，《人文地理》

2002 年第 4 期。

[190]尹志锋、李辉文:《产业就业弹性及区域对比》,《湘潭大学学报(哲学社会科学版)》2012 年第 1 期。

[191]游珍、王露、封志明等:《珠三角地区人口分布时空格局及其变化特征》,《热带地理》2013 年第 2 期。

[192]于涛方:《中国城市人口流动增长的空间类型及影响因素》,《中国人口科学》2012 年第 4 期。

[193]余吉祥、储凤玲、陈继东:《中国非农就业机会增长的影响因素研究》,《统计与决策》2011 年第 14 期。

[194]余瑞林、刘承良、杨振:《武汉城市圈人口分布的时空格局》,《长江流域资源与环境》2012 年第 9 期。

[195]翟振武、侯佳伟:《北京市外来人口聚集区:模式和发展趋势》,《人口研究》2010 年第 1 期。

[196]张慧:《1990—2010 年西北地区县域人口数量与空间集疏变化时空分析》,《干旱区资源与环境》2013 年第 7 期。

[197]张杰、唐根年:《中国制造业产业空间演化格局及其动力机制》,《科技与经济》2018 年第 1 期。

[198]张龙耀、张海宁:《金融约束与家庭创业》,《金融研究》2013 年第 9 期。

[199]张敏、顾朝林:《农村城市化:"苏南模式"与"珠江模式"比较研究》,《经济地理》2002 年第 4 期。

[200]张甜、朱宇、林李月:《就地城镇化背景下回流农民工居住区位选择》,《经济地理》2017 年第 4 期。

[201]张骁鸣、保继刚:《旅游发展与乡村劳动力回流研究:以西递村为例》,《地理科学》2009 年第 3 期。

[202]张晓晖、张传娜:《地方政府债务、固定资产投资与经济增长关系研究》,《经济纵横》2020 年第 8 期。

[203]张晓露、刘科伟:《基于集群创导的关中城镇化发展探讨》,《人文地理》2006 年第 2 期。

[204]张耀军、张振:《京津冀区域人口空间分布影响因素研究》,《人口与发展》2015 年第 3 期。

[205]张耀军、任正委:《基于地理加权回归的山区人口分布影响因素实证研究》,《人口研究》2012 年第 4 期。

[206]章屹祯、曹卫东、张宇等:《金融危机以来我国制造业空间格局演变及转移态势研究》,《长江流域资源与环境》2019 年第 8 期。

[207]张永丽、黄祖辉:《新一代流动劳动力的特征及流动趋势》,《中国人口科学》2008 年第 2 期。

[208]张宗益、周勇、卢顺霞等:《西部地区农村外出劳动力回流》,《统计研究》2007 年

第 12 期。

[209]章铮、杜峥鸣、乔晓春：《论农民工就业与城市化》，《中国人口科学》2008 年第 6 期。

[210]章铮：《进城定居还是回乡发展？民工迁移决策的生命周期分析》，《中国农村经济》2006 年第 7 期。

[211]赵丽霞、谭超：《内蒙古资源环境要素对经济增长的影响路径研究》，《干旱区资源与环境》2017 年第 4 期。

[212]赵雪雁、高志玉、马艳艳等：《2005—2014 年中国农村水贫困与农业现代化的时空耦合研究》，《地理科学》2018 年第 5 期。

[213]赵勇、雷达：《金融发展与经济增长：生产率促进抑或资本形成》，《世界经济》2010 年第 2 期。

[214]钟水映、辜胜阻：《都市服务业的发展与流动人口的就业》，《人口与经济》2000 年第 5 期。

[215]周传豹、吴方卫、张锦华：《收支余额变动与中国农村转移劳动力跨区域回流趋势》，《农业技术经济》2016 年第 4 期。

[216]周春山、边艳：《1982—2010 年广州市人口增长与空间分布演变研究》，《地理科学》2014 年第 9 期。

[217]周广肃、谭华清、李力行：《外出务工经历有益于返乡农民工创业吗?》，《经济学（季刊）》2017 年第 2 期。

[218]周建军、孙倩倩、鞠方：《产业结构变迁、房价波动及其经济增长效应》，《中国软科学》2020 年第 7 期。

[219]周晓芳、扶丁阳：《喀斯特高原山地地区农民工回流与县域城镇化》，《经济地理》2020 年第 1 期。

[220]周扬、李宁、吴文祥等：《1982—2010 年中国县域经济发展时空格局演变》，《地理科学进展》2014 年第 1 期。

二、英文

[1]Anselin L., Florax R., Rey S., *Advances in Spatial Econometrics：Methodology，Tools and Applications*，Berlin：Springer，2004.

[2]Bohning W., *Studies in International Labour Migration*，New York：St. Martin's Press，1987.

[3]Chenery H., Robinson S., Syrquin M., *Industrialization and Growth：A Comparative Study*，New York：Oxford University Press，1986.

[4]Fujita M., Krugman P., Venables A., *The Spatial Economy：Cities Regions and International Trade*，Cambridge：MIT Press，1999.

[5]Gubert F., Nordman C., *Return Migration and Small Enterprise Development in the Magh-

reb, Plaza S., Ratha D. (eds.), in *Diaspora for Development in Africa*, Washington: The World Bank, 2011.

[6] Hall P., Pain K., *The Polycentric Metropolis: Learning from Mega-city Regions in Europe*, London: Routledge, 2006.

[7] Knox P., McCarthy L., *Urbanization: An Introduction to Urban Geography*, Englewood Cliffs: *Prentice-Hall*, 1994.

[8] Laffer B., *The Economics of Tax Revolt: A Reader*, New York: Harcourt Brace Jovanovich, 1979.

[9] Lee O., *Urban-to-Rural Return Migration in Korea*, Seoul: Seoul National University Press, 1984.

[10] LeSage J., Pace R., *Introduction to Spatial Econometrics*, Boca Raton: CRC Press, 2010.

[11] Lewis J., Williams A., *The Economic Impact of Return Migration in Central Portugal*, in King R(eds), *Return Migration and Regional Economic Problems*, London: Croon Helm, 1986.

[12] Markusen A., Hall P., Campbell S., et al, *Reading the Map: A Theory of Military-Industrial Places*, Fainstein S, Campbell S. (eds.), in *Urban Theory*, Oxford: Blackwell, 1996.

[13] Massey D., Arango J., Hugo G., et al, *Worlds in Motion: Understanding International Migration at the End of the Millennium*, Oxford: Clarendon Press, 1998.

[14] McKinnon R., *Money and Capital in Economic Development*, Washington DC: The Brookings Institution, 1973.

[15] Piore M., *Birds of Passage: Migrant Labor and Industrial Societies*, Cambridge: Cambridge University Press, 1979.

[16] Shaw E., *Financial Deepening in Economic Development*, New York: Oxford University Press, 1973.

[17] Stark O., *The Migration of Labor*, Cambridge: Basil Blackwell, 1991.

[18] Weber A., *Theory of the Location of Industry*, Chicago: University of Chicago Press, 1929.

[19] Amara M., Ayadi M., "Local Employment Growth in the Coastal Area of Tunisia: Spatial filtering Approach", *Middle East Development Journal*, Vol.6, No.2, 2014.

[20] Andersson M., Larsson J., "Local Entrepreneurship Clusters in Cities", *Journal of Economic Geography*, Vol.16, No.1, 2016.

[21] Anwar, R., Chan, C., "Contrasting Return Migrant Entrepreneurship Experiences in Javanese Villages", *International Migration*, Vol.54, No.4, 2016.

[22] Arif G. M., Irfan M., "Return Migration and Occupational Change: The Case of Pakistani migrants Returned from the Middle East", *The Pakistan Development Review*, Vol.36, No. 1, 1996.

[23] Armington C., Acs Z., "The Determinants of Regional Variation in New Firm Formation", *Regional Studies*, Vol.36, No.1, 2002.

［24］Arnio A.，Baumer E.，"Demography，Foreclosure，and Crime：Assessing Spatial Heterogeneity in Contemporary Models of Neighborhood Crime Rates"，*Demographic Research*，Vol.26，No.18，2012.

［25］Au C.，Henderson V.，"Are Chinese Cities Too Small？"，*The Review of Economic Studies*，Vol.73，No.3，2006.

［26］Audretsch D.，Fritsch M.，"The Geography of Firm Births in Germany"，*Regional Studies*，Vol.28，No.4，1994.

［27］Audretsch D. B.，Keilbach M.，"Entrepreneurship and Regional Growth：An Evolutionary Interpretation."，*Journal of Evolutionary Economics*，Vol.14，No.5，2004.

［28］Baron R.，Kenny D.，"The Moderator-mediator Variable Distinction in Social Psychological Research：Conceptual，Strategic，and Statistical Considerations"，*Journal of Personality & Social Psychology*，Vol.51，No.6，1986.

［29］Barrett A.，Trace F.，"Who is Coming Back？the Educational Profile of Returning Migrants in the 1990s"，*Annual conference of the Irish Economics Association.Dublin，Ireland：University College Dublin*，1998.

［30］Barro R.，Redlick C.，"Macroeconomic Effects from Government Purchases and Taxes"，*Quarterly Journal of Economics*，Vol.126，No.1，2011.

［31］Barro R.，"Government Spending in a Simple Model of Endogenous Growth"，*Journal of Political Economy*，Vol.98，No.5，1990.

［32］Bastia T.，"Should I Stay or Should I Go？Return Migration in Times of Crises"，*Journal of International Development*，Vol.23，No.4，2011.

［33］Batista C.，McIndoe-Calder T.Vicente P.，"Return Migration，Self-selection and Entrepreneurship in Mozambique"，*Oxford Bulletin of Economics and Statistics*，Vol.79，No.5，2017.

［34］Batjargal B.，"Internet Entrepreneurship：Social Capital，Human Capital，and Performance of Internet Ventures in China"，*Research Policy*，Vol.36，No.5，2007.

［35］Bauer T.，Gang I.，"Temporary Migrants from Egypt：How Long do they Stay Abroad"，*IZA Discussion Paper*，No.3，1998.

［36］Beauchemin C.，Bocquier P.，"Migration and Urbanisation in Francophone West Africa：An Overview of the Recent Empirical Evidence"，*Urban Studies*，Vol.41，No.11，2004.

［37］Bettin G.，Cela E.，Fokkema T.，"Return Intentions Over the Life Course：Evidence on the Effects of Life Events From a Longitudinal Sample of First-and Second-generation Turkish Migrants in Germany"，*Demographic Research*，Vol.39，No.38，2018.

［38］Blien U.，Wolf K.，"Regional Development of Employment in Eastern Germany：An Analysis with an Econometric Analogue to Shift-share Techniques"，*Papers in Regional Science*，Vol.81，No.3，2002.

［39］Borjas G.，"Self-selection and the Earnings of Immigrants"，*The American Economic Review*，Vol.77，No.4，1987.

［40］Brezzi M. , Veneri P. , "Assessing Polycentric Urban Systems in the OECD : Country , Regional and Metropolitan Perspectives" , *European Planning Studies* , Vol.23 , No.6 , 2015.

［41］Brøgger D. , Agergaard J. , "The Migration-urbanisation Nexus in Nepal's Exceptional Urban Transformation" , *Population , Space and Place* , Vol.25 , No.8 , 2019.

［42］Brünjes J. , Diez J. , " ' Recession Push ' and ' Prosperity Pull ' Entrepreneurship in a Rural Developing Context" , *Entrepreneurship & Regional Development* , Vol.25 , No.3&4 , 2013.

［43］Brunsdon C. , Fotheringham S. , Charlton M. , "Geographically Weighted Regression : A Method for Exploring Spatial Nonstationarity" , *Geographical Analysis* , Vol.28 , No.4 , 1996.

［44］Cantos P. , Mercedes G. , Maudos J. , "Transport Infrastructures and Regional Growth : Evidence of the Spanish Case" , *Transport Reviews* , Vol.25 , No.1 , 2005.

［45］Cao F. , Ge Y. , Wang J.F. , "Optimal Discretization for Geographical Detectors-based Risk Assessment" , *GIScience & Remote Sensing* , Vol.50 , No.1 , 2013.

［46］Carling J. , Pettersen S. , "Return Migration Intentions in the Integration-transnationalism Matrix" , *International Migration* , Vol.52 , No.6 , 2014.

［47］Cassarino J. , "Theorising Return Migration : The Conceptual Approach to Return Migrants Revisited" , *International Journal on Multicultural Societies* , Vol.6 , No.2 , 2004.

［48］Castles S. , Vezzoli S. , "The Global Economic Crisis and Migration : Temporary Interruption or Structural Change" , *Paradigmes* , Vol.2 , No.2 , 2009.

［49］Cattaneo A. , Robinson S. , "Multiple Moves and Return Migration within Developing Countries : A Comparative Analysis" , *Population , Space and Place* , Vol.26 , No.7 , 2020.

［50］Chen H. , Wang X. , "Exploring the Relationship Between Rural Village Characteristics and Chinese Return Migrants´ Participation in Farming : Path Dependence in Rural Employment" , *Cities* , Vol.88 , 2019.

［51］Clark C. , "Urban Population Densities" , *Journal of the Royal Statistical Society Series A* , Vol.114 , No.4 , 1951.

［52］Co C. , Gang I. , Yun M. , "Returns to Returning" , *Journal of Population Economics* , Vol. 13 , No.1 , 2000.

［53］Constant A. , Massey D. , "Return Migration by German Guestworkers : Neoclassical Versus New Economic Theories" , *International Migration* , Vol.40 , No.4 , 2002.

［54］Daskalopoulou I. , Liargovas P. , "Entrepreneurship and the Spatial Context : Evidence on the Location of Firm Births in Greece" , *Review of Urban & Regional Development Studies* , Vol. 20 , No.3 , 2008.

［55］Davidson B. , "No Place Back Home : A Study of Jamaicans Returning to Kingston Jamaica" , *Race & Class* , Vol.9 , No.4 , 1969.

［56］De Haas H. , Fokkema C. , "The Effects of Integration and Transnational Ties on International Return Migration Intentions" , *Demographic Research* , Vol.25 , No.24 , 2011.

［57］De Vreyer P. , Gubert F. , Robilliard A. , "Are there Returns to Migration Experience?

An Empirical Analysis Using Data on Return Migrants and Non-migrants in West Africa", *Annals of Economics and Statistics*, No.97&98, 2010.

[58] Démurger S., Xu H., "Return Migrants: The Rise of New Entrepreneurs in Rural China", *World Development*, Vol.39, No.10, 2011.

[59] Démurger S., Xu H., "Left-behind Children and Return Migration in China", *IZA Journal of Migration*, Vol.4, No.1, 2015.

[60] Diehl C., Fischer-Neumann M., Mühlau P., "Between Ethnic Options and Ethnic Boundaries-Recent Polish and Turkish Migrants' Identification with Germany", *Ethnicities*, Vol.16, No.2, 2016.

[61] Durand J., Parrado E.A., Massey D., "Migradollars and Development: R reconsideration of the Mexican Case", *International Migration Review*, Vol.30, No.2, 1996.

[62] Dustmann C., Bentolila S., Faini R., "Return Migration: the European Experience", *Economic Policy*, Vol.11, No.2, 1996.

[63] Dustmann C., "Return Migration, Wage Differentials, and the Optimal Migration Duration", *European Economic Review*, Vol.47, No.2, 2003.

[64] Dustmann C., Kirchkamp O., "The Optimal Migration Duration and Activity Choice After re-migration", *Journal of Development Economics*, Vol.67, No.2, 2002.

[65] Dustmann C., Weiss Y., "Return Migration: Theory and Empirical Evidence from the UK", *British Journal of Industrial Relations*, Vol.45, No.2, 2007.

[66] Elhorst J., "Specification and Estimation of Spatial Panel Data Models", *International Regional Science Review*, Vol.26, No.3, 2003.

[67] Falkingham J., Chepngeno-Langat G., Evandrou M., "Outward Migration from Large cities: Are Older Migrants in Nairobi 'Returning'?", *Population, Space and Place*, Vol.18, No.3, 2012.

[68] Felkner J., Townsend R.M., "The Geographic Concentration of Enterprise in Developing Countries", *Quarterly Journal of Economics*, Vol.126, No.4, 2011.

[69] Fleisher B., Li H., Zhao M., "Human Capital, Economic Growth, and Regional Inequality in China", *Journal of Development Economics*, Vol.92, No.2, 2009.

[70] Fossen F., Martin T., "Entrepreneurial Dynamics Over Space and Time", *Regional Science and Urban Economics*, Vol.70, 2018.

[71] Frijters P., Kong T., Meng X., "Migrant Entrepreneurs and Credit Constrains Under Labour Market Discrimination", *IZA Discussion Paper*, No.5967, 2011.

[72] Fritsch M., Storey D., "Entrepreneurship in a Regional Context: Historical Roots, Recent Developments and Future Challenges.", *Regional Studies*, Vol.48, No.6, 2014.

[73] Fritsch M., Wyrwich M., "The Effect of Entrepreneurship on Economic Development: An Empirical Analysis Using Regional Entrepreneurship Culture", *Journal of Economic Geography*, Vol.17, No.1, 2017.

[74] Gebremariam G., Gebremedhin T., Schaeffer P., et al, "Analysis of County Employment and Income Growth in Appalachia: A Spatial Simultaneous-equations Approach", *Empirical Economics*, Vol.38, No.1, 2010.

[75] Glaeser E., Resseger M., "The Complementarity Between Cities and Skills", *Journal of Regional Science*, Vol.50, No.1, 2010.

[76] Gmelch G., "Return Migration", *Annual Review of Anthropology*, Vol.9, No.1, 1980.

[77] Grabowska I., Garapich M., "Social Remittances and intra-EU Mobility: Non-financial Transfers between U. K. and Poland", *Journal of Ethnic and Migration Studies*, Vol. 42, No. 13, 2016.

[78] Griffith D., Wong D., Whitfield T., "Exploring Relationships between the Global and Regional Measures of Spatial Autocorrelation", *Journal of Regional Science*, Vol.43, No.4, 2003.

[79] Hagan J., Wassink J., "New Skills, New jobs: Return Migration, Skill Transfers, and Business Formation in Mexico", *Social Problems*, Vol.63, No.4, 2016.

[80] Hagan J., Wassink J., "Return Migration Around the World: An Integrated Agenda for Future Research", *Annual Review of Sociology*, Vol.46, 2020.

[81] Haggblade S., Hazell P., Reardon T., et al, "The Rural Non-farm Economy: Prospects for Growth and Poverty Reduction", *World Development*, Vol.38, No.10, 2010.

[82] Hamdouch B., Wahba J., "Return Migration and Entrepreneurship in Morocco", *Middle East Development Journal*, Vol.7, No.2, 2015.

[83] Hirvonen K., Lilleør H., "Going Back Home: Internal Return Migration in Rural Tanzania", *World Development*, Vol.70, 2015.

[84] Hitt M., Ireland R., Sirmon D., et al, "Strategic Entrepreneurship: Creating Value for Individuals, Organizations, and Society", *The Academy of Management Perspectives*, Vol.25, No.2, 2011.

[85] Holl A., "Local Employment Growth Patterns and the Great Recession: The Case of Spain", *Journal of Regional Science*, Vol.58, No.4, 2018.

[86] Imai K., Gaiha R., Thapa G., "Does Non-farm Sector Employment Reduce Rural Poverty and Vulnerability? Evidence from Vietnam and India", *Journal of Asian Economics*, Vol.36, No.2, 2015.

[87] Jasso G., Rosenzweig M., "How Well do U. S. Immigrants do? Vintage Effects Emigration Selectivity and Occupational Mobility", *Research in Population Economics*, Vol.6, 1988.

[88] Jones R., "Multinational Investment and Return Migration in Ireland in the 1990s: A County-level Analysis", *Irish Geography*, Vol.36, No.2, 2003.

[89] Junge V., Diez J., Schatzl L., "Determinants and Consequences of Internal Return Migration in Thailand and Vietnam", *World Development*, Vol.71, 2015.

[90] King R., Skeldon R., "'Mind the Gap!' Integrating Approaches to Internal and Inter-

national Migration", *Journal of Ethnic and Migration Studies*, Vol.36, No.10, 2010.

[91] Korsgaard S., Müller S., Tanvig H., "Rural Entrepreneurship or Entrepreneurship in the Rural: Between Place and Space", *International Journal of Entrepreneurial Behaviour & Research*, Vol.21, No.1, 2015.

[92] Krugman P., "Increasing Returns and Economic Geography", *Journal of Political Economy*, Vol.99, No.3, 1991.

[93] Kveder M., Flahaux M., "Returning to Dakar: A Mixed Methods Analysis of the Role of Migration Experience for Occupational Status", *World Development*, Vol.45, No.5, 2013.

[94] Labrianidis L., Kazazi B., "Albanian Return-migrants from Greece and Italy: Their Impact Upon Spatial Disparities within Albania", *European Urban and Regional Studies*, Vol.13, No. 1, 2006.

[95] Lanjouw P., Murgai R., "Poverty Decline, Agricultural Wages, and Non-farm Employment in Rural India: 1983–2004", *Agricultural Economics*, Vol.40, No.2, 2009.

[96] Levitt P., "Social Remittances: Migration Driven Local-level Forms of Cultural Diffusion", *The International Migration Review*, Vol.32, No.4, 1998.

[97] Levitt P., Lamba-Nieves D., "Social Remittances Revisited", *Journal of Ethnic and Migration Studies*, Vol.37, No.1, 2011.

[98] Li H., Zhou L., "Political Turnover and Economic Performance: The Incentive Role of Personnel Control in China", *Journal of Public Economics*, Vol.89, No.9, 2005.

[99] Liang Z., Wu Y., "Return Migration in China: New Methods and Findings", *Paper presented at the Annual Meeting of the Population Association of America*, Minneapolis, MN., 2003.

[100] Lin D., Zheng W., Lu J., et al, "Forgotten or not? Home Country Embeddedness and Returnee Entrepreneurship", *Journal of World Business*, Vol.54, No.1, 2019.

[101] Lindstrom D., Massey D., "Selective Emigration, Cohort Quality, and Models of Immigrant Assimilation", *Social Science Research*, Vol.23, No.4, 1994.

[102] Lindstrom D., "Economic Opportunity in Mexico and Return Migration from the United States", *Demography*, Vol.33, No.3, 1996.

[103] Liu Y., Li Z., Breitung W., "The social Networks of New-generation Migrants in China's Urbanized Villages: A Case Study of Guangzhou", *Habitat International*, Vol. 36, No. 1, 2012.

[104] Lozano-Ascencio F., Roberts B., Bean F., "The Interconnectedness of Internal and International Migration: The Case of the United States and Mexico", *Texas Population Research Center Working Paper of University of Texas*, No.96–97–02. 1996.

[105] Ma Z., Zhu J., Meng Y., et al, "The Impact of Overseas Human Capital and Social Ties on Chinese Returnee Entrepreneurs' Venture Performance", *International Journal of Entrepreneurial Behavior & Research*, Vol.25, No.2, 2018.

[106] Ma Z., "Urban Labour-force Experience as a Determinant of Rural Occupation

Change: Evidence from Recent Urban-rural Return Migration in China", *Environment and Planning A*, Vol.33, No.2, 2001.

[107] Makina D., "Determinants of Return Migration Intentions: Evidence from Zimbabwean Migrants living in South Africa", *Development Southern Africa*, Vol.29, No.3, 2012.

[108] McCormick B., Wahba J., "Overseas Work Experience, Savings and Entrepreneurship Amongst Return Migrants to LDCs", *Scottish Journal of Political Economy*, Vol.48, No.2, 2001.

[109] Mcdonald J., Prather P., "Suburban Employment Centers: the Case of Chicago", *Urban Studies*, Vol.31, No.2, 1994.

[110] Mesnard A., "Temporary Migration and Capital Market Imperfections", *Oxford Economic Papers*, Vol.56, No.2, 2004.

[111] Moore A., "Rethinking Scale as a Geographical Category: From Analysis to Practice", *Progress in Human Geography*, Vol.32, No.2, 2008.

[112] Müller S., Korsgaard S., "Resources and Bridging: the Role of Spatial Context in Rural Entrepreneurship", *Entrepreneurship and Regional Development*, No.30, 2018.

[113] Murphy R., "Return Migrant Entrepreneurs and Economic Diversification in two Counties in South Jiangxi, China", *Journal of International Development*, Vol.11, No.4, 1999.

[114] Naudé W., Siegel M., Marchand K., "Migration, Entrepreneurship and Development: Critical Questions", *IZA Journal of Migration*, Vol.6, No.1, 2017.

[115] Newling B., "The Spatial Variation of Urban Population Densities", *Geographical Review*, Vol.59, 1969.

[116] Niedomysl T., Amcoff J., "Why Return Migrants Return: Survey Evidence on Motives for Internal Return Migration in Sweden", *Population, Space and Place*, Vol.17, No.5, 2011.

[117] Papageorgiou Y., "Population Density in a Central-Place System", *Journal of Regional Science*, Vol.54, No.3, 2014.

[118] Parr J., "Agglomeration Economies: Ambiguities and Confusions", *Environment and Planning A*, Vol.34, No.4, 2002.

[119] Partridge M., Bollman R., Olfert M., et al., "Riding the Wave of Urban Growth in the Countryside: Spread, Backwash, or Stagnation?", *Land Economics*, Vol.83, No.2, 2007.

[120] Piracha M., Vadean F., "Return Migration and Occupational Choice: Evidence from Albania", *World Development*, Vol.38, No.8, 2010.

[121] Posada D., Morollon F., Vinuela A., et al, "The Determinants of Local Employment Growth in Spain", *Applied Spatial Analysis and Policy*, Vol.11, No.3, 2018.

[122] Rappaport J., Sachs J., "The United States as a Coastal Nation", *Journal of Economic Growth*, Vol.8, No.1, 2003.

[123] Reagan P., Olsen R., "You Can go Home Again: Evidence from Longitudinal Data", *Demography*, Vol.37, No.3, 2000.

[124] Robert M., Robert V., Gardner H., et al, "Effects of Changing Spatial Scale on the A-

nalysis of Landscape Pattern",*Landscape Ecology*,Vol.3,No.3-4,1989.

[125]Romer P.,"Increasing Returns and Long-run Growth",*Journal of Political Economy*, Vol.94,No.5,1986.

[126]Rosenthal S.,Strange W.,"The Determinants of Agglomeration",*Journal of Urban Economics*,Vol.50,No.2,2001.

[127]Russell S.,"Migrant Remittances and Development",*International Migration*,Vol.30, No.3-4,1992.

[128]Saenz R.,Davila A.,"Chicano Return Migration to the Southwest:An Integrated Human Capital Approach",*International Migration Review*,Vol.26,No.4,1992.

[129]Shearmur R.,Polese M.,"Do Local Factors Explain Local Employment Growth? Evidence from Canada,1971-2001",*Regional Studies*,Vol.41,No.4,2007.

[130]Sherratt G.,"A Model for General Urban Growth",*Management Sciences*,*Models and Techniques*,Vol.2,No.11,1960.

[131]Sigler T.,Searle G.,Martinus K.,et al,"Metropolitan Land-use Patterns by Economic Function:a Spatial Analysis of Firm Headquarters and Branch Office Locations in Australian Cities",*Urban Geography*,Vol.36,No.9,2015.

[132]Sjaastad L.,"The Costs and Returns of Human Migration",*Journal of Political Economy*,Vol.70,No.5,1962.

[133]Skuras D.,Dimara E.,Vakrou A.,"The Day After Grant-aid:Business Development Schemes for Small Rural Firms in Lagging Areas of Greece",*Small Business Economics*,Vol.14, No.2,2000.

[134]Smeed R.,"The Effect of Some Kinds of Routing Systems on the Amount of Traffic in the Central Areas of Towns",*Journal of Institution of Highway Engineers*,Vol.10,No.1,1963.

[135]Sobel R.,Clark J.,Lee D.,"Freedom,Barriers to Entry,Entrepreneurship and Economic Progress",*Review of Austrian Economics*,Vol.20,No.4,2007.

[136]Sohns F.,Diez J.,"Explaining Micro Entrepreneurship in Rural Vietnam",*Small Business Economics*,Vol.50,No.1,2018.

[137]Solinger D.,"China's Transients and the State:a Form of Civil Society",*Politics & Society*,Vol.21,No.1,1993.

[138]Solow R.,"A Contribution to the Theory of Economic Growth",*Quarterly Journal of Economics*,Vol.70,No.1,1956.

[139]Stam E.,"The Geography of Gazelles in the Netherlands",*Tijdschrift voor Economische en Sociale Geografie*,Vol.96,No.1,2005.

[140]Stathopoulou S.,Psaltopoulos D.,Skuras D.,"Rural Entrepreneurship in Europe:A Research Framework and Agenda",*International Journal of Entrepreneurial Behaviour & Research*,Vol.10,No.6,2004.

[141]Tanner J.,"Factors Affecting the Amount Travel",*Road Research Technical Paper*,

No.51,HMSO,London,1961.

[142]Tao T.,Wang J.,Cao X.,"Exploring the Non-linear Associations Between Spatial Attributes and Walking Distance to Transit",*Journal of Transport Geography*,Vol.82,2020.

[143]Tezcan T.,"What Initiates,What Postpones Return Migration Intention? The Case of Turkish Immigrants Residing in Germany",*Population*,*Space and Place*,Vol.25,No.3,2019.

[144]Todaro M.,"Urban Job Expansion,Induced Migration and Rising Unemployment:A Formulation and Simplified Empirical Test for LDCs",*Journal of Development Economics*,Vol.3,No.3,1976.

[145]Todaro M.,"A Model of Labor Migration and Urban Unemployment in Less Developed Countries",*The American Economic Review*,Vol.59,No.1,1969.

[146]Wahba J.,"Selection,Selection,Selection:The Impact of Return Migration",*Journal of Population Economics*,Vol.28,No.3,2015.

[147]Wahba J.,Zenou Y.,"Out of Sight,out of Mind:Migration,Entrepreneurship and Social Capital",*Regional Science & Urban Economics*,Vol.42,No.5,2012.

[148]Waldorf B.,"Determinants of International Return Migration Intentions",*The Professional Geographer*,Vol.47,No.2,1995.

[149]Wang J.,Hu Y.,"Environmental Health Risk Detection with GeogDetector",*Environmental Modelling & Software*,Vol.33,2012.

[150]Wang J.,Li X.,Christakos G.,et al,"Geographical Detectors-based Health Risk Assessment and its Application in the Neural Tube Defects Study of the Heshun Region,China",*International Journal of Geographical Information Science*,Vol.24,No.1,2010.

[151]Wang J.,Zhang T.,Fu B.,"A Measure of Spatial Stratified Heterogeneity",*Ecological Indicators*,Vol.67,2016.

[152]Wang W.,Fan C.,"Success or Failure:Selectivity and Reasons of Return Migration in Sichuan and Anhui,China",*Environment and Planning A*,Vol.38,No.38,2006.

[153]Wang Z.,Yang W.,"Self-employment or Wage-employment? On the Occupational Choice of Return Migration in Rural China",*China Agricultural Economic Review*,Vol.5,No.2,2013.

[154]Woodruff C.,Zenteno R.,"Migration Networks and Microenterprises in Mexico",*Journal of Development Economics*,Vol.82,No.2,2007.

[155]Wu C.,Qiang F.,Gu J.,et al,"Does Migration Pay Off? Returnees,Family Background,and Self-employment in Rural China",*China Review*,Vol.18,No.1,2018.

[156]Yamamoto D.,"Scales of Regional Income Disparities in the USA,1955−2003",*Journal of Economic Geography*,Vol.8,No.1,2008.

[157]Yang P.,Yang Y.,Zhou B.,et al.,"A Review of Ensemble Methods in Bioinformatics",*Current Bioinformatics*,Vol.5,No.4,2010.

[158]Yu L.,Yin X.,Zheng X.,et al,"Lose to Win:Entrepreneurship of Returned Migrants

in China", *Annals of Regional Science*, Vol.58, No.2, 2017.

[159] Zampetakis L., Kanelakis G., "Opportunity Entrepreneurship in the Rural Sector: Evidence from Greece", *Journal of Research in Marketing & Entrepreneurship*, Vol.12, No.2, 2010.

[160] Zhang P., Xu M., "The View from the County: China's Regional Inequalities of Socio-Economic Development", *Annals of Economics & Finance*, Vol.12, No.1, 2011.

[161] Zhao J., Tang J., "Industrial Structural Change and Economic Growth in China, 1987–2008", *China & World Economy*, Vol.23, No.2, 2015.

[162] Zhao Y., "Causes and Consequences of Return Migration: Recent Evidence from China", *Journal of Comparative Economics*, Vol.30, No.2, 2002.

[163] Zhou J., "The New Urbanisation Plan and Permanent Urban Settlement of Migrants in Chongqing, China", *Population, Space and Place*, Vol.24, No.6, 2018.

责任编辑:刘海静
封面设计:杜维伟
责任校对:张红霞

图书在版编目(CIP)数据

我国中西部地区人口空间演变、回流与就业增长/殷江滨 著. —北京:人民出
　版社,2021.8
ISBN 978－7－01－023637－7

Ⅰ.①我… Ⅱ.①殷… Ⅲ.①人口分布-研究-中西部地区②人口流动-
研究-中西部地区③劳动就业-研究-中西部地区　Ⅳ.①C924.24②C922
③F241.4

中国版本图书馆 CIP 数据核字(2021)第 154655 号

我国中西部地区人口空间演变、回流与就业增长
WOGUO ZHONGXIBU DIQU RENKOU KONGJIANYANBIAN HUILIU YU JIUYEZENGZHANG

殷江滨　著

人民出版社 出版发行
(100706　北京市东城区隆福寺街99号)

中煤(北京)印务有限公司印刷　新华书店经销

2021 年 8 月第 1 版　2021 年 8 月北京第 1 次印刷
开本:710 毫米×1000 毫米 1/16　印张:15.75
字数:259 千字

ISBN 978－7－01－023637－7　定价:75.00 元

邮购地址 100706　北京市东城区隆福寺街 99 号
人民东方图书销售中心　电话 (010)65250042　65289539